Brust oder Keule? Wurst oder Käse? Pils oder Prosecco? Die meisten Bücher über Essen und Trinken ignorieren den Unterschied zwischen den Geschlechtern. Doch Männer und Frauen schmecken, kochen und bestellen bewiesenermaßen anders. Deshalb begeben sich Eva Gritzmann und Denis Scheck auf einen lustvoll-lehrreichen Streifzug durch die Esskultur, befragen Winzerinnen nach Frauenweinen und wollen von Metzgerinnen wissen, was in die Wurst kommt. Berühmte Köche wie Ferran Adrià, Jamie Oliver, Vincent Klink und Johanna Maier, Hirnforscher und Aromaforscherinnen, aber auch interessierte Laien wie Alice Schwarzer oder Frank Schätzing sprechen über den kleinen Unterschied beim Essen und Trinken. Mit Hilfe unerschrockener Selbstversuche und Exkurse in Literatur und Medizin gehen Gritzmann und Scheck solch zentralen Fragen nach wie: Ist Fleisch das Gemüse des Mannes? Warum konnte die Schlange Eva mit frischem Obst verführen? Weshalb schmeckt es Männern bei Mutti am besten? *Sie & Er* serviert kundige, köstliche und originelle Antworten mit ausreichend Biss für Feingeister und Feinschmecker zugleich.

**Sie:** Dr. med. Eva Gritzmann hat nach einer Banklehre Betriebswirtschaft und Medizin studiert und den Internetauftritt des Deutschlandfunk mit konzipiert. Heute lebt und arbeitet sie als Ärztin in Stuttgart.

**Er:** Denis Scheck ist einer der bekanntesten deutschen Literaturkritiker und leidenschaftlicher Hobbykoch. Er studierte Geschichte, Politik und Literaturwissenschaft, arbeitete als Übersetzer und Agent. Heute ist er Literaturredakteur im Deutschlandfunk sowie Moderator der ARD-Sendung *druckfrisch*. Er lebt in Köln.

Eva Gritzmann & Denis Scheck

# SIE & ER

## Der kleine Unterschied beim Essen und Trinken

bloomsbury taschenbuch

*Für Ottilie Gritzmann und Wilma Scheck:*
*den Frauen, die den Geschmack*
*von IHR und IHM geprägt haben*

FSC
MIX
Papier
FSC® C083411

Juli 2012

Umschlaggestaltung: Rothfos & Gabler, Hamburg,
unter Verwendung eines Bildes von © Getty Images
Druck und Bindung: CPI – Clausen & Bosse, Leck
Printed in Germany
ISBN 978-3-8333-0834-5

www.bloomsbury-verlag.de

## BIS AUF WEITERES

Das Messer blitzt, die Schweine schrein,
Man muß sie halt benutzen,
Denn Jeder denkt: Wozu das Schwein,
Wenn wir es nicht verputzen?

Und Jeder schmunzelt, Jeder nagt
Nach Art des Kannibalen,
Bis man dereinst Pfui Teufel! sagt
Zum Schinken aus Westfalen.

Wilhelm Busch

# Inhalt

1. Kapitel: »Frauen sollen sich dünne machen« 9

*Ein albernes Spiel, Holzfällersteaks, der Geschmack der Geschlechter, Damenkarten, Vorgangsnummer: I-2010/08-10129, Günter Grass erfindet Slow Food und das sexistische Theater des Essens*

2. Kapitel: »Einst wart ihr Affen ...« 29

*Von Schöpfergöttern, Gnadenröckln, Spätstartern, von Wärme und Süße, Atheisten und Speisekarten, vom Rohen und vom Gekochten, über Affen und die Menschwerdung durchs Kochen: kein schönes Bild*

3. Kapitel: »Gefühle, Stimmungen, Gerüche, Geräusche« 53

*Steinzeitmenschen, Marcel Proust, der NATO-Doppelbeschluss, Donna Leon und warum niemand je in genau dieselbe Wurst beißt: die Geschichte unseres Geschmacks*

4. Kapitel: »Isst du kein Fleisch ...« 87

*Von der Fleischeslust, dem vermeintlichen Bärenhunger der Deutschen aufs Pferd, Ekel und Pizza, der freundlichsten Frau und dem freundlichsten Mann der Welt, sowie endlich: Butter bei die Fische!*

5. Kapitel: »Dem Essen die Ehre erweisen« 115
*Das elftbestbesuchte Museum der Welt, Schärfe und Fremde, ein unverhofftes Wiedersehen, Má und Là, kulinarisches Heimweh, Superschmecker, Gender Food, Neuromarketing, funktionelle Magnetresonanztomographien und die elektronische Nase, die Kannibalen unter uns, Löffel hin, Löffel her*

6. Kapitel: »Töpfchen steh!« 153
*Homaro Cantu, Nerds und Geeks, der süße Brei, Jeffrey Eugenides, Miraculin, Ferran Adrià und warum es keine Molekularküche gibt, ein Märchen vom Koch und seiner Frau*

7. Kapitel: »Vom lieben Gott mit einer gewissen Zärtlichkeit angesehen werden« 187
*Herzblut und Hirnschmalz, Wild und Wahn, Vincent Klink und Bill Buford, Dosenwurst und Katzenfutter, ein hässliches Wort für eine hässliche Sache, fünfhundertsechsundsiebzig Milliarden Jahre Hunger, SIE und ER gehen einkaufen und: die Wurzel allen Übels*

8. Kapitel: »Hier geht keiner ohne Riesling raus« 225
*Currle & Kurrle, das Kind, das alles isst, The Man Who Killed Bambi, Aromenbibliotheken und Geruchslandkarten, Tomatensaftmysterien und warum Schweinebraten im Gebirge besser schmeckt, die Verbirnung der Figur, Travestiekochen*

Quellen- und Bildnachweis 284

## 1. Kapitel: »Frauen sollen sich dünne machen«

*Ein albernes Spiel, Holzfällersteaks, der Geschmack der Geschlechter, Damenkarten, Vorgangsnummer: I-2010/08-10129, Günter Grass erfindet Slow Food und das sexistische Theater des Essens.*

Der Mensch ist die einzige Uhr auf der Welt, die darüber nachdenkt, warum sie tickt. Weder SIE noch ER wissen, wann genau das alberne Spiel eigentlich entstanden ist. Sicher ist, es stammt nicht aus diesem Jahrtausend. Eines Tages war es mitsamt seinen schlichten Regeln einfach da.

Das Spiel geht so: Wann immer SIE und ER in einem Café oder in der Kneipe, in einem Restaurant, einer Mensa oder in der Kantine, an der Imbissbude, im Sternetempel oder an sonst einem Tresen, Counter oder Pass irgendeiner Futterstelle dieser Welt ein Gericht oder ein Getränk auftauchen sehen, wetten wir auf das Geschlecht des Empfängers.

*Salat mit Putenstreifen?* Eine Frau. *Kristallweizen?* Ein Mann. *Lauchflammkuchen?* Frau. *Zwiebelrostbraten?* Mann. *Insalata caprese?* Frau. *Kohlrouladen.* Mann. *Spanferkel?* Mann. *Weißweinschorle?* Frau. *Tafelspitz?* Mann. *Island-Skrei auf Chilipolenta?* Mann. *Spaghetti alla napoletana?* Frau. *Flambierter Sambucca?* Frau. *Artischocke mit zwei Dips?* Frau. *Halbe Ente mit Klößen und Rotkraut?* Mann.

SIE schneidet bei diesem Spiel meist besser ab als ER – so wie in fast jedem Spiel. Auch billige Triumphe befriedigen. Andererseits: Es gehört wirklich nicht schrecklich viel Intuition oder Lebenserfahrung dazu, in einem westeuropäischen Restaurant angesichts eines Tellergerichts oder eines Getränks zu erraten, ob es an eine Frau oder einen Mann gehen wird. Oder wann haben Sie das letzte Mal eine Frau ein Holzfällersteak zersäbeln, ein Guinness trinken oder den gegrillten Schweinebauch verputzen sehen? Oder einen Mann ein Möhren-Ingwer-Süpplein löffeln, einen Rucolasalat mit gratiniertem Ziegenkäse mümmeln oder eine Fenchel-Paprika-Pizza knabbern?

Schwieriger, aber wie immer auch an- und aufregender wird es außerhalb des eigenen Kulturkreises. Ist der *Mealie-Pap* Namibias (ein Brei aus Maismehl, Kuh- oder Ziegenmilch) eher ein Männer- oder Frauenessen? Findet das iranische *Masto Khiar* (Joghurt mit Gemüse und Gurken) wirklich viele männliche Abnehmer? Welches Geschlecht legen peruanische *Yuca à la Huancaína* (Maniokfritten mit Aji-Amarilla-Frischkäsesoße) nahe – und essen mehr Männer oder mehr Frauen dazu das in Peru so beliebte gegrillte *Cuy*, das dem hiesigen Hausmeerschweinchen bis aufs possierliche Schnurrbarthaar einfach zu ähnlich ist, als dass es für die meisten europäischen Mägen so ohne weiteres goutierbar wäre. Warum ist Gebeiztes, Gebratenes, Mariniertes, Frittiertes und Gegrilltes eher Männersache, während Gekochtes, Pochiertes, Gedünstetes, Geschmortes und alles rund ums Backen an Frauen am Herd denken lässt?

Beim Hochleistungssport und in der Mode, im Krankenhaus und im Gefängnis erscheint uns die Trennung der Welt nach Geschlechtern als selbstverständlich und naturgegeben. Teilweise auch in der Schule, beim Arzt oder beim Friseur, in der Kirche, Synagoge oder Moschee, ganz gewiss im Bordell und gelegentlich sogar noch in der Sauna. Nur in Küche und Keller wollen wir nichts davon wissen.

Die Gastrokritikerin der *New York Times*, Ruth Reichl, hat im April 2007 während einer Konferenz über »Frauen, Männer und Essen« an der Harvard Universität davon erzählt, dass sie und ihr

Während SIE deutlich erkennbar ein Hähnchen-Mozzarella-Sandwich isst, hat ER sich natürlich wieder für das Roastbeef entschieden. Und gehört der Apfel wirklich zu IHM? [Quelle: NASA]

Mann sich ein ähnliches Spiel ausgedacht haben. Allerdings gehen Mrs und Mr Reichl noch einen Schritt weiter als SIE und ER. Ruth Reichl bestellt in einem neuen Lokal stets ein Steak und ein Glas Rotwein, ihr Mann Michael hingegen einen Salat und ein Glas Weißwein. »In 99 Prozent aller Fälle landen Salat und Weißwein bei mir, Steak und Rotwein dagegen bei meinem Mann«, fasst Ruth Reichl ihre frustrierenden Erfahrungen zusammen. Ihre Verwunderung und zunehmende Erbitterung über solche blinden Annahmen und Zuschreibungen hat die amerikanische Restauranttesterin dazu geführt, vom »sexistischen Theater des Essengehens« zu sprechen.

Das sexistische Theater des Essens gastiert weltweit und keineswegs nur außerhalb der eigenen vier Wände. Seine Pforten stehen an jedem beliebigen Ort zu jeder beliebigen Zeit offen – perverserweise sogar und gerade in jenen Regionen der Erde, wo es so gut wie nichts zu essen gibt. Seine Akteure gehen wie sein Publikum in die Milliarden. An kaum einem öffentlichen Ort lassen sich gesellschaftliche Geschlechterrollen schärfer beobachten, klarer studieren und präziser dingfest machen als beim Essen und Trinken im Restaurant. Und auch zu Hause geht täglich der Lappen hoch – ob bei Tisch, auf der Decke, an der Feuerstelle, in einer Kuhle oder wo immer Menschen sonst Mahlzeiten zu sich nehmen. Selbst im Weltall an Bord der Internationalen Raumstation ISS.

Das sexistische Theater des Essengehens beginnt beim Türaufhalten. Setzt sich fort mit dem Abnehmen die Garderobe, der Begrüßung durch die Gastgeberin oder den Patron, der Frage, welchen Tisch man auswählt oder zugewiesen bekommt. Dem Kellner, der IHR den Stuhl heranrückt, den Wein aber ungefragt IHM zum Verkosten präsentiert. Der Kellnerin, die das Mäppchen mit der Rechnung diskret vor IHM platziert.

Doch beginnt die Aufführung wirklich erst da?

Seinen wahren Anfang nimmt das Stück schon lange vorher. Bei den Vorbereitungen auf den Abend: der Auswahl des Restaurants, des Stadtteils, der Küche, der Uhrzeit, der Wahl einer bestimmten Garderobe in bestimmten Farben, dem Ankleiden, dem Schminken, der Auswahl von Parfum oder Eau de Toilette, vom Reservieren des Tischs, der Art, wie wir dabei sprechen, welche Gestik und Mimik unsere Worte dabei begleiten, bis hin zu den tausend Entscheidungen dessen, was der Forschungsansatz der Genderstudies mit der schön aktivischen Formulierung des *doing gender* benennt – der meist unbewussten Herstellung der sexuellen Ungleichheit in der Gesellschaft, also der Erzeugung jener nicht biologischen, sondern sozialen Geschlechterdifferenz. Und glaube keiner, SIE oder ER entginge diesem sexistischen Theater des Essengehens, indem sie statt zum Franzosen, Italiener, Griechen oder Spanier einfach mal schnell in die Dönerbude, den Currywurststand oder sonst einem Schnellimbiss nebenan huschten.

Da wird das Stück nur ein klein wenig schneller und derber gespielt, die Inszenierung dort hat zwar mehr Drive, verfügt aber über weniger Raffinesse.

Je länger SIE und ER Zuschauer und Darsteller im sexistischen Theater des Essens sind, umso gespannter und neugieriger sind wir auf den Autor des Stücks geworden. Von der Suche nach ihm – oder nach ihr? – handelt dieses Buch.

Schon das berühmteste Werk der Weltliteratur des 20. Jahrhunderts, James Joyces 1922 erschienener Großroman *Ulysses*, beginnt die Einführung einer seiner beiden Hauptfiguren mit einer raffinierten Beschreibung von Geschmacksunterschieden zwischen Mann und Frau. In diesem Fall der Schilderung der Frühstücksgewohnheiten von Leopold und Molly Bloom, deren morgendliche Speisevorlieben stark voneinander abweichen: Während Molly sich mit Tee und gebuttertem Toast begnügt, lässt Joyce seinen Leopold Bloom auch am frühen Morgen schon den Sinn nach wesentlich fleischlicheren Genüssen stehen. Oder in den Worten Joyces bzw. seines deutschen Übersetzers Hans Wollschläger: »Mr. Leopold Bloom aß mit Vorliebe die inneren Organe von Vieh und Geflügel. Er liebte dicke Gänsekleinsuppen, leckere Muskelmägen, gespicktes Bratherz, panierte kroß geröstete Leberschnitten, gerösteten Dorschrogen. Am allerliebsten hatte er gegrillte Hammelnieren, die seinem Gaumen einen feinen Beigeschmack schwachduftigen Urins vermittelten.« Doch an diesem Donnerstagmorgen des 16. Juni 1904, dem berühmtesten Tag der Literaturgeschichte, eben dem Bloomsday, entscheidet sich Leopold Bloom gegen Hammelnieren, auch gegen Eier mit Speck, und optiert mit der pragmatischen Vernunft des regional erfahrenen Gourmets (»Donnerstag: auch für Hammelnieren kein guter Tag«) für eine Schweineniere vom Dubliner Metzgermeister Dlugacz. Unzählige Seminararbeiten sind darüber verfasst worden, wie Joyce durch diese kulinarische Entscheidung Blooms ein Schlaglicht auf dessen Einstellung zu seinem Judentum wirft. IHM und IHR ist jenseits von Blooms laxer Observanz alttestamentarischer Speisegebote in diesem Kapitel des *Ulysses* zweierlei immer genau so wichtig erschienen: dass Molly morgens eben kein Fleisch isst, sondern nur Tee und Toast zu sich nimmt. Und dass Joyce Leopold Bloom am Herd versagen lässt. Als Bloom in der Schlachterei Dlugacz die Schweineniere kauft, entzünden sich seine erotischen Morgenfantasien an einem »Mädchen aus dem Nachbarhaus«, dessen »kräftigen Hüften« und »strammen Armen« er zu Hause noch so lange hinterhersinnt, bis seine Schweineniere in der Pfanne fast verkokelt. Überaus männertypisch, lässt ER sich von IHR erklären: immer zu viel Testosteron, immer zu hohe Temperaturen.

Zu unserer bis heute anhaltenden Verblüffung hat uns die Frage nach Geschmack und Ernährungsvorlieben der Geschlechter an das Fundament der menschlichen Gesellschaft, an die Urform der Paarbildung, ja an den Beginn der Menschwerdung selbst geführt. Der Vorhang im sexistischen Theater des Essens hebt sich genau genommen zum ersten Mal in den frühen Tagen des Stücks mit dem Titel »Homo sapiens«. Im Grunde ist jeder Restaurantbesuch ein abgeschossener Pfeil, dessen Flugbahn zurückführt in die frühesten Prägungen unserer Kindheit, gar zu den Kindertagen unserer Kultur und Zivilisation insgesamt.

»Bauknecht weiß, was Frauen wünschen.« Die Schorndorfer Haushaltsgerätefirma Bauknecht gehört inzwischen dem amerikanischen Whirlpool-Konzern, hat ihren Stammsitz nach Stuttgart verlegt und bewirbt ihren chromblitzenden »neuen Power Clean™ Max Geschirrspüler« politisch überkorrekt mit dem Foto eines jungen Vaters in Freizeitklamotten und dessen Strahlemann-Sohn, die bei der Zubereitung eines Erdbeershakes gezeigt werden, dessen Milch garantiert nicht mehr als 0,2 Prozent Fett enthält. Gender-Mainstreaming made in Schwaben. Nützt aber gar nichts.

Denn an dem Markennamen haftet auch heute immer noch ein »Gschmäckle« – der Hautgout jenes einstmals, in den 1950er und 1960er Jahren, so eingängigen Werbeslogans »Bauknecht weiß, was Frauen wünschen«. Dieser Claim, an dem Bauknecht bis 2004 festhielt, wurde zum Inbegriff des paternalistischen Aromas der Adenauer-Zeit in der Bundesrepublik. Inzwischen veranstaltet Bauknecht Waschkurse für Männer.

Doch weder damals noch heute wissen Küchengerätehersteller um die Unterschiede zwischen dem, was Frauen und was Männer zu sich nehmen. Über dieses Wissen verfügen eher Köchinnen und Köche, Kellnerinnen und Kellner, die Ernährungswissenschaft, Marketingfachleute, der Lebensmittelhandel – und die internationale Nahrungsmittelindustrie. Allerdings mag Letztere dieses Wissen nicht unbedingt teilen – schon gar nicht mit neugierigen Sachbuchautoren. Gefragt nach Material, das Aufschluss über das Geschlecht und die Vorlieben ihrer Kunden gibt, erteilte etwa Mandy Grünig von der McDonald's Deutschland Inc. in München unter dem Betreff »Vorgangsnummer: I-2010/08-10129« folgende Auskunft beziehungsweise Abfuhr: »Wir haben uns sehr über Ihre Zeilen gefreut – und danken für Ihr Interesse an McDonald's. Da wir laufend eine Vielzahl von spezifischen Anfragen erhalten – können wir leider nicht individuell auf Ihr Thema eingehen.«

Aber die Fragen bleiben, auch wenn der kulinarisch-industrielle Komplex die Antwort verweigert. Ist der Geschmack der Geschlechter wirklich verschieden? Und sollte dem so sein: Ist der Unterschied naturgegeben oder erlernt und eingeübt? Gilt er weltweit oder ist er von Land zu Land, von Region zu Region unterschiedlich? Hat er sich im Lauf der Zeit verändert, und wenn ja: mit welcher Geschwindigkeit? Unterliegt er dem Zeitmaß der menschlichen Geschichte oder dem unserer Evolution? Bestellen Männer und Frauen in der Öffentlichkeit, was ihnen wirklich schmeckt? Oder nicht vielmehr das, was Tradition und Religion,

Milieu, *peer pressure* und der Erwartungsdruck der Gesellschaft allgemein von ihnen zu bestellen verlangt? Oder, noch komplizierter: Bestellen Männer und Frauen vielleicht nur, was sie *von sich selbst* zu bestellen erwarten? Nämlich das, was sie für gesund und bekömmlich, ihrem Image zuträglich, ihrer Attraktivität förderlich oder ihrem Status entsprechend halten? Muss man, um hinter die wahren Ernährungsgewohnheiten von Mann und Frau zu kommen, statt das Essen an öffentlichen Orten wie Restaurants oder Kantinen zu studieren, nicht vielmehr darauf achten, was sie für sich einkaufen und in der Privatheit ihrer heimischen vier Wände zu sich nehmen?

Wenn Frauen anders essen als Männer, warum gibt es im Restaurant dann keine Damen- und Herrenkarten? Kein Frauen- und Männer-Stammessen in der Mensa? Oder ist die Frage danach so absurd wie die Forderung, Gerichte nach astrologischen Sternzeichen anzubieten und für Jungfrauen und Waagen anders zu kochen als für Schützen und Wassermänner? Oder für hellpigmentierte Blonde anders als für dunkelpigmentierte Brünette?

Von all diesen Fragen handelt unser Buch. Eine Warnung vorweg: Diese Fragen werden hier zwar gestellt, die wenigsten davon werden Sie hier aber klar, eindeutig und befriedigend beantwortet finden. Und dies nicht, weil SIE und ER Ihnen dieses Wissen vorenthalten wollten, sondern weil dieses Wissen entweder noch nicht existiert oder uns nicht zur Verfügung stand. Mitunter erwiesen sich vermeintliche Umwege zu unserem Thema als aufschlussreicher als die Beschränkung auf die Statistik und die Erkenntnisse der Hirnforschung. So zeigten sich etwa nicht wenige Literaten überraschend fasziniert von unserer Fragestellung – vielleicht, weil Schriftsteller, in den Worten des amerikanischen Autors Jeffrey Eugenides, schon von Berufs wegen Hermaphroditen sind und besonders viel über Unterschiede zwischen Mann und Frau nachdenken. Und Literaturnobelpreisträger Günter Grass, selbst ein sehr respektabler Koch, aus dessen literarischem Œuvre sich spielend mehr als ein Kochbuch zusammenstellen ließe, empfahl uns beim Steinpilzesuchen in Dänemark eine Stelle aus seinem Roman *Der Butt* von 1977. Volle neun Jahre vor Carlo Petrini, dem italienischen Slow-Food-Begründer, rechnet Günter Grass darin mit der neuen Schnellküche ab und hebt so eine veritable deutsche Slow-Food-Bewegung aus der Taufe:

### *Zur Hölle mit den Fertiggerichten!*

Auf einer Tagung der Gewerkschaft Nahrung-Genuß-Gaststätten, die kürzlich in Köln stattfand, sprach die Delegierte Lena Stubbe zu Kantinenköchen und Köchen der Gaststättenbetriebe »Wienerwald«, zu den Konservenköchen und sonstigen Köchen. Natürlich saßen auch Kellner, Serviererinnen, Schlachthofmetzger, Fabrikbäcker usw. im Saal. Zu Beginn ihres Kurzreferates »Die Küche der unterdrückten Klasse« sagte Lena eher launig als provozierend: »Liebe Kolleginnen und Kollegen! Was heißt hier Schnellküche! Zur Hölle mit den Fertiggerichten! Auch wenn sie Zeit sparen, frag ich euch: Zeit wofür und für wen?

Sie bekam nur kleckernden Beifall. Und auch ihr Angriff auf die Konservenindustrie, gepfeffert mit Beispielen schlechter Qualität, wurde nur von wenigen Köchen und solchen zudem unterstützt, die als elitär verschrien waren, weil sie in Hotelküchen erster Ordnung (Rheinischer Hof, Hilton, Steigenberger) sogenannten internationalen Ansprüchen genügen mußten: Fasanenbrüstchen auf Ananaskraut. Das Fertiggericht als Konserve – »So kann sich doch auch der einfache Mann mal Rinderzunge in Madeirasauce leisten!« – wurde von der Mehrheit demonstrativ bestätigt und in einem Zwischenruf »Fortschritt im Sinne gewerkschaftlicher Solidarität« genannt.

»Dann solltet ihr auch die Erbswurst feiern«, rief Lena Stubbe. »Schließlich hat ein Berliner Koch und Kollege, kurz vor Ausbruch des siebzig-einundsiebziger Krieges, die proletarische Erbswurst erfunden und so die preußische Armee gestärkt.« (Beifall, Gelächter.) »Oder ihr solltet den Grafen Rumford zum Ehrenmitglied ernennen, weil diesem Herrn gleich zu Beginn des 19. Jahrhunderts, als Antwort auf die soziale Frage, ein nach ihm benannter Magenkleister eingefallen ist: die Rumfordsche Armensuppe, aus Wasser, Kartoffeln, Graupen, Erbsen, Rindertalg, Altbrot, Salz und abgestandenem Bier solange gekocht, bis sie pappig nicht aus dem Löffel fallen konnte.« (Abermals Beifall und Gelächter der Delegierten.)

Doch als die ehemalige Köchin der Volksküche Wallgasse und Danzig-Ohra aus ihrer frühsozialistischen Erfahrung schöpfte und in ihrem Kurzreferat immer wieder historisch wurde, als sie das damals schon fehlende proletarische Kochbuch auch für die Jetztzeit forderte, als Lena Stubbe nachzuweisen begann, daß sich die Arbeiterfrauen zur Zeit des Frühkapitalismus, in Ermangelung klassenbewußter Kochbücher, an bürgerliche Schwarten – Henriette Davidis und Schlimmeres – gehalten hätten und so der eigenen Klasse entfremdet und mit kleinbürgerlichen Sehnsüchten – »Eure Rinderzunge in Madeirasauce!« – traktiert worden seien, als Lena behauptete, daß die Arbeiterbewegung und in ihr die Gewerkschaften damals und heute versäumt hätten, den jungen Fabrikarbeiterinnen das klassenbewußte Kochen beizubringen – »Da wird doch nur noch blindlings nach der Konserve gegriffen!« –, protestierten die Tagungsteilnehmer mehrheitlich. »Schließlich gibt es Qualitätskonserven!« und »Hier soll wohl der längst überwundene Klassenkampf wieder aufgewärmt werden!« Jemand rief: »Typisch linke Spinnereien sind das!«

Dennoch behielt die Köchin aus dem 19. Jahrhundert das

letzte Wort: »Kollegen!« rief sie den Köchen zu. »Ihr kocht ohne geschichtliches Bewußtsein. Weil ihr nicht wahrhaben wollt, daß der männliche Koch während Jahrhunderten ein Produkt der Klöster und Fürstenhöfe, der jeweils herrschenden Klasse gewesen ist. Während wir Köchinnen immer dem Volk gedient haben. Damals blieben wir anonym. Wir hatten keine Zeit für die Verfeinerung von Saucen. Kein Fürst Pückler, kein Brillat-Savarin, kein Maître de Cuisine ist unter uns. Wir haben in Hungerzeiten das Mehl mit Eicheln gestreckt. Uns mußte zum täglichen Haferbrei Neues einfallen. Eine entfernte Verwandte von mir, die Gesindeköchin Amanda Woyke, und nicht etwa der Olle Fritz hat die Kartoffel in Preußen eingeführt. Ihr aber habt euch immer nur Extravagantes einfallen lassen: Rebhuhn entbeint auf Diplomatenart, mit getrüffelter Wildfarce gefüllt, garniert mit Gänseleberklößchen. Nein, Kollegen! Ich bin für Spitzbeine zu Schwarzbrot und Salzgurken. Ich bin für billige Schweinenierchen in Mostrichtunke. Wer nicht historisch Hirse und Schwadengrütze nachschmecken kann, der soll hier nicht großspurig vom Grillieren und Sautieren reden!«

Verärgert riefen die Köche: »Zur Sache! Zur Sache!« – Dann ging es nur noch um die nächste Tarifrunde in Nordrhein-Westfalen.

Je länger SIE und ER sich mit dem Thema Geschmacksunterschiede zwischen den Geschlechtern beschäftigten, desto verunsicherter hinsichtlich unserer eigenen Annahmen und sicher geglaubten Erkenntnisse wurden wir. Vor allem diese Unsicherheit möchten wir mit Ihnen teilen. Andererseits: SIE ahnt natürlich ganz genau, was ER von einer beliebigen Karte bestellen wird; ER hingegen hat auch nach dreißig Jahren immer noch keinen blassen Schimmer, wonach IHR heute der Sinn stehen könnte.

Unser einziger Trost ist, dass wir uns damit offenbar in guter Gesellschaft befinden. Zu unserer Verblüffung haben wir während der Arbeit an diesem Buch Anfragen aus der Lebensmittelindustrie erhalten, wie weit unsere »Forschungen« denn gediehen seien und ob man die »Ergebnisse unserer Studie« vorweg erwerben könne. Weder sind wir Forscher noch haben wir eine Studie verfasst: SIE und ER sind eine Ärztin und ein Literaturkritiker Mitte vierzig, die etwas über Geschmacksunterschiede zwischen Mann und Frau in Erfahrung bringen wollen und sich dabei auf die eigenen Zungen, Gaumen, Nasen und Hirne verlassen, Lektürefrüchte sammeln und mit einer Reihe renommierter Fachleute wie Köchinnen und Hirnforschern, Metzgermeisterinnen, Lebensmittelhändlern und Winzern sprechen und diesen einige neugierige und gewiss manche nervige Frage stellen.

Auf der Suche nach den Gründen für den unterschiedlichen Geschmack der Geschlechter sind wir, wie es so schön bei Erika Fuchs heißt, ausgeschwärmt. Einesteils in die zufälligen geografischen Räume von Geschäfts- und Urlaubsreisen, anderenteils in die Erinnerungsräume unserer Biografien. Viel zu selten sind wir mutig dahin gegangen, wohin noch kein Mensch den Fuß gesetzt hat. Viel zu oft aber haben wir feige gekniffen oder alsbald hasenfüßig den Rückzug angetreten, weil weder ER noch SIE es eine Sekunde länger ausgehalten hätten: nicht bei den Akkordschlachtungen in Industrieschlachthöfen, nicht in den höllischen Mastanlagen der Hähnchenzüchter. Wir haben den großen Wissensspeicher namens Weltliteratur nach dem Unterschied zwischen männlichem und weiblichem Geschmack durchstöbert, und vor allem haben wir mit vielen klugen und sachkundigen Menschen gesprochen.

Wir haben recherchiert, so gut es unserer Intelligenz möglich war und so weit es unser Geldbeutel und unser Zeitbudget zuließen. Weder haben wir in China Affenhirn gelöffelt, noch in Afrika geröstete Grillen verzehrt. Gut, wir haben gemeinsam ein Murmeltier vom Nacken bis zur Schwanzspitze mit Appetit verspeist, aber es war wirklich nur ein sehr kleines Murmeltier, und bestellt hatten es weder SIE noch ER – nein, freiwillig kann man unser Murmeltiermahl wirklich nicht nennen.

Eines steht fest: Weder SIE noch ER hat die Weisheit mit Löffeln gefressen – auch wenn wir uns gar nicht genug darüber wundern können, wie diese Redewendung im Deutschen entstanden ist. Dieses Buch will daher keine Theorie ausbreiten oder eine These setzen, sondern versucht schlicht, eine Frage zu formulieren und in einigen Anläufen mögliche Antworten einzukreisen: Woran liegt es, dass SIE immer einen anderen Picknickkorb zusammenstellen will als ER?

SIE und ER haben Alice Schwarzer nach dem kleinen Unterschied beim Essen und Trinken gefragt. Kennengelernt haben wir die streitbare *Emma*-Blattmacherin und verdienstvolle Symbolfigur des deutschen Feminismus in einer Kölner Südstadt-Pizzeria, dem »Grande Fratello« in der Alteburger Straße, das der *Emma*-Redaktion als zweites Büro dient. Bis SIE und ER dem bodenständigen Charme dieses kölschen Italieners erlagen, hat es eine Weile gedauert, dann aber sind sie ihm regelrecht verfallen. Zunächst verschlug uns der Jeff-Koons-Hyperrealismus im »Grande Fratello« einfach die Sprache: Alles schien eine Spur zu groß, zu laut, zu derb, einfach *zu* authentisch, um wirklich wahr zu sein: angefangen bei den Wachstuchdecken auf den Tischen, dem stechenden Geruch nach Reinigungsmittel in der Luft, den der Duft des im Steinofen brennenden Buchenholzes zum Glück rasch vertrieb, bis hin zum dröhnend-herzlichen Willkommen, ja schon dem Namen des bulligen, wie ein junger Mario Adorf aussehenden Wirts Giuseppe Castro – legen sich jetzt schon Pizzabäcker wohlklingende Pseudonyme zu? Giuseppe Castro spricht urkölschen Dialekt, sein rappeldürrer, immer gut gelaunter Kellner hingegen jenes Seikeine-dumme-Salat-Idiom, das der bärbeißige italienische Schwiegervater Antonio Marcipane in Jan Weilers Romanen pflegt. In ihrem Theater des Essens bilden Kellner und Wirt des »Grande Fratello« ein unwiderstehliches Commedia-dell'Arte-Duo, und als die beiden dann gegen 22 Uhr auch noch zur Klampfe greifen und inbrünstig *canzoni siciliane* singen, beginnen SIE und ER sich immer häufiger unauffällig umzusehen, wo denn hier die Kameras und Mikrofone stehen. Doch im »Grande Fratello« läuft keine Inszenierung für die Medien, alles ist so echt, wie es im Theater des Essens nur sein kann – zum Glück auch die Herzlichkeit der beiden. Alice Schwarzer mag im »Grande Fratello« übrigens am liebsten die Pizza Belvedere – Büffelmozzarella, Parmaschinken, Rucola und Parmesan. Er selbst aber, Giuseppe Castro, bevorzugt genau wie SIE und ER das simple Aroma einer Margharita mit Büffelmozzarella, Tomate und Basilikum – die bei ihm aber aus unerfindlichen Gründen »Pizza Filippo« heißt.

## Alice Schwarzer: »Ich bin auch nur eine Frau«

*SIE & ER: Kochen Sie gern ...?*

Alice Schwarzer: Ja, ich koche sehr gerne. Aber da gehört natürlich das Einkaufen dazu. Was in unserer Region nicht so einfach ist: viel zu wenige Märkte und eine zu unkritische Kundschaft.

*... oder lassen Sie sich lieber bekochen? Von wem am liebsten?*

Mich bekochen lassen: auch nett. Am liebsten von Menschen, die kochen können. Denn wenig ist quälender, als ein schlechtes oder mittelmäßiges Essen mit vielen Komplimenten (»Schmeckt ganz toll!«) runterzuwürgen.

*Wie, wo und warum haben Sie kochen gelernt?*

In Frankreich, von einem Mann, meinem Freund. Und der wiederum hat es bei seiner Mutter beobachtet. Genauer: in Paris. Das heißt etwas, denn die Küche in Paris muss schnell gehen, aber effektvoll sein. In Paris hat ja kein Mensch Zeit, und schon gar nicht die Frauen.

*Kochen Frauen anders als Männer?*

In der Regel ja. Männer machen ein größeres Brimborium drum rum. Aber das gilt auch für nicht so arg weiblich identifizierte Frauen, die sich dann demonstrativ ans Kochen machen. Anstrengend.

*Die Hamburger Sterneköchin Anna Sgroi meint, dass Männer in der Küche mehr Wert auf technische Perfektion, Frauen mehr Wert auf Geschmack legen.*

So wird es sein. Diese ganzen teuren japanischen Messer, mit denen der deutsche Mann dann dramatisch eine Zwiebel hackt oder einen Braten schneidet ... Aber das ist überhaupt eine Unart: Die vielen Küchengeräte, für deren Säuberung man länger braucht, wie wenn man alles mit einem einzigen Küchenmesser gemacht hätte.

*Bestellen Frauen im Restaurant anders als Männer?*

Ja, die meisten Frauen achten beim Bestellen auf die Kalorien. Das nervt.

*Hat sich der Geschmack von Alice Schwarzer im Laufe der Jahre geändert?*

Mein Geschmack hat sich erweitert, als ich mit einundzwanzig als Sprachstudentin zum ersten Mal nach Paris kam. Trotz wenig Geld (drei Francs, eine Mark am Tag).

*Kochen Sie sich in Ihre Kindheit zurück?*

Selten. Bei uns zu Hause wurde ziemlich schlecht gekocht. Meine Großmutter las lieber oder diskutierte über Politik. Aber: Möhren-Durcheinander oder Rübstiel – köstlich! Das koche ich allerdings besser, als meine Großmutter es je getan hat.

*Wird Kochen und Essen heutzutage nicht heillos überbewertet? Was würden Sie einer Dreizehnjährigen erwidern, die angesichts des Hungers auf der Welt diese Fixierung aufs Essen schlicht pervers nennt?*

Ja. Vor allem diese Feinkostabteilungen in edlen Kaufhäusern sind manchmal grotesk. Zehn verschiedene Salze etc. Da würde ich einer kritischen Dreizehnjährigen uneingeschränkt recht geben: Diese Fixierung auf (teure) Qualität ist pervers angesichts des Hungers in der Welt.

*Hat der explosionsartige Anstieg von Magersucht, Anorexie und Bulimie etwas mit dieser Entfremdung zu tun?*

Die Gründe für Essstörungen sind komplex. Der zentrale Grund aber scheint mir das Diktat androgyner beziehungsweise adoleszenter Körper für Frauen zu sein. Das ist eine Negierung von Weiblichkeit – wir Frauen sollen uns dünne machen.

*Hatten Sie selbst je Probleme mit dem Essen?*

Nein, noch nie.

*Weshalb muss man kochen können? Warum das in einer arbeitsteiligen Gesellschaft nicht getrost Experten überlassen?*

In fremden Ländern gehe ich zuerst auf die Märkte und auf die Friedhöfe. Einkaufen und Kochen ist für mich ein elementarer Teil unserer Alltagskultur. Und vor allem: Es ist so kommunikativ, macht so viel Spaß, zu zweit zu kochen.

*Was löst Ekel in Ihnen aus?*

Es gibt fast nichts, wovor ich mich ekle. In fremden Ländern probiere ich grundsätzlich immer die Spezialitäten aus – und bin da nur einmal in China an meine Ekelgrenze gestoßen. Ausgerechnet da. Da kochen sie nämlich eigentlich wahnsinnig gut.

*Haben Sie Erfahrungen mit Diäten?*

Leider ja. Ich bin auch nur eine Frau. Politisch habe ich ein ganz kritisches Verhältnis zu Diäten – persönlich aber will ich immer wieder mal fünf oder zehn Kilo abnehmen. Mit beschränktem Erfolg.

*Haben Sie schon mal mit dem Gedanken gespielt, ein Restaurant zu eröffnen? Was käme da auf den Tisch?*

Man hat ja ab und an so Exil-Fantasien. Und mein Programm steht: Drei Gerichte. Davon ein Standardgericht, das es immer gibt. Und zwei unterschiedliche Saisongerichte. Alles einfach und lecker. Dazu Hauswein.

*Was ist die wichtigste Zutat Ihrer Küche?*

Knoblauch.

### *Erstes Geschmacksexperiment*

Wer in Zweifel gestürzt wird, sucht Zuflucht beim Sichergeglaubten des Selbsterlebten und -erfahrenen. SIE und ER bilden da keine Ausnahme. Deshalb haben wir uns für jedes Kapitel dieses Buchs ein kleines Geschmacksexperiment ausgedacht, Versuche, die das Abstrakte in den Raum des sinnlich Erfahrbaren rücken. Das allererste Geschmacksexperiment ist allerdings rein virtuell. Es hat mit unserem kulinarischen Gedächtnis zu tun und besteht aus einer schlichten Frage:

*Was ist Ihre früheste kulinarische Erinnerung?*

Für SIE ist diese Urszene ihrer Geschmacksbildung eine Erinnerung, die SIE eigentlich gar nicht haben dürfte: Höchstens drei Jahre alt kann SIE damals gewesen sein, als SIE IHRE Mutter zu Hause in der Küche in Freiburg die Haut von einem Kalbshirn abziehen sah, präzise und methodisch geschickt, mit den geschulten Bewegungen einer zugleich als Köchin und Kinderärztin erfahrenen Frau. Noch heute kann SIE keine Walnuss ansehen, ohne den fettigen Geschmack von in Butter gebratenem Kalbshirn im Mund zu haben, Aufbaukost, wie das damals hieß, ein Proteinhammer. SIE hat das bis heute nie wieder gegessen. Und doch meint SIE den Geschmack von damals noch vierzig Jahre danach auf der Zunge zu spüren.

Für IHN ist es der Geschmack von Pfefferminztee. Aber nicht irgendein Pfefferminztee, sondern Pfefferminztee, wie er schmeckt, wenn man ihn aus einem nigelnagelneuen weißen Plastiktrinkgeschirr mit roter Kappe trinkt, mit dem ER als Vierjähriger in den katholischen Kindergarten in Waiblingen-Hegnach ging. Merkwürdig soldatisch müssen diese Kindergartenkinder damals ausgesehen haben, in ordentlich ausgerichteter Zweierreihe auf dem Hof postiert, alle mit dem Riemen ihrer Trinkgeschirre quer über der Brust, eine Erinnerung daran, wie uniformiert unsere bundesrepublikanische Gesellschaft 1968 immer noch war.

Die wohl radikalste und ehrlichste Form einer kulinarischen Autobiografie stammt von dem französischen Schriftsteller Georges Perec, einem der großen Spaßvögel der Weltliteratur. Georges Perec hat wunderbare Satiren geschrieben, etwa »Über Tomaten unter besonderer Berücksichtigung ihrer Beziehung zur Sangeskunst«, in der er sich auf Englisch über die Wissenschaftspublizistik der Zeit lustig macht und allen Ernstes verschiedene Versuchsanordnungen durchkonjugiert, mit Hilfe welcher Wurftechniken vollreife Tomaten die größte Wirkung auf Sopranistinnen erzielen. Berühmt wurde Perec in den 1970er Jahren mit seinem Roman *Das Leben Gebrauchsanweisung*. Unter der Überschrift »Versuch einer Bestandsaufnahme« hat Georges Perec einen Text geschrieben, in dem er minutiös auflistet, welche festen und flüssigen Nahrungs- und Genussmittel er im Lauf des Jahres 1947 zu sich genommen hat. Die achtseitige engbedruckte Liste umfasst »dreimal Schnecken«, »einmal Seeigel«, »sechsundfünfzig Armagnac«, »acht Calvados«, »sechsunddreißig Wodka« – und sage und schreibe nur »einen Obstteller, zweimal Erdbeeren, einmal Johannisbeeren« und »eine Orange«. Eine typisch männliche Ernährungsweise? Georges Perec starb 1982, wenige Tage vor seinem 46. Geburtstag.

*

Pizza Grande Fratello
Alteburger Straße 3
50678 Köln
Tel. 0221 3109774

SIE: Jean Anthelme Brillat-Savarin: *Physiologie des Geschmacks*. Deutsch von Carl Vogt, Koehler & Amelang Verlag.
ER: René Goscinny und Albert Uderzo: *Asterix und Kleopatra*, Deutsch von Gudrun Penndorf, Ehapa Verlag; darin jene Urszene der Geschmacksunterschiede zwischen Mann und Frau:

Ang Lee (Regie): *Eat Drink Man Woman*

## 2. Kapitel: »Einst wart ihr Affen ...«

*Von Schöpfergöttern, Gnadenröckln, Spätstartern, von Wärme und Süße, Atheisten und Speisekarten, vom Rohen und vom Gekochten, über Affen und die Menschwerdung durchs Kochen: kein schönes Bild.*

Der Erinnerungsspeicher unserer Literatur reicht weiter zurück als alle archäologischen Befunde. Am Anfang aller Weltreligionen stehen verblüffenderweise Speisegebote und -verbote. Kaum hat Gott die Erde erschaffen und sich ein bisschen ausgeruht, erteilt er auch schon Anweisungen an die Küche: erlaubt und verboten, *kosher* und *trefje*, *hallal* und *haram*. Auch wenn man heute um den hygienischen Sinn vieler dieser Speisevorschriften weiß und nicht zuletzt ihre identitätsstiftende Funktion analysiert hat, hören SIE und ER nicht auf, sich zu wundern, dass sich die heiligen Texte der Menschheit mitunter fast wie Speisekarten lesen. Ob Jahwe, Jesus oder Mohammed, ob Bibel ...

> »Und der HERR redete mit Mose und Aaron und sprach zu ihnen: Redet mit den Kindern Israel und sprecht: Das sind die Tiere, die ihr essen sollt unter allen Tieren auf Erden. Alles, was die Klauen spaltet und wiederkäut unter den Tieren, das sollt ihr essen. Was aber wiederkäut und hat Klauen und spaltet sie doch nicht, wie das Kamel, das ist euch unrein, und ihr sollt's nicht essen. Die Kaninchen wiederkäuen wohl, aber sie spalten die Klauen nicht; darum sind sie unrein. Der Hase wiederkäut auch, aber er spaltet die Klauen nicht; darum ist er euch unrein.

SIE und ER und ein ungebetener Gast im Paradies: Essen zu dritt ist, wie Hugo van der Goes zeigt, immer schon problematisch.

Und ein Schwein spaltet wohl die Klauen, aber es wiederkäut nicht; darum soll's euch unrein sein. Von diesem Fleisch sollt ihr nicht essen noch ihr Aas anrühren; denn sie sind euch unrein. Dies sollt ihr essen unter dem, was in Wassern ist: alles, was Floßfedern und Schuppen hat in Wassern, im Meer und in Bächen, sollt ihr essen. Alles aber, was nicht Floßfedern und Schuppen hat im Meer und in Bächen, unter allem, was sich regt in Wassern, und allem, was lebt im Wasser, soll euch eine Scheu sein, daß ihr von ihrem Fleisch nicht eßt und vor ihrem Aas euch scheut. Denn alles, was nicht Floßfedern und Schuppen hat in Wassern, sollt ihr scheuen.« (Levitikus 11)

Talmud ...

»Alle können schlachten und ihre Schlachtung ist gültig, außer die eines Taubstummen, einer geistesgestörten Person oder die eines Minderjährigen, damit sie die Schlachtung nicht verpfuschen. Wenn aber jemand von ihnen geschlachtet hat und andere dabei waren, dann ist ihre Schlachtung gültig.«

oder Koran ...

»Verboten ist euch das Verendete sowie Blut und Schweinefleisch und das, worüber ein anderer als Allahs Name angerufen wurde; das Erdrosselte, das zu Tode Geschlagene, das zu Tode Gestürzte oder Gestoßene und das, was Raubtiere angefressen haben, außer dem, was ihr geschlachtet habt, ferner das, was auf einem heidnischen Opferstein geschlachtet worden ist, und ferner (ist euch verboten), daß ihr durch Lospfeile das Schicksal zu erkunden sucht. Das ist eine Freveltat. Heute haben die Ungläubigen vor eurem Glauben resigniert; also fürchtet nicht sie, sondern fürchtet Mich. Heute habe Ich euch eure Religion vervollkommnet und Meine Gnade an euch vollendet und euch den Islam zum Glauben erwählt. Wer aber durch Hungersnot gezwungen wird, ohne sündhafte Neigung – so ist Allah allverzeihend, barmherzig.«

Im Anfang war das Wort? Von wegen – im Anfang ist das Rezept! Die Gründungstexte unserer Weltreligionen wirken nicht selten wie Kochbücher. Jenseits von Gut und Böse kommt unmittelbar die Frage nach Pfeffer und Salz, durchgebraten oder *well done*, *medium*, *english*, *bleu* oder *still moving*! Die Vertreibung aus dem Paradies beginnt mit einem groben Diätfehler – Evas Griff nach der verbotenen Frucht. Aber ob der Herr Manna vom Himmel regnen lässt oder sich zum Passahfest eine gebratene Lammkeule wünscht, ob Esau sein Erstgeburtsrecht an Jakob für ein Linsengericht verkloppt, die Heimkehr des verlorenen Sohns, das Festmahl bei Ester, die Hochzeit von Kana oder König Davids Hochzeit gefeiert wird, das Gastmahl von Emmaus oder das Letzte Abendmahl: »Die Bibel ist gespickt mit Geschichten von Mahlzeiten, in denen oft eine Speisenfolge beschrieben wird und in einigen Fällen auch Anweisungen erteilt werden, wie die Speisen verzehrt werden sollen«, so Anthony F. Chiffolo und Rayner W. Hesse jr., die gemeinsam das Standardwerk *Kochen mit der Bibel* verfasst haben.

Literatur ist allerdings kein Betthupferl. Gut möglich, dass einem da auch mal was quer in den Hals kommt, übel aufstößt oder wackersteinschwer im Magen liegen bleibt. Literatur stellt Fragen – manchmal auch unbequeme, ja unappetitliche Fragen, Fragen nach Kannibalismus und Vegetarismus ebenso wie Fragen nach Macht und Gerechtigkeit, Geschmack und Gesundheit. Und nicht zuletzt will gute Literatur immer wissen, was wirklich drin ist in der Wurst. Der 1939 in Marokko geborene französische Schriftsteller Marcel Bénabou, als Historiker Professor an der Sorbonne, erdreistete sich einmal, beide Textsorten, Schöpfungsgeschichte und Kochbuch, frech zu mischen. Heraus kam eine kulinarische Genesis:

> Am Anfang schuf Gott Hirn und Eintopf. Und der Eintopf war wüst und leer, und es herrschte Fisch auf der Terrine; und der Gast Gottes schwebte auf dem Wattenmeer.
> Und Gott sprach: »Es werde Lunch.« Und es ward Lunch. Und Gott sah, dass das Lunch gut war. Da schied Gott das Lunch vom Fisch, und nannte das Lunch Tafel, und den Fisch Nahrung. Da ward aus Aal und Most die erste Tafel.
> Und Gott sprach: »Es werde eine feste Mahlzeit zwischen den Watten, und die sei ein Umtrunk zwischen den Watten.« Da machte Gott die feste Mahlzeit, und schied die Watten unter der festen Mahlzeit von den Watten über der festen Mahlzeit. Und es geschah also. Und Gott nannte die feste Mahlzeit Hirn. Da ward aus Aal und Most der andere Tag.
> Und Gott sprach: »Es sammle sich das Watt unter dem Hirn zu besonderen Hors-d'œuvres, dass man den Topfkuchen sehe.« Und es geschah also. Und Gott nannte den Topfkuchen Eintopf, und die Hors-d'œuvres der Watten nannte er Meerrettich. Und Gott sah, dass es gut war. Und Gott sprach: »Es lasse der Eintopf aufgehen Grapefruit und Kräuter der Provence, das sich besame, und fruchtbare Bäume, da ein jeglicher nach seiner Art Frucht trage, und habe seinen eignen Salat bei ihm selbst im Eintopf. Und es geschah also. Und der Eintopf ließ aufgehen Grapefruit und Kräuter der Provence, das sich besamte, ein jegliches nach seiner Art, und Bäume, die da Frucht tragen, und ihren eigenen Salat bei sich selbst hatten, ein jeglicher nach seiner Art. Und Gott sah, dass es gut war. Da ward aus Aal und Most der dritte Tag.

Nur Rechtgläubige, religiöse Eiferer und wer sonst meint, die Wahrheit mit der Muttermilch zu sich genommen zu haben, kann den Erkenntnis stiftenden Wert solch respektlosen religiösen Nonsens in Abrede stellen.

Johanna Maier ist eine religiöse Frau. Das macht die 1951 im Salzburger Land Geborene in ihrem Heimatort Filzmoos zu nichts Besonderem. Das knapp 1500 Einwohner zählende Bergdorf in Österreich ist für sein Skigebiet bekannt und für sein Gnadenbild eines segnenden Jesuskindes, das in der örtlichen Pfarrkirche verehrt wird. Und für Johanna Maier.

Die Legende vom Filzmooser Kindl reicht ins 16. Jahrhundert zurück. Zwei Hirten hörten auf einer Weide bei Filzmoos ein seltsames Läuten und fanden in einem Baumstumpf die Holzfigur eines kleinen Jesus, der die rechte Hand zum Schwur hob und mit einem Glöcklein läutete. Nach einigem Gerangel um das Gnadenbild mit der Nachbargemeinde Altenmarkt hängt das Jesuskind heute in einem goldenen Strahlenkranz oberhalb des Altars in der Pfarrkirche in Filzmoos, bekleidet mit einem jahreszeitlich wechselnden »Gnadenröckl«, zu Weihnachten golden, zu Ostern weiß und zu Pfingsten rot. Es heilt Kranke und errettet aus vielerlei Not. Sagt man.

Johanna Maier ist eine der höchstdekorierten Köchinnen der Welt: vier *Gault-Millau*-Toques – keine Frau hat mehr –, zwei *Michelin*-Sterne, unzählige andere Spitzenbewertungen. Frau Maier schickt ihre Gäste gern vor dem Essen in die Pfarrkirche von Filzmoos und in die ein paar Schritte von jener Stelle, wo die Hirten das geschnitzte Gnadenbild fanden, errichtete Ursprungskapelle. »Die Ruhe dort macht einen frei für den Genuss«, sagt Johanna Maier. Die ausschließlich in blütenweißem Dirndl auftretende Mutter von vier Kindern strahlt in solchen Momenten durchaus etwas Missionarisches aus, eine Unbedingtheit, die einen – vielleicht nur wegen des augenstrapazierenden Übermaßes an Weiß – an jenen Fanatismus erinnern kann, mit der glühende Raëlianerinnen die Wiederkunft der außerirdischen UFOs predigen. Hier strahlt reine Energie, so die Botschaft. Aber Blitze sind ja auch weiß, und Johanna Maier in der Küche ist ein Blitz in Menschengestalt.

In Johanna Maiers Küche steht eine Muttergottes, vor der stets eine Kerze brennt, wenn gearbeitet wird. Das Entzünden der Kerze am Beginn des abendlichen Service im »Gasthof Hubertus« ist zum Ritual geworden. Die Muttergottes stammt aus der alten Küche ihrer Schwiegermutter und stellt für Johanna Maier eine ganz besondere Erinnerung dar. Ihre Schwiegermutter war dafür verantwortlich, dass Johanna Maier erst mit Mitte dreißig die Küche des »Gasthof Hubertus« übernehmen konnte. Mitte dreißig in den Beruf einzusteigen, das ist für eine Karriere in der Spitzengastronomie etwa so aussichtsreich wie in der Formel 1. Aber die Seniorchefin Maier hatte ein sehr traditionelles Rollenverständnis; in ihrer Weltsicht war vorgesehen, dass sie und ihr Sohn Dietmar, seit Anfang der 1970er Johannas Ehemann, die Küche leiteten, wohingegen die gelernte Kellnerin Johanna den Service machen und sich um die Gästezimmer kümmern sollte. Nach dem Tod ihrer Schwiegermutter wurde Johanna Küchenchefin und startete durch. Während andere Touristenlokale verlässliche Klassiker wie Wiener Schnitzel, Palatschinken und Backhendl auf die Karte setzten, suchte und fand Johanna Maier das Neue. Für lange Lehrjahre blieb keine Zeit mehr. Als Ersatz dienten einige jeweils nur wenige Tage dauernde Fortbildungen bei innovativen Köchen wie ihrem österreichischen Landsmann Hans Haas, Dieter Müller oder Jean-Georges Vongerichten in New York. 1987 dann der Lohn: die erste *Gault-Millau*-Toque.

Nicht überall auf der Welt plärrt in Profiküchen aus bis zum Anschlag aufgedrehten Stereoanlagen Rockmusik, wie der New Yorker Koch und Schriftsteller Anthony Bourdain das in seinen kurzweiligen *Geständnissen eines Küchenchefs* so eingängig beschreibt. In den meisten geht es aber doch recht laut zu. Bei Johanna Maier hingegen herrscht während des Service eine Stille, die trotz höchster Konzentration der acht bis zehn in der Küche Arbeitenden tatsächlich etwas Meditatives, Klösterliches ausstrahlt.

Inzwischen gibt es längst zwei Pilgerziele in Filzmoos: das Gnadenbild des Jesuskindls und Johanna Maiers Restaurant. Und wer besonderes Glück hat, den nimmt Ehemann Dietmar mit zum Fliegenfischen. Übrigens haben auch SIE und ER in der Ursprungskapelle von Filzmoos eine Opferkerze angesteckt.

## Johanna Maier: »Was sind Atheisten?«

*SIE & ER: Agieren Frauen am Herd anders als Männer?*
Johanna Maier: Ganz anders. Es ist ein Riesenunterschied. Wir gehen mehr in die Tiefe. Ich glaube, wir Frauen haben auch einen klein wenig anderen Geschmackssinn als Männer.

*Inwiefern?*
Ich glaube, wir schmecken ein bisschen anders ab. Wir schmecken sensibler, wenn ich das so sagen darf.

*Jetzt fühlt sich ER offen gestanden aber recht grobschlächtig.*
Warum?

*Na ja, wenn Frauen den feineren Geschmack haben, was bleibt dann IHM ...?*
Ich wollte damit auf keinen Fall behaupten, Frauen hätten den feineren Geschmack. Wir schmecken einfach anders ab. Ich glaube, wenn Sie bei mir ein Menü essen und gehen dann zu einem anderen Drei- oder Zwei-Sterne-Koch, dann werden Sie merken: Die Johanna Maier hat anders gekocht, die hat fraulich gekocht. Jeder hat seinen eigenen Stil, und das ist gut so.

*Und wie würden Sie Ihren fraulichen Stil beschreiben?*
Ich liebe es, sehr puristisch zu kochen, mit nicht zu vielen Geschmackskomponenten auf einem Teller. Sehr innovativ – aber auf natürliche Weise innovativ. Eins soll meine Küche auf keinen Fall sein: ungesund! Zu mir kommen oft Gäste, die Schonkost verlangen, weil sie gerade an der Galle oder am Magen operiert worden sind. Dann versuche ich immer, sie davon zu überzeugen, mich ihnen einfach mein Menü servieren zu lassen. Und 99 Prozent sagen am nächsten Morgen: »Frau Maier, Sie hatten recht – es ist mir wirklich gut bekommen!« Das ist für mich das Wichtigste: dass sich die Menschen, die sich Zeit genommen haben, um bei mir zu essen, nachher auch noch wohlfühlen. Dass sie sich zum Beispiel nachher auch noch lieben können. Denn lieben können ist noch schöner als essen.

*Wie haben die Menschen auf Ihre neue Art zu kochen zunächst reagiert?*
Am Anfang hat man gesagt: »Ach, die Johanna, die hat doch keine Chance mit ihrer Küche, das geht ja gar nicht.« Aber ich bin ein sehr ehrgeiziger Mensch, keiner, der leicht aufgibt. Bis heute habe ich nie aufgegeben. Und das möchte ich auch anderen Menschen gern vermitteln: Wenn man hinter einer Sache wirklich steht, etwas, das man von Herzen gern machen möchte, dann soll man sich nicht entmutigen lassen und aufgeben.

*Wie lange hat für Sie diese Durststrecke gedauert?*
Ich habe zehn Jahre gekocht, und es kam fast niemand zum Essen. Aber mein Mann und meine Kinder haben mir den Rücken gestärkt und gesagt: »Warte ab, das wird schon!«

*Das stellen wir uns wirklich deprimierend vor: wenn man kocht, aber es kommt niemand, und man steht in einem leeren Lokal ...*

Mein Mann hat schon ab und zu geschimpft ... Aber ganz so schlimm war es auch nicht – wir hatten eine kleine Pension, da hatten wir Hausgäste. Und da habe ich eben das, was ich fürs Restaurant vorbereitet hatte, am Abend unseren zehn, fünfzehn Hausgästen in die Halbpension gegeben. Die waren eigentlich sehr glücklich damit, wie ich gekocht hatte. Aber ich wollte natürlich auch, dass andere Gäste in den Genuss kommen. Nur hat das eben einige Jahre gedauert.

*In einem Ihrer Kochbücher steht der Satz: »Ich bin oft ausgelacht worden im Leben, schon als Kind.« Woher nimmt man die Ressourcen, so etwas durchzustehen?*

Es macht mich wirklich traurig, wenn ich daran zurückdenke. Ich glaube, stark gemacht hat mich der Wille, all jenen zu zeigen, die mich ausgelacht haben, was wirklich in mir steckt. Und vielleicht war es auch die große Liebe meines Mannes, der mir geholfen hat. Ich bin heute ein unglaublich dankbarer Mensch. Dafür, dass ich so eine wunderbare Familie habe. Und dass ich so viele Menschen glücklich machen kann mit meinem Essen. Ich bin so dankbar, dass mir Gott so viel gegeben hat.

*Kochen Sie auch für Atheisten?*

Entschuldigung – was sind Atheisten?

*Menschen, die nicht an Gott glauben.*

Ja freilich – ich koche für jeden! Es gibt Menschen, die

Feiner, geduldiger, tiefer: Johanna Maier würzt.

glauben mehr, und es gibt Menschen, die glauben weniger. Aber glauben tut jeder. Überhaupt: Wenn man in einer ganz schwierigen Situation ist, dann glaubt man schon. Und hofft, dass einem irgendwer hilft.

»Wer bei mir acht Gänge isst, muss hinterher in der Lage sein, noch lieben zu können.« Das finden SIE und ER den poetischsten, den schönsten Satz von Johanna Maier. Ob es wirklich hinhaut, haben SIE und ER nicht ausprobiert. Gekostet haben sie aber Johanna Maiers spektakuläres Menü, ein Aromenfeuerwerk, das vor allem durch den durchdachten Umgang mit Wildkräutern bestach. IHR blieb besonders ein stangenförmiges, mit Klee dekoriertes Wassermelonengelee in Erinnerung, auf dem Kügelchen von Ziegenkäse und Netzmelone thronten, sowie ein Carpaccio vom Bachsaibling mit Flusskrebsschwänzen, zu dem ein Wildkräutersalat mit Flusskrebsscheren gereicht wurden; IHM ein Ravioli von der Königskrabbe, das ein an Kapitän Nemos Unterseeboot *Nautilus* erinnerndes filigranes »Geleefenster« zum Reingucken aufwies. Überwältigt wurden SIE und ER gleichermaßen vom Nachtisch, zwei Variationen von der Marille, die gerade Saison hatte: einmal als Millefeuille von Marillenfilets, Minze, transparentem Zuckerkaramellgitter, weißem Schokoladeneis, Marillengelee und luftigstem Biskuit, dann in Begleitung von Topfenparfait, Haselnusszuckerkaramellsticks und Mandelkrokant.

Den Auftakt des Menüs bildeten ein »Gruß für die Dame«, eine Bachforellenterrine mit Kerbel, und ein »Gruß für den Herrn«, Rindertatar mit Zitronenzesten. SIE und ER haben die beiden kleinen Tellerchen einen Moment angestarrt, kurz nachgedacht und dann blitzschnell getauscht. Als der vorbildliche Kellner an den Tisch zurückkam, um ein wenig von dem Ruinart-Champagner nachzuschenken, auf den SIE und ER sich geeinigt hatten, war er untröstlich wegen seines vermeintlichen Fehlers, die Küchengrüße vertauscht zu haben. SIE und ER konnten den Mann sanft beruhigen. Irgendwo muss die Welt ja noch in Ordnung sein.

### *Zweites Geschmacksexperiment*

Die Aprikosen in Johanna Maiers Restaurant waren Wachauer Marillen der Sorte »Ungarische Beste«. Frau Maier war von den Früchten so begeistert – »In dieser Qualität haben die Wachauer Marillen gerade mal zehn Tage Saison!« –, dass sie spontan eine Vorspeise mit Gänseleber und Aprikosengelee kreierte. Schon Shakespeare ließ im *Sommernachtstraum* die verzauberte Feenkönigin Titania Anweisungen für ein Liebesmahl an ihre Küchenelfen erteilen:

»Seid lieb und freundlich gegen diesen Herrn.
Umschwirrt ihn, flirrt voraus, huscht hintendrein;
Sucht Aprikosen, Feigen, Walderdbeeren ...«

Zu Shakespeares Zeiten galten Aprikosen als Aphrodisiakum. Wir gehen prosaischer zu Werke, entsteinen und pürieren ein Pfund frische Aprikosen oder greifen außerhalb der Saison – ein Jammer! – zu Tiefkühlware, Dosenaprikosen eignen sich nicht. Zu einem Drittel frieren wir das Aprikosenmus in einem Eiswürfelbereiter ein, das zweite Drittel lassen wir Zimmertemperatur annehmen, das letzte Drittel erwärmen wir langsam auf 60 ° C. Wir übernehmen von Jürgen Dollase die in seinem famosen Grundlagenwerk *Geschmacksschule* entwickelte Idee einer Darstellung von Geschmackseindrücken in einem Achsendiagramm, dessen horizontale Achse die Zeit und dessen vertikale die Intensität des Geschmackseindrucks angibt. Nehmen Sie einen Teelöffel voll gefrorenem Aprikosenmus, behalten Sie

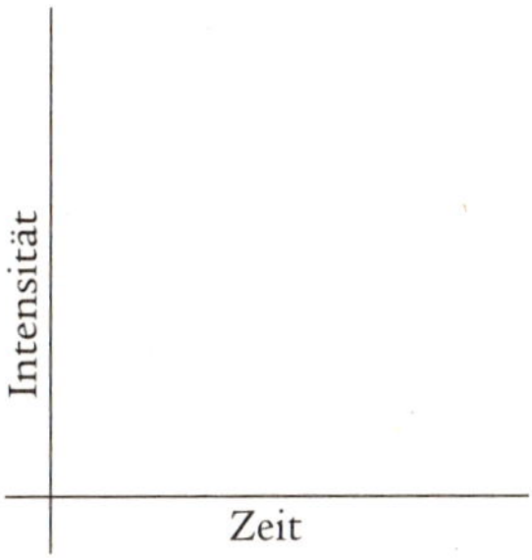


es ungefähr 30 Sekunden auf der Zunge und zeichnen Sie auf einen Zettel mit Achsendiagrammen wie in der Grafik ein, welche Geschmackseindrücke die geeisten Aprikosen auf Ihrer Zunge hinterließen. Wiederholen Sie den Versuch mit dem Aprikosenmus auf Zimmertemperatur und schließlich mit dem auf 60° C erwärmten Mus. Dann kombinieren Sie und lassen Ihrer Entdeckungsfreude freien Lauf: kalt-heiß, heiß-Zimmertemperatur-kalt, kalt-heiß-kalt und so weiter. Wann schmeckt die Süße am intensivsten?

Der Geschmack jedes Essens hängt von seiner Temperatur ab; generell nehmen wir die Süße einer Speise umso stärker wahr, je höher ihre Temperatur liegt. Forscher der Katholieke Universiteit Leuven in Belgien haben 2005 herausgefunden, weshalb dies so ist: Wenn Geschmacksmoleküle in Kontakt mit den Geschmacksrezeptoren in unseren Zungen kommen, öffnen sich in den Zellwänden der Geschmacksknospen winzige Ionenkanäle. Der für die Reizweiterleitung der Geschmacksempfindung »süß« ans Gehirn zuständige Ionenkanal trägt den Namen TRPM 5 und reagiert außer auf Süße auch überaus empfänglich auf Wärme - bei 37° C leitet er Reize rund hundertmal besser weiter als bei 15° C. Dies erklärt, warum uns so manches Speiseeis köstlich erscheint, das wir bei Zimmertemperatur als ungenießbar süßen Mamps angewidert stehen lassen würden. Die Leuvener Wissenschaftler haben damit aber auch den sogenannten »Wärmegeschmack« erklärt, warum nämlich schon eine bloße Wärmeempfindung auf der Zunge den Geschmacksreiz süß auslösen kann. Probieren Sie's aus und legen Sie sich einfach einen warmen Suppenlöffel auf die Zungenspitze: Wahrscheinlich werden Sie nach einigen Sekunden einen leicht süßlichen Geschmack wahrnehmen.

Die Weisheit mit Löffeln fressen können, das müsste schön sein, stellen SIE und ER sich vor. Am Ende haben es unsere affenähnlichen Vorfahren gar tatsächlich so gemacht: indem sie ihre Ernährung von Pflanzenkost auf Fleisch umstellten und auf diese Weise jenes Mehr an Energie gewannen, das der Unterhalt eines kalorienhungrigen größeren Gehirns verschlingt. So jedenfalls die lange akzeptierte wissenschaftliche Vorstellung, die von Arthur C. Clarke und Stanley Kubrick Ende der 1960er Jahre in ihrem Meisterwerk *2001: Odyssee im Weltraum* in unvergessliche Bilder gesetzt wurde. Im Film löst die Strahlung eines geheimnisvollen schwarzen Kubus, aufgestellt von einer außerirdischen Zivilisation, den Ernährungswandel auf der Erde aus. Und wie verhielt es sich in Wirklichkeit?

»Ihr habt den Weg vom Wurme zum Menschen gemacht, und vieles ist in euch noch Wurm. Einst wart ihr Affen, und auch jetzt ist der Mensch mehr Affe, als irgendein Affe«, schreibt Friedrich Nietzsche in *Also sprach Zarathustra.* Nietzsches Tipp ist gar nicht so unplausibel: Um Klarheit darüber zu gewinnen, warum SIE einen anderen Geschmack hat als ER, sollten wir fragen: Was essen Affen? Wie sieht es bei unseren Verwandten mit der Geschlechterdifferenz aus?

Immerhin gibt es Berichte der britischen Verhaltensforscherin Jane Goodall, die beobachtet hat, wie Schimpansen aus Zweigen ein Stöckchen basteln, das sie in einen Termitenhügel stecken, um dieses dann kurze Zeit später wieder herauszuziehen und die daran hängenden Termiten mit großem Appetit zu verspeisen. Auch das Würzen der Nahrung ist keineswegs dem Menschen vorbehalten. Japanische Rotgesichtsmakaken nahe der Stadt Kashima »salzen« ihre Süßkartoffeln, so berichten Affenforscher, indem sie davon abbeißen, sie danach in Salzwasser tauchen und wieder davon abbeißen. Unbekannt ist leider, ob die Primatenmännchen so wie Menschenmänner einen stärkeren Hang zum Salz haben als die Weibchen.

Wann genau die Geschichte der menschlichen Nahrung ihren Anfang nimmt, wann also auch Unterschiede im Essen und Trinken für SIE und für IHN in Erscheinung treten, ist ebenso unmöglich zu klären wie die Frage, wann die Geschichte des Menschen sich von der des Affen trennt und als Geschichte einer eigenständigen Spezies anfängt. Alle Versuche, eine eindeutige Antwort auf diese Henne-Ei-Problematik zu erlangen, verlieren sich im Dämmer unserer Ursprünge, in Zuschreibungen, Vermutungen, Konjekturen.

Wahrscheinlich aber hat ein überaus nachvollziehbarer Grund unsere gemeinsamen von Ast zu Ast hüpfenden Vorfahren vor etwa zwölf Millionen Jahren dazu veranlasst, ihre paradiesischen Bäume in den ostafrikanischen Wäldern zu verlassen: das Knurren ihrer Mägen. Die Paläoklimatologen, also jene Wissenschaftler, die sich mit der Erforschung unserer Klimageschichte beschäftigen, haben eine These ins Spiel gebracht, wonach die Affen von den Bäumen stiegen, weil ihnen infolge des nicht länger tropischen Klimas in den Wäldern Ostafrikas nicht mehr das ganze Jahr über genügend Nahrung zur Verfügung stand. Eine andere, ebenso vom Klimawandel ausgehende Erklärung führt an, dass die Tropenwälder immer größere Lichtungen aufzuweisen begannen, bis die Abstände von Baum zu Baum so groß wurden, dass unseren Vorfahren gar keine andere Wahl blieb, als sich von ihrem Leben in den Baumwipfeln zu verabschieden und sich auf den aufrechten Gang und die Mühen der Ebenen einzulassen.

Allerdings gibt es auch Gegenhypothesen zu diesen lange weithin akzeptierten Vorstellungen: Beobachtungen an heutigen Menschenaffen, die Forscher der University of Liverpool 2007 in *Science* veröffentlichten, legen nahe, dass man nicht nur am Boden, sondern auch in Baumwipfeln den aufrechten Gang lernen kann, die bislang angenommene Abfolge also das Pferd vielleicht am Schwanz aufgezäumt hat. Ohnehin wurde die sogenannte Savannen-Hypothese, derzufolge der Lebensraum unserer frühen Vorfahren aus grasbewachsenenen Ebenen bestand, von der Annahme abgelöst, dass eher stark ausgelichtete Wälder ihr natürliches Umfeld waren und sie sich insbesondere nachts in Schlafbäume zurückzogen.

Kulinarisch aufschlussreicher noch ist aber eine Theorie, die der Münchner Evolutionsbiologe und intellektuelle Tausendsassa Josef H. Reichholf ins Spiel gebracht hat: dass weniger Not als vielmehr das Streben nach Luxus die Primaten von den Bäumen lockte. Reichholfs Argumentation zufolge war es nicht Hunger, sondern Genusssucht, die den Affen von den Bäumen in die Savanne trieb, nämlich die Aussicht auf das reichlich vorhandene Angebot an Großwild im Grasland.

Der Schritt aus dem Wald in die Savanne war ein evolutionärer Weg von Primaten über Trockennasenaffen, Altweltaffen, den Menschenartigen zu den Menschenaffen; links und rechts zurück blieben Feuchtnasenaffen und Koboldmakis, die Neuweltaffen, die Meerkatzenverwandten und die Gibbons, um jeweils eigene gattungsgeschichtliche Wege einzuschlagen. Ob und ab wann unsere äffischen Vorfahren monogame Lebensformen ausprägten, zählt zu jenen Fragen, deren Diskussion oft in unfreiwilliges Wissenschaftskabarett mündet. Unsere nächsten Verwandten, die Schimpansen, Bonobos, Gorillas und Orang-Utans, leben polygam. Bemerkenswerterweise berichten Affenforscher kaum über Unterschiede in der Kost zwischen Männchen und Weibchen. Während die Männchen der Meerkatzen und Makaken mehr Obst verzehren, beziehen die Weibchen dieser Gattungen mehr Protein durch Insekten. Umgekehrt verhält es sich bei den Schimpansen: Hier verzeichnen die Wissenschaftler einen geringfügig höheren Fleischkonsum bei den Männchen – allerdings hat der Fleischverzehr unter Schimpansen im Maximalfall gerade mal einen Anteil von zwei Prozent an ihrer Gesamtkalorienzufuhr.

Der Weg der Menschwerdung, der sogenannten Hominisation, ging mit Ernährungsumstellungen einher, die sich an der Gebissform unserer Vorfahren ablesen lassen. Während sich die frühen, baumbewohnenden Menschenaffen noch wie viele heutige Affenarten von überwiegend pflanzlicher Kost ernährten, spielte für die in der Savanne lebenden Australopithecus-Arten Fleisch eine immer größere Rolle. Sie ernährten sich bereits von gemischter Kost.

Am 12. August 2010 veröffentlichte eine Forschergruppe um Shannon P. McPherron vom Max-Planck-Institut für evolutionäre Anthropologie in Leipzig und Zeresenay Alemseged von der California Academy of Sciences einen Aufsehen erregenden Brief im Wissenschaftsmagazin *Nature*. Darin vermeldeten die beiden Paläoanthropologen nichts weniger, als die Überreste der ältesten Mahlzeit unserer Hominiden-Vorfahren ausgegraben zu haben. Das des Sensationalismus denkbar unverdächtige Blatt, eine der angesehensten Wissenschaftszeitschriften der Welt mit über 140-jähriger Tradition, brachte die Entdeckung sogar als Aufmacher auf dem Titel mit der Schlagzeile: »THE FIRST CUT«.

McPherron und Alemseged berichteten von spektakulären Funden in Dikika in der Afar-Region Äthiopiens. Die Ausgräber hatten Reste des ältesten Picknicks der Welt gefunden: Säugetierknochen mit 3,39 Millionen Jahre alten Schnitt- und Schlagspuren, die darauf schließen ließen, dass Australopithecus-afarensis-Hominiden Fleisch von diesen Knochen abgeschabt hatten, um an das in ihnen enthaltene Mark heranzukommen. Der berühmteste Australopithecus afarensis ist Lucy, jenes 1974 ebenfalls in Äthiopien entdeckte fossilierte weibliche Skelett, dessen Alter auf 3,2 Millionen Jahre geschätzt wird. Damit ist Lucy weit über eine Million Jahre älter als der nach seinem Werkzeuggebrauch benannte Homo habilis und der vor zwei Millionen Jahren in Afrika, Asien und Europa nachgewiesene Homo erectus, der gemeinsame Vorfahre von Mensch und Neandertaler. Die Schnittspuren aus Dikika aber sind nicht nur die frühesten heute bekannten Hinweise auf Werkzeuggebrauch, sondern auch auf vormenschliches Essen.

Die Knochenfragmente stammen von Rippe und Oberschenkel zweier unterschiedlich großer Paarhufer, Vorfahren heutiger Ziegen und Kühe. Schlagspuren weisen darauf hin, dass die Australopithecinen versucht haben, an das nährstoffreiche Mark in den Knochen der Wildtiere zu gelangen. Durch die Bearbeitung drang in einen der Knochen sogar ein winzig kleiner Steinsplitter ein, zusammen mit den mikroskopischen Analysen ein zweifelsfreier Beleg, dass die Schnittspuren tatsächlich vor der Versteinerung der Knochen entstanden sind und nicht etwa von Krokodilzähnen stammen. Ungeklärt bleibt hingegen, ob die Tiere bei einer Jagd erlegt und geschlachtet wurden oder ob sie vom Australopithecus afarensis als Aas verzehrt wurden. Doch da die bislang ältesten Spuren vormenschlichen Fleischkonsums – Knochenfunde aus dem nahegelegenen Bouri – sowie von Werkzeugen – den sogenannten Pebble-Tools aus Gona,

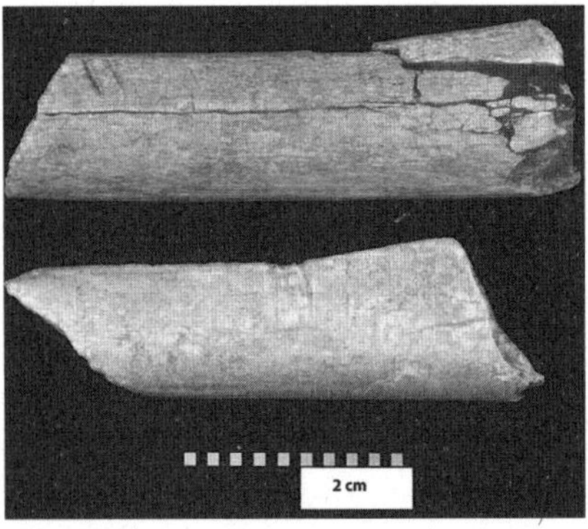


Reste der ältesten Fleischmahlzeit der Welt: 3,39 Millionen Jahre alte Knochen mit Schnittspuren aus dem äthiopischen Dikika.

ebenfalls in Äthiopien – fast 800 000 Jahre jünger datieren, steht die Ausgrabung von Dikika am Beginn der somit über drei Millionen Jahre zählenden Nahrungsgeschichte des Menschen.

Man hat an der Grabung in Dikika keine Werkzeuge gefunden, ebenso wenig wie in Bouri. Und die kleinen Kieselsteine am Fluss Awash eigneten sich weder damals noch heute zur Herstellung der primitiven Steingeräte. Deshalb halten die Paläoanthropologen es für mit das Bemerkenswerteste an ihrer Entdeckung, dass der Australopithecus afarensis offenbar die kulinarische Weitsicht besaß, Werkzeuge mit sich zu führen. »Wenn wir uns Lucy beim Durchstreifen der ostafrikanischen Landschaft auf der Suche nach Nahrung vorstellen, sehen wir sie nun erstmals mit einem Steinwerkzeug in der Hand auf Fleischsuche«, so Shannon McPherron in einer Presseerklärung des Max-Planck-Instituts für evolutionäre Anthropologie. »Mit Steinwerkzeugen ausgerüstet, mit deren Hilfe man Fleisch schnell vom Knochen schaben oder Knochen aufbrechen kann, wurden Tierkadaver zu einer attraktiven Nahrungsquelle. Dieser neue Verhaltenstypus wies unseren Vorfahren den Weg, der später zu zwei Eigenschaften führte, die unsere Art *Homo* definieren – der Verzehr von Fleisch sowie die Herstellung und der Gebrauch von Werkzeug.«

Fleischkonsum und Werkzeuggebrauch sind aber nur zwei Stationen auf dem Weg zur kulinarischen Menschwerdung – und, was den Fleischkonsum anlangt, zur Freude aller Vegetarier: vermutlich nicht die entscheidenden. Richard Leakey, ein Sohn der berühmten Paläoanthropologen-Familie und Entdecker fossiler Schädel von Homo habilis und Homo erectus, schrieb schon vor dreißig Jahren in *Die Suche nach dem Menschen*: »Zwar enthielt die Kost der Hominiden mehr Fleisch als die ihrer nichthomininiden Verwandten, aber dies war nur ein gradueller Unterschied. Die entscheidende Abweichung war die ganz neue Verhaltensweise, Nahrung zu suchen, um sie erst später zu verzehren, sowie der Verzehr in der Gruppe.«

*"I think we overordered."*

Die Fähigkeit zum Triebaufschub, sprich, das Essen zu einem späteren Zeitpunkt gemeinsam in der Gruppe zu verzehren, konstituiert also erst menschliche Gesellschaft. Was fehlt, um den Funken der Zivilisation endgültig überspringen zu lassen, ist das Feuer. Der schottische Schriftsteller James Boswell war der Erste, der bereits im 18. Jahrhundert den Menschen als »das kochende Tier« definierte. Doch seit wann wir Menschen beziehungsweise unsere Vorfahren das Feuer beherrschen, ist in der Wissenschaft heftig umstritten. Erst vor zwei Jahren erregte der in Harvard lehrende Anthropologe Richard Wrangham großes Aufsehen mit seiner spektakulären »Kochhypothese«, der zufolge erst durch das Garen der Nahrung aus Affen tatsächlich Menschen wurden.

Erstaunlicherweise wird der Beginn des Kochens nicht gleichgesetzt mit der Beherrschung des Feuers. Die Schätzungen, wann etwa die Menschen das Feuer zähmen konnten und wann sie es zur Zubereitung ihrer Nahrung genutzt haben, weichen beträchtlich voneinander ab. Beide Daten mussten allerdings während der letzten Jahrzehnte durch immer neue, immer verblüffendere archäologische Funde weit nach hinten korrigiert werden. Teile der Forschung sehen Indizien für Feuergebrauch durch Australopithecinen und Homo habilis in Südafrika, Kenia und Äthiopien und datieren diese in eine Vergangenheit von zwei bis eine Million Jahre. Besondere Aufmerksamkeit der Forschung zog eine Feuerstelle mit verbrannten Knochenresten im südafrikanischen Swartkrans auf sich. Andere Wissenschaftler interpretieren dieselben Befunde als Überreste von Blitzeinschlägen oder Spuren von Buschbränden. Als gesicherter ältester Nachweis einer menschlichen Feuerstelle gilt die Grabung Gesher Benot Ya'aqov in Nordisrael, deren Alter auf etwa 790 000 Jahre geschätzt wird.

»Homo erectus tauschte Hirn gegen Darm«: Auf diese griffige Formel bringt die New Yorker Anthropologin Leslie Aiello von der Wenner-Gren-Foundation die gängige Vorstellung von den Folgen der Ernährungsumstellung zwischen Australopithecus afarensis und Homo erectus. Richard Wrangham, den Anthropologen aus Harvard, vermag die bislang vorherrschende wissenschaftliche Erklärung, wonach die Umstellung der Primaten auf eine proteinreichere Fleischkost die Entwicklung ihres größeren Gehirns ermöglichte, nicht zu überzeugen. Wrangham stellt die Hypothese auf, dass unsere Vorfahren ihre Nahrung bereits wesentlich früher gekocht haben müssen und ihren höheren Energiebedarf nicht nur mit Fleisch, sondern auch mit gekochten Knollen und Wurzeln stillten. Ein Fünftel unseres heutigen Grundumsatzes müssen wir für den Energieverbrauch unseres Gehirns veranschlagen. Wrangham berechnet, dass selbst ein Anteil von 60 Prozent rohem Fleisch an der Kost der Frühmenschen lediglich eine um 20 Prozent verbesserte Kalorienbilanz im Vergleich zu rein pflanzlicher Kost gewährleistet. Damit wäre die enorme Volumenvergrößerung des Gehirns von Homo erectus im Vergleich zu den Australopithecinen und der nochmalige Größenzuwachs beim Übergang zu Homo heidelbergensis niemals zu leisten. Zudem stand so viel Fleisch den allerwenigsten Jäger-und-Sammler-Gesellschaften zur Verfügung.

Hätten unsere Vorfahren ihren gesteigerten Energiebedarf wirklich aus Ungegartem decken wollen, wären sie vor lauter stundenlangem Rohkostkauen und den notwendigen Ruhepausen zur Verdauung weder zum Jagen noch zum Sammeln gekommen. Allein mit dem Aufkommen des Kochens und dem Verzehr gegarter Nahrung, so der amerikanische Anthropologe, lässt sich das erstaunliche Wachstum des Gehirns unserer Vorfahren plausibel erklären.

Und Wrangham geht in seinem 2009 erschienenen, faszinierenden Plädoyer für seine Kochhypothese *Feuer fangen* noch einen entscheidenden Schritt weiter. Der Anthropologe beschreibt heutige Jäger-und-Sammler-Gesellschaften wie die im nördlichen Tansania lebenden Hadza und bringt dabei den folgenreichsten Unterschied in der Nahrungsaufnahme zwischen Mensch und Tier auf den Punkt: »Frauen und Männer verbringen ihre Tage mit der Suche nach unterschiedlichen Arten von Nahrung, und das, was sie jeweils mitbringen, wird von beiden Geschlechtern verzehrt. Die Frage, warum unsere Spezies die Ernährung auf eine so ungewöhnliche Art und Weise organisiert, ist bis heute nicht zufriedenstellend beantwortet; weder bei den nicht-menschlichen Primaten noch bei anderen Säugern teilen adulte Tiere ihre Nahrung miteinander.«

Welche Konsequenzen hat dieses erstaunliche Alleinstellungsmerkmal des Menschen? Liegt hierin der Ansatz für eine mögliche Erklärung der offen zutage liegenden Geschmacksunterschiede zwischen Mann und Frau? Dass wir Menschen unsere Nahrung nicht nur mit unserem Nachwuchs, sondern auch zwischen den Geschlechtern teilen? Und dass dieser Tauschreiz verschwände, wenn SIE und ER exakt dasselbe im Nahrungsangebot hätten?

Die Arbeitsteilung der Geschlechter hat nach Ansicht der Mehrzahl heutiger Anthropologen und Archäologen nicht früher als vor etwa 40 000 Jahren stattgefunden, im oberen Paläolithikum. Richard Wrangham widerspricht seinen Fachkollegen, denn die von ihm gleich um Millionen von Jahren zurückdatierte Erfindung des Kochens macht auch eine viel frühere Ausdifferenzierung der Geschlechterrollen plausibel. »Das Bedürfnis der Frauen nach einem Schutz ihrer Nahrungsmittelvorräte ist einzigartig unter den Primaten und liefert eine sinnvolle Erklärung für die Arbeitsteilung zwischen den Geschlechtern«, so Wrangham. »Die Hypothese, dass der menschliche Haushalt aus der Konkurrenz um Nahrung entstanden ist, stellt das herkömmliche Denken in Frage, da sie den wirtschaftlichen Beziehungen gegenüber den sexuellen Beziehungen den Vorrang einräumt. Anthropologen sehen die Ehe häufig als eine Art Tauschbeziehung, in der die Frauen Ressourcen erhalten und die Männer eine Garantie auf Vaterschaft. Diesem Verständnis zufolge ist die Sexualität die Basis unserer Paarbildung; wirtschaftliche Erwägungen sind zweitrangig. Doch für die neue Hypothese spricht, dass bei den Tieren das Paarungssystem an die Ernährungsweise angepasst zu sein scheint, und nicht umgekehrt.«

Reichlich Gedankennahrung. Wenn die These Richard Wranghams stimmt, liegt nicht primär Sex und die Sorge um unsere Nachkommenschaft, sondern Essen und die Befriedigung unseres Hungers dem zugrunde, wie SIE und ER heute leben, wie unsere Gesellschaft eingerichtet ist und was uns morgens aus den Betten treibt. Das aber käme einer kopernikanischen Revolution in unserem Denken über Geschlechter gleich: Die Folgen des Übergangs vom Rohen zum Gekochten wären viel weitreichender, als bislang gedacht. Richard Wrangham könnte in der Anthropologie damit ein ganz neues und revolutionäres Verständnis dieser Begriffe einläuten, ein Gegenpol zu Claude Lévi-Strauss werden, der in seiner *Mythologica* die symbolische Bedeutung »des Rohen und des Gekochten« in brillanten Analysen auffächerte, ihre ganz handfeste Bedeutung aber übersah. Richard Wrangham hingegen entgeht die »immense Ironie« in seiner Hypothese, wonach das Kochen zu unserer Paarbindung geführt hat, keineswegs: »Das Kochen hat den Nährwert der Nahrung enorm erhöht, doch zugleich hat diese Praxis die Autonomie der Frauen erheblich geschwächt. Die Männer haben davon wesentlich mehr profitiert. Das Kochen sparte den Frauen Arbeitszeit und nährte Kinder, doch gleichzeitig fesselte es sie an eine neue, untergeordnete Rolle, die ihnen von einer männerdominierten Kultur aufgezwungen wurde. Das Kochen schuf und verfestigte ein neuartiges System männlicher kultureller Überlegenheit. Es ist kein schönes Bild.«

*

Gourmetrestaurant Johanna Maier
Hotel Hubertus
Am Dorfplatz 1
A-5532 Filzmoos
Tel. +43 6453 8204
Fax +43 6453 82046
www.hotelhubertus.at

SIE: Richard Wrangham: *Feuer fangen*. Deutsch von Udo Rennert, DVA.
ER: Jürgen Ritte: *Bis auf die Knochen – das Kochbuch, das jeder braucht*, Arche Verlag.

Stanley Kubrick (Regie): *2001: Odyssee im Weltall*

## 3. Kapitel: »Gefühle, Stimmungen, Gerüche, Geräusche«

*Steinzeitmenschen, Marcel Proust, der NATO-Doppelbeschluss, Donna Leon und warum niemand je in genau dieselbe Wurst beißt: die Geschichte unseres Geschmacks.*

Alle Jahre wieder im November hagelt es Ohrfeigen. Austeiler der Backpfeifen sind die Kritiker des deutschen *Guide Michelin* mit Sitz in Landau in der Pfalz. Abgewatscht werden sämtliche Profiköchinnen Deutschlands.

Im November des Jahres 2010 fallen die Ohrfeigen wieder besonders saftig aus. Unter den neun Drei-Sterne-Köchen des deutschen *Guide Michelin 2010* sucht man vergeblich eine einzige Frau. Auch der über die Vornamen der dreiundzwanzig Zwei-Sterne-Köche der Republik schweifende Blick bleibt 2010 nur an einer einzigen Maria hängen – und die heißt Peter Maria Schurr vom Restaurant »Falco« in Leipzig.

Es geht noch schlimmer: Die bislang einzige deutsche Zwei-Sterne-Köchin, Douce Steiner vom »Hirschen« im badischen Sulzburg, hat bereits 2008 ihren zweiten Stern eingebüßt und musste sich wieder unter die 205 Ein-Sterne-Restaurateure einreihen – zu ihren sage und schreibe fünf (!) Kolleginnen dort: Caroline Baum vom »Amesa« in Mannheim – Hoffnungsträgerin auf einen zweiten Stern –, Ulrike Stoebe, die am Herd des »Landhaus Mühlenberg« in Daufenbach steht, der allerersten deutschen Sterneköchin Anna Sgroi vom »Sgroi« in Hamburg, Erika Bergheim, der Newcomerin im »Nero« in Essen-Kettwig sowie Christiane Detemple-Schäfer, die Seit an Seit mit Oliver Schäfer im Hunsrücker »Le temple du gourmet« in Hermeskeil/Neuhütten kocht.

Auf 40 Sterneköche kommt in Deutschland eine Sterneköchin. Und wie sieht's in der Gastrokritik aus? Über den Geschlechterproporz unter den *Guide-Michelin*-Testern hüllt sich die Redaktion in Schweigen. Immerhin, die Deutsche Juliane Caspar hat 2009 die Chefredaktion der französischen Ausgabe des *Guide Michelin* übernommen und auch Deutschlands führendes Leib-und-Magen-Magazin leitet eine Frau – aber ist es wirklich Zufall, dass Madeleine Jakits die Geschicke einer Zeitschrift namens **der** *Feinschmecker* in der Hand hält? In der Bundesrepublik haben von Wolfgang Siebeck über Gert von Paczenski bis zu Jürgen Dollase seit jeher Männer das letzte Wort darüber, was IHR und IHM warum und weshalb zu schmecken hat. Allen Bemühungen von Edelfedern wie Susanne Kippenberger vom Berliner *Tagesspiegel* zum Trotz: Ähnlich klar verlaufen die Geschlechterfronten im 21. Jahrhundert sonst eigentlich nur noch im Vatikan, im Kreml und beim *Bayernkurier*.

Anders die Entwicklung in den USA. Hier lässt sich von M. F. K. Fisher über Julia Child bis zu Ruth Reichl und Julie Powell eine beeindruckende Ahnengalerie weiblicher Gastrojournalisten abschreiten. Powell, 1973 in Austin geboren, verfiel 2002 auf die brillante Idee, binnen eines Jahres sämtliche 524 Rezepte aus Childs Kochbuchklassiker *Mastering the Art of French Cooking* von 1961 nachzukochen und darüber in ihrem Blog zu schreiben (den nachzulesen unter http://blogs.salon.com/0001399/2002/08/25.html übrigens auch acht Jahre später noch großen Spaß macht). Den Anfang machte Powell am 26. August 2002 mit *Bifteck sauté au beurre, Artichauts au naturel avec beurre au citron* und *riz naturel*. Nora Ephrons witzige Verfilmung *Julie & Julia* erzählt neben der Geschichte von Powells Blog auch die Lebensgeschichte von Julia Child, die in ihrer legendären TV-Sendung *The French Chef* unprätentiös und mit beeindruckender Grandezza Amerikanern französische Klassiker wie *Bouillabaisse*, *Bœuf bourguignon* oder *Coq au vin* nahebrachte. In *Julie & Julia* muss sich Julia Child, gespielt von Meryl Streep, von ihrer französischen Kochlehrerin fragen lassen: »Ist es wahr, dass Sie erwägen zu unterrichten?« Child, die als Diplomatenehefrau in Frankreich eine Lebensaufgabe für sich sucht, antwortet: »Ja, ich habe vor, Amerikanern in Paris das Kochen beizubringen.« Darauf die Kochlehrerin: »Madame Child, ich muss Ihnen leider sagen, dass Sie nicht das geringste Talent haben zu kochen. Aber die Amerikaner werden es gewiss nicht bemerken.«

Am Herd spielt der kleine Unterschied offenbar eine Riesenrolle. Nicht aber im Gastraum. Kein einziges Restaurant in Deutschland wendet sich ausschließlich an ein Geschlecht. »Zum Ochsen – nur für Frauen« sucht man genauso vergeblich wie »La Belle Hortense – nur für Männer«. Was hierzulande an Essen und Trinken an den Mann gebracht wird, soll auch der Frau munden – und umgekehrt. Restaurants sind *unisex*. So wie Bahnlinien, Telefonanbieter, Kläranlagen. Und anders als Schuhläden, Friseursalons oder Krankenhäuser. »Klingt komisch, ist aber so«, würde es in der *Sendung mit der Maus* dazu heißen.

Klingt wirklich komisch. Haben Mann und Frau tatsächlich denselben Geschmack? Und was, bitte schön, ist das eigentlich: Geschmack? *Wie* etwas schmeckt? Oder wie *uns* etwas schmeckt? *Was* schmeckt uns? Schmeckt uns allen und immerzu das gleiche?

Warum schmeckt uns etwas? Und was schmeckt *in* uns, wenn uns etwas schmeckt?

*Unser* Geschmack ist ganz einfach. SIE und ER mögen am liebsten:

| | Morgens | Mittags | Abends |
|---|---|---|---|
| SIE | Obst, Eier, Leichtes | Entenbrust, Apfelrotkohl | Austern, Roastbeef auf Schmorgemüse, Käse |
| ER | Eier im Glas mit weißem Trüffel und frischer Brioche* | Wachtel auf Linsensalat | Steinbutt aus dem Ofen, Käse |

* SIE sagt: »Mann Gottes!« ER sagt: »Hey, die haben gefragt!«

Über Geschmack lässt sich streiten. Und das hat Gründe. Über wenige Themen sind so viele Falschinformationen, Mythen, Lügen und Legenden in Umlauf wie über geschlechtsspezifisches Verhalten mit Messer und Gabel. Der jüngsten Erhebung des Statistischen Bundesamts zufolge geben alleinlebende Frauen in Deutschland fast 50 Prozent mehr Geld aus für Obst sowie rund ein Drittel mehr für Gemüse und Kartoffeln als alleinlebende Männer. Stimmt also die Formel des deutschen Feuilletonisten Claudius Seidl: »Männer essen Fleisch, Frauen essen Gemüse«? Jedenfalls nicht für SIE und nicht für IHN. SIE hat's gern blutig. ER mag's roh, am liebsten *still moving*!

Unser Geschmack hat Folgen. Schwere Folgen – jedenfalls, was IHN betrifft:

| | Größe | Gewicht | Cholesterin | Leber |
|---|---|---|---|---|
| SIE | 164 | 55 | 162 | GGT 32 |
| ER | 178 | 97 | 347 mit hohem LDL | GGT 106* |

* ER sagt: »Wegen gestern Abend – der gute Spätburgunder von Wöhrwag.« SIE sagt: »War's wirklich nur eine Flasche?«

Auch was die medizinischen Auswirkungen unseres Geschmacks anlangt, ist der berühmte kleine Unterschied also alles andere als klein.

Den meisten Profiköchen ist durchaus klar, dass die Geschlechtergrenze auch eine Geschmacksgrenze darstellt. Müssten »Damenkarten« im Restaurant, diese fast ausgestorbene Sitte, also nicht bloß Auflistungen derselben Speisen ohne Preis sein, sondern tatsächlich auf den anderen Gaumen der Frau eingehen? Der englische Starkoch Jamie Oliver zeigt sich im Gespräch mit IHR und IHM von dieser Idee sehr angetan: »Der Geschmack von Mann und Frau unterscheidet sich meiner Erfahrung nach enorm! Der Monatszyklus der Frau hat gewaltige Auswirkungen auf ihren Geschmack, folglich auch die Wechseljahre. Und erst recht eine Schwangerschaft. Auch die Jahreszeiten. Frauen lieben im Sommer ganz reine, schlichte, einfach zu kochende Sachen. Die Frauen, mit denen ich in der Küche zusammenarbeite, verwenden im Sommer weniger Dressing und Soßen. Im Winter dagegen schlagen sie bei den Soßen richtig zu, da kann es gar nicht suppig oder eintopfig genug sein. Die männlichen Geschmacksvorlieben sind im Vergleich unabhängig von der Jahreszeit.« Und warum gibt es seiner Meinung nach so wenig Sterneköchinnen? »Einerseits sind sie in England gerade schwer auf dem Vormarsch«, so Jamie Oliver. »Andererseits haben viele Frauen einfach nicht diese Besessenheit, die es für eine Karriere in der Küche braucht. Die wenigsten Frauen sind bereit, für ihren Beruf alles andere zurückzustellen.«

Ein Kollege Jamie Olivers ist da weniger differenziert. Gordon Ramsey, mediengewandter »Chef ohne Gnade« mit dem introvertierten Charme eines Dieter Bohlen auf Speed, löste unlängst auf der Insel einen Sturm der Entrüstung aus. In seiner Fernsehsendung hatte Ramsey kategorisch erklärt: »Frauen können nicht kochen!« Ramsey konstatierte bei kochenden Frauen einen beschämenden Hang zu Fertigprodukten, Conveniencegerichten und Tütensuppen, den er mit der angeblich zunehmenden »kulinarischen Faulheit der Frau« erklärte.

## Jamie Oliver: »Ein echter Mann, ein echter Koch«

*SIE & ER: Walter Benjamin sagt, alle Dokumente der Kultur seien zugleich Dokumente der Barbarei. Haben Sie deshalb vor fünf Jahren in Ihrer Fernsehsendung ein Lamm geschlachtet?*

Jamie Oliver: Geplant war das nicht. Der Tod eines Tieres ist immer schrecklich – gleichgültig in welcher Umgebung oder unter welchen Umständen. Aber ich wollte ein Zeichen setzen.

*Wofür oder wogegen?*

In den letzten dreißig Jahren sind England und Deutschland von einem dichten Netz von Supermärkten überzogen worden. Supermärkte bieten die Gelegenheit, alles auf einmal einzukaufen, weil wir ja alle so viel zu tun haben, denn schließlich müssen heute beide Elternteile arbeiten. Also kauft man Socken, Schuhe, Tiefkühlkost und Schreibwaren komplett im Supermarkt. Für viele Kinder sind diese Supermärkte die einzige Erfahrungswelt beim Einkaufen, die Kinder glauben inzwischen, dass Hähnchenbrust überhaupt nichts mit einem Huhn zu tun hat. Oder sie wissen einfach nicht mehr, dass Steaks von Kühen stammen.

*Woran liegt diese kulinarische Amnesie?*

Die Supermärkte haben das Fleischangebot extrem beschnitten. Wenn man sich Kochbücher von vor über hundert Jahren ansieht, dann finden sich darin ebenso viele Rezepte für die hochwertigen Fleischsorten wie für die Schulter, die Keulen, die Leber, die Nieren oder das Herz – überhaupt für jeden Teil des Tieres. Und warum ist das so? Weil man damals nichts vergeuden durfte. Weil Nahrung kostbar war. Heute ist Essen zu billig. Man betrachtet Fleisch nur noch als Protein. Als Ding. In manchen meiner Restaurants habe ich als Koch an die dreißig Lammkeulen pro Tag verarbeitet. Das bedeutet, dass ich im Lauf meiner Karriere vermutlich Tausende Lämmer von anderen Leuten für mich habe schlachten lassen. Und als wir für meine Fernsehsendung in Italien in den Bergen drehten und ich einer Familie anbot, für sie zu kochen, drückten mir diese Leute ein Messer in die Hand und sagten: Bitte schön, holen Sie sich draußen eins von unseren Schafen und schlachten Sie es. Ich zähle mich ja zu den Köchen, die nahe an ihren Produkten sein wollen. Aber in dieser Situation stand ich da wie der letzte Dödel.

*Warum?*

Weil mir in meinem ganzen Leben noch nie jemand ein Messer in die Hand gedrückt und gesagt hat: Los, du rennst jetzt diesem Schaf hinterher, das ist schlachtreif. Ich wollte erst nicht und wusste nicht, was ich tun sollte. Auch mein Kamerateam hat gedacht, das macht der nie! Ich habe offen gestanden selbst nicht geglaubt, dass ich es wirklich tun würde. Aber dann habe ich mir überlegt: Wenn du jetzt kneifst, hält man dich für einen Aufschneider, einen Blender. Also dachte ich mir, wenn du ein echter Mann bist, ein echter Koch, dann machst du das jetzt – wenigstens einmal. Auch aus Respekt vor den Tieren. Ich kann doch nicht jeden Tag dutzendweise Schafe verarbeiten und dann noch nicht einmal selbst eines schlachten.

*Uns gefällt gerade, dass Sie in Ihren Kochbüchern auch Fotos zeigen, auf denen kleine Mädchen dabei zusehen, wie in ihrem Kinderplanschbecken ein Schwein ausgenommen wird.*
Ich weiß, welches Foto Sie meinen. Das Mädchen darauf ist etwa vier Jahre alt und beobachtet seinen Großvater dabei, wie er ein Wildschwein ausweidet. Das ist für dieses Mädchen nichts Grausames, sondern Teil ihres Alltags. Wenn man aus Überzeugung und aus Achtung vor den Tieren auf Fleisch verzichtet, ist das unglaublich edel. Ich bewundere Vegetarier. Allerdings nicht Vegetarier, die Ledergürtel und Doc-Martens-Schuhe tragen oder Fisch essen. Aber richtige Vegetarier, die respektiere ich: Denn das Töten eines Tieres ist nicht cool.

*Wie fielen die Reaktionen aus, als Sie im Fernsehen zeigten, wie Sie ein Lamm geschlachtet haben?*
Es war eine komische Sache. Viele Menschen waren unterschiedlicher Meinung darüber. Auch in Deutschland. Manche sagten: Genau das ist richtig! Wenn mehr Menschen sich darüber im Klaren wären, woher ihr Fleisch stammt, würden sie nicht diesen ganzen Mist fressen, und sie würden auch mehr auf eine angemessene Haltung dieser Tiere achten. Andere sagten: Was untersteht dieser Fernsehheini sich!

*Wie viel hat gutes Essen mit Geld zu tun?*
Gar nichts. Auf meiner Reise durch Italien habe ich zum Beispiel eine meiner köstlichsten Mahlzeiten bei einem Straßenkehrer gegessen, der in der armseligsten Hütte hauste, die ich je gesehen habe. Aber dieser Mann lebte wie ein König. Und zwar aus einem einzigen Grund: Er konnte kochen! Ich weiß, das klingt nun sehr romantisch, aber jeden Tag zu Mittag oder zu Abend kochte dieser Straßenkehrer die unglaublichsten Nudelgerichte, Salate und Meeresfrüchte.

*Warum verbinden dann so viele Menschen gutes Essen mit Geld?*

Wir leben im Moment in einer interessanten Zeit. Wenn Sie einen Engländer oder einen Deutschen fragen: Ist ein Auto ein Luxus?, dann verneinen das heute die meisten Menschen. Vor zwanzig Jahren wäre die Antwort noch anders ausgefallen. Auch Handy und Kabelfernsehen hat heute jeder quer durch alle Schichten. Aber wenn man fragt: Können Sie kochen?, dann sagt ein Drittel der Bevölkerung ja, zwei Drittel antworten mit nein. Und manche, die ja sagen, verstehen unter Kochen eher das Erwärmen von Tiefkühlkost. Kochen ist nicht Luxus. Eine gemeinsame Mahlzeit ist etwas, das uns erdet, erfrischt und gesund macht und obendrein unserer Seele guttut.

*Setzen Sie sich deshalb so fürs Kochen an Schulen ein?*

Kochen muss Pflichtfach werden. Und zwar soll es darin nicht um Ernährungswissenschaft gehen oder um das Packaging von Nahrungsmitteln, sondern ausschließlich um rein praktisches Kochen. Berühren, fühlen, riechen, schmecken: Das ist für alle Kinder, ob kleine Engelchen oder unverschämte Rotznasen, eine bezwingende sinnliche Erfahrung. Wenn man Kindern beibringt, eine Sauce Bolognese für Spaghetti zu machen, und ihnen dann erklärt, dass sie diese Hackfleischsoße auch für Lasagne oder Cannelloni oder als Topping auf einer Ofenkartoffel verwenden können, dann hat man ihnen etwas beigebracht, das sie für den Rest ihres Lebens gut gebrauchen und ihren Kindern weitergeben können, wenn sie irgendwann selbst Eltern werden. Eigentlich möchte ich die Menschen erreichen, die bei Kochsendungen sofort umschalten, die nie zu einem Gastromagazin am Kiosk greifen. Vier meiner sechs engsten Freunde können nicht kochen. Die sind Mitte dreißig und können es einfach nicht. Und wenn das mir, Jamie Oliver, dem »naked chef«, so geht, dann wissen sie, dass wir ein echtes Problem haben.

*Wie politisch ist Kochen?*

Im Essen liegt etwas zutiefst Antikapitalistisches. Es erlaubt einem, alle Arten von Klassenschranken zu überwinden. Wer sich für Essen interessiert, macht im Grunde laufend Sozialreportagen. Die Mehrheit der Briten ist heute der Meinung, mit frischen Zutaten zu kochen sei eine elitäre Oberschichtenbetätigung. Das bricht mir wirklich das Herz. Natürlich standen den Reichen immer die besten Fleischstücke zur Verfügung. Aber hinter ihrem Rücken haben die Köche sie immer ausgelacht, weil sie mit den Keulen und den weniger edlen Fleischsorten noch viel wunderbarere Gerichte kochen konnten. Essen hatte immer mit Status zu tun. Aber einige der besten Gerichte aus aller Welt drehen sich nicht um Filetsteaks und *foie gras*. Gutes Essen kann wirklich sehr billig sein. Denn Menschen sind schlau. Menschen, die kochen können und wenig Geld haben, sind immer schon verflixt erfindungsreich gewesen. Zum Beispiel sind sie auf den Dreh gekommen, ein eher zähes und daher billiges Stück Fleisch zu nehmen, es sehr lange und behutsam zu schmoren und dann mit vielleicht selbstgesammelten Kräutern zu würzen. Das Ergebnis kann sich sehen lassen. Wenn ich mir heute ansehe, welchen Müll ein großer Teil der Bevölkerung Westeuropas isst, wie ungesund sich die Menschen ernähren, dann gibt es verdammt gute Gründe, sich regelmäßig zu selbst gekochten Mahlzeiten an einem Tisch zu versammeln. Aber viele Menschen in England besitzen heutzutage nicht einmal mehr einen Tisch.

*Sollte es verschiedene Restaurants für Männer und Frauen geben?*
Gibt es die nicht schon längst? Ich kenne in London einige Restaurants, deren Publikum sich zum ganz überwiegenden Teil aus Frauen zusammensetzt.

*Kochen Frauen besser als Männer?*
Wenn ich Ihnen zehn Menschen nennen müsste, die mich als Koch inspiriert haben, dann wären neun davon Frauen. Männer treiben alles ins Extrem – ob im Sport, beim Gewichtheben oder eben beim Kochen. Das Interessanteste an der Mann-Frau-Frage beim Kochen ist für mich, dass, wenn ein Mann oder eine Frau nach exakt demselben Rezept kochen, am Ende doch etwas anderes dabei herauskommt. Mir erscheinen die kulinarischen Instinkte der Frauen ausgewogener und vernünftiger. Frauen kochen mit weniger Chichi, weniger Deko, konzentrieren sich stärker auf saisonal verfügbare Zutaten. Wenn Männer besser kochen wollen, dann müssen sie ihren ganzen Männermut zusammennehmen und schlicht femininer werden. Und wenn Frauen die besseren Köche sein wollen, dann müssen sie den inneren Kerl in sich entdecken.

Die Wirklichkeit sieht anders aus als das, was Gordon Ramsey polemisch formulierte: Frauen in Deutschland sind nicht zu faul zum Kochen, höchstens zu arm zum Essengehen. Sie nehmen im Schnitt fast 25 Prozent weniger Mahlzeiten in Restaurants ein als Männer. Auch das ist ein Spiegel der Wirklichkeit im 21. Jahrhundert – beim Essen machen Männer nämlich Geschäfte.

Die frohe Botschaft lautet: Auch jeder Mann hat eine Mutter. Und tatsächlich sind unsere Mütter viel stärker für unseren individuellen Geschmack verantwortlich, als man lange wahrhaben wollte.

Die Werbung weiß längst um die mütterliche Geschmacksprägung.

Vor der Macht der Mütter können auch Drei-Sterne-Köche nur kapitulieren. So gesteht der vom *Gault-Millau* 1994 zum »Koch des Jahrhunderts« ausgerufene Eckart Witzigmann, mit dem Gulasch seiner Mutter nicht konkurrieren zu können. Genauer: mit seinem Gulasch nicht vor *der Erinnerung* an das Gulasch seiner Mutter bestehen zu können. »Ich glaube, mein Szegediner Gulasch ist auch nicht schlecht«, so Witzigmann. »Aber das meiner Mutter – das schaffst du einfach nicht. Wirklich, darin liegt eine gewisse Tragik für jeden Koch. Man kommt an diese Erinnerungen nicht heran. Das ist mehr als die Summe der Zutaten. Da schwingen Gefühle, Stimmungen, Gerüche, Geräusche mit.«

Früher war eben mehr Lametta, mag man da achselzuckend mit Loriot einwenden. Haben wir nicht alle den immer gleichen Singsang unserer Altvorderen im Ohr, dass früher der Himmel blauer, der Sex heißer, das Meer salziger oder die Literatur irgendwie *literaturiger* war? Warum soll da das Szegediner Gulasch nicht eben auch *gulaschiger* gewesen sein?

Doch ganz so einfach verhält sich die Sache mit dem Gulasch von Eckart Witzigmanns Mutter nicht. Wenn ein Musterschüler von Paul Bocuse wie Witzigmann seine Machtlosigkeit am Herd einräumt und resigniert den Kochlöffel streckt, muss das einen triftigen Grund haben.

Dieser Grund hat viel mit dem Geheimnis unseres Geschmacks zu tun. Der für seine legendäre Münchner Restaurants »Tantris« 1974 mit zwei und im »Aubergine« als erster deutschsprachiger Koch von den Esspäpsten des *Guide Michelin* mit drei Sternen ausgezeichnete Eckart Witzigmann weiß eines nämlich ganz genau: Rein naturwissenschaftlich-positivistisch lässt sich der menschliche Geschmack nicht erklären.

Dabei könnte es so einfach sein. Hauptsitz der für den Geschmack verantwortlichen Sinneszellen ist bei IHR und IHM die Oberfläche der Zunge – anders etwa als beim Wels, der buchstäblich mit seinem ganzen Körper schmeckt. Unterschiedlich geformte Erhebungen in der Mundschleimhaut auf unserer Zunge, die Wall-, Blätter- und Pilzpapillen, beherbergen zwischen drei und hundertfünfzig zwiebelförmige Geschmacksknospen. Diese enthalten wiederum bis zu hundert Geschmackssinneszellen und lassen unter dem Mikroskop eine winzige Öffnung erkennen, durch die im Speichel gelöste Essensteilchen in Kontakt mit den Rezeptoren kommen. Gut drei Viertel aller Geschmacksknospen sitzen auf der Zunge, der Rest in Gaumen und Rachen, dem Kehlkopf und dem oberen Teil unserer Speiseröhre. Ja selbst im Magen und im Darm hat man Geschmacksrezeptoren gefunden.

Wenn wir Menschen von Geschmack sprechen, meinen wir in Wirklichkeit viel eher unseren Geruchssinn. Rund 80 Prozent dessen, was wir auf der Zunge wahrzunehmen glauben, findet in Wahrheit in unserer Nase statt – weshalb uns schon ein simpler Schnupfen so stark daran hindert, ein gutes Essen zu genießen. Ein einfaches Experiment, inspiriert von einem Versuch, den der deutsche »Geruchspapst« Professor Hanns Hatt in seiner gemeinsam mit der Wissenschaftsjournalistin Regine Dee verfassten Einführung *Niemand riecht so gut wie du* vorschlägt, belegt die Bedeutung der Nase für das, was uns vermeintlich auf der Zunge liegt:

### *Drittes Geschmacksexperiment*

Schneiden Sie einen Apfel, eine Birne, eine Kartoffel, einen Sellerie und einen Kohlrabi roh in gleich große Scheiben. Lassen Sie die Versuchspersonen mit geschlossenen Augen und zugehaltener Nase jeweils ein Stück von jedem Obst und jedem Gemüse kosten und dann raten, was sie gerade gegessen haben. Wiederholen Sie den Versuch, nun aber mit freier Nase. Sie werden erstaunt sein, wie stark sich ihr »Geschmack« verbessert hat. Muss erwähnt sein, dass SIE bei diesem Test besser abschnitt als ER?

Freigesetzt werden die flüchtigen Aromastoffe unserer Nahrung beim Kauen. Über den Rachen gelangen diese Aromen in unsere Nasenhöhlen, wo sie Reize in Riechsinneszellen auslösen. Streng genommen »riechen« und »schmecken« aber weder unsere Zungen noch unsere Nasen: Geschmack entsteht erst im Gehirn, wenn die über Nervenbahnen weitergeleiteten Geschmacks- und Geruchsreize in der Großhirnrinde verarbeitet werden.

Was unseren Geschmackssinn angeht, werden wir als Genies geboren und sterben als Kretins. Als Babys kommen Mann und Frau mit durchschnittlich 10 000 Papillen zur Welt, im Greisenalter besitzen wir gerade noch 2000. Der Rest ist nach und nach abgestorben – Opfer eines kulinarischen Burnouts.

Und nicht nur individuell ist die Geschichte unseres Geschmacks eine Verlustgeschichte. Auch als Gattung haben wir die Fähigkeit, die Umwelt zu erschmecken und zu erriechen, enorm eingebüßt. Unser Sehsinn hat im Lauf der letzten 500 000 Jahre über alle anderen Sinne triumphiert – im Vergleich zu den Australopithecinen, Homo erectus und Homo habilis leiden wir heutigen Homo sapiens an einem hartnäckigen Stockschnupfen. Gemessen an unseren Vorfahren nehmen wir unsere Umgebung nur noch unter der dicken Decke einer Dauerbetäubung wahr. Doch die Evolution steht nicht still und hält zumindest einen kleinen Trost bereit: In 100 000 Jahren werden, so wir Glück haben, auch unsere sensorisch noch weiter abgestumpften Nachkommen einmal über unsere ach so hoch entwickelten Geschmacks- und Geruchssinne staunen.

Dem im Lauf unseres Lebens unausweichlichen biologischen Verfall unseres Geschmackssinns lässt sich allerdings etwas entgegensetzen: Training! Geschulte Weinkenner wissen auch mit über neunzig noch unzählige Nuancen zu erschmecken, die jedem achtzehnjährigen Laien ohne die entsprechend vielfältig bestückte Aromenbibliothek unbekannt bleiben. Und eine französische Studie unter Spitzenköchen belegt, dass kulinarisch Versierte um bis zu zwei Drittel mehr aktive Geschmackssinneszellen besitzen als an Küche und Keller nicht interessierte Gleichaltrige.

Aber Geschmack ist weit mehr als die Summe dessen, was ein paar Milliarden Moleküle bewirken, die auf unseren Sinneszellen herumtänzeln, und etliche Millionen elektrische Impulse, die zwischen Nase, Zunge und Großhirn auf Nervenbahnen hin und her flirren. Denn sonst würde der von unseren Ferienreisen mitgebrachte Wein aus Tirol, die Gewürzpasten aus Thailand oder die Chilis aus Mexiko bei uns zu Hause wirklich immer genauso schmecken wie im Urlaub – und ein Meisterkoch wie Eckart Witzigmann könnte im Handumdrehen den Geschmack des Szegediner Gulaschs seiner Mutter herbeihexen.

Eigentlich müssten wir es besser wissen. Und zwar wir alle. Denn die gute Nachricht lautet: Beim Essen ist jeder Experte. Die über 20 000 Mahlzeiten, die wir bei normaler westeuropäischer Lebensweise bereits am Ende unserer Teenagerzeit zu uns genommen haben, machen uns dazu. Die Summe unserer kulinarischen Erfahrung müsste uns daher gelehrt haben, was auch die moderne Lebensmittelsensorik behauptet: dass Geschmack *approximativ* funktioniert. Dies ist die hochgestochene Art zu sagen, dass niemand je so ganz in dieselbe Wurst beißt – genauso wenig, wie dem griechischen Philosophen Heraklit zufolge je irgendwer in denselben Fluss gestiegen ist.

Die Verfasser dieses Buchs sind beide Mitte vierzig und haben somit schon an die 50 000 Mahlzeiten verzehrt, davon sicher viele hundert gemeinsam. Was IHM und IHR schmeckt, wissen SIE und ER dennoch bis heute nicht mit Sicherheit zu sagen: weder von sich selbst, geschweige denn vom anderen. Jedenfalls nicht immer. Gewiss, einige No-go-areas des Geschmacks von IHR und IHM haben sich wechselseitig eingeprägt. Beim Frühstücksbuffet lässt SIE das Tablett mit der groben Leberwurst links liegen und wird auf dem Bestellkärtchen im Hotelzimmer auch niemals die japanische Variante mit der warmen Misosuppe zum Start in den Tag wählen. Abends reizt IHN Käse zum Nachtisch meist mehr als Mousse au chocolat, und Brühwürste und ER werden in diesem Leben wohl keine Freunde mehr – genauso wenig wie Brokkolisuppe. SIE bevorzugt als Garmethoden Dünsten, Kochen oder Braten und liebt alles, was man in einem Backofen anstellen kann. ER neigt zum Marinieren, Braten und Frittieren, eher männeruntypisch auch zum Pochieren und würde am liebsten – von Natur aus? – im Esszimmer das Parkett aufhacken, um dort einen Grill zu installieren.

Wie erklären sich solche Geschmacksvorlieben?

Ausgerechnet eines der Meisterwerke der Literatur im 20. Jahrhundert gibt Aufschluss darüber, warum Eckart Witzigmann das Szegediner Gulasch seiner Mutter nicht so einfach imitieren kann. Der französische Schriftsteller Marcel Proust hat in einer berühmten Schlüsselszene seines vor rund hundert Jahren entstandenen Romanzyklus *Auf der Suche nach der verlorenen Zeit* die vertrackten Wechselwirkungen von Geschmack, Geruch und Erinnerung in unerhörtem Detailreichtum protokolliert.

Viele Jahre lang hatte von Combray außer dem, was der Schauplatz und das Drama meines Zubettgehens war, nichts mehr für mich existiert, als meine Mutter an einem Wintertag, an dem ich durchfroren nach Hause kam, mir vorschlug, ich solle entgegen meiner Gewohnheit eine Tasse Tee zu mir nehmen. Ich lehnte erst ab, besann mich dann aber, ich weiß nicht warum, eines anderen. Sie ließ daraufhin eine jener dicklichen, ovalen Sandtörtchen holen, die man »Petites Madeleines« nennt und die aussehen, als habe man als Form dafür die gefächerte Schale einer Jakobs-Muschel benutzt. Gleich darauf führte ich, ohne mir etwas dabei zu denken, doch bedrückt über den trüben Tag und die Aussicht auf ein trauriges Morgen, einen Löffel Tee mit einem aufgeweichten kleinen Stück Madeleine darin an die Lippen, in der Sekunde nun, da dieser mit den Gebäckkrümeln gemischte Schluck Tee meinen Gaumen berührte, zuckte ich zusammen und war wie gebannt durch etwas Ungewöhnliches, das sich in mir vollzog. Ein unerhörtes Glücksgefühl, das ganz für sich allein bestand und dessen Grund mir unbekannt blieb, hatte mich durchströmt. Es hatte mir mit einem Schlag, wie die Liebe, die Wechselfälle des Lebens gleichgültig werden lassen, seine Katastrophen ungefährlich, seine Kürze imaginär, und es erfüllte mich mit einer köstlichen Essenz; oder vielmehr: diese Essenz war nicht in mir, ich war sie selbst. Ich hatte aufgehört, mich mittelmäßig, zufallsbedingt, sterblich zu fühlen. Woher strömte diese mächtige Freude mir zu? Ich fühlte, daß sie mit dem Geschmack des Tees und des Kuchens in Verbindung stand, daß sie aber weit darüber hinausging und von ganz anderer Wesensart sein mußte. Woher kam sie mir? Was bedeutete sie? Wo konnte ich sie fassen? Ich trinke einen zweiten Schluck und finde nichts anderes darin als im ersten, dann einen dritten, der mir etwas weniger davon schmeckt als der vorige. Ich muß aufhören, denn die geheime Kraft des Trankes scheint nachzulassen. [...] Und mit einem Mal war die Erinnerung da. Der Geschmack war der jenes kleinen Stücks einer Madeleine, das mir am Sonntagmorgen in Combray (weil ich an diesem Tag vor dem Hochamt nicht aus dem Haus ging), sobald ich ihr in ihrem Zimmer guten Morgen sagte, meine Tante Léonie anbot, nachdem sie es in ihren schwarzen oder Lindenblütentee getaucht hatte. Der Anblick jener Madeleine hatte mir nichts gesagt, bevor ich davon gekostet hatte; vielleicht kam das daher, daß ich dieses Gebäck, ohne davon zu essen, oft in den Auslagen der Bäcker gesehen hatte und daß dadurch sein Bild sich von jenen Tagen in Combray losgelöst und mit anderen, späteren verbunden hatte; vielleicht auch daher, daß von jenen so lange aus dem Gedächtnis entschwundenen Erinnerungen nichts mehr da war, alles sich in nichts aufgelöst hatte; die Formen – darunter auch die dieser kleinen Muschel aus Kuchenteig, die so füllig und sinnlich wirkt unter ihrem strengen, frommen Faltenkleid – waren vergangen, oder sie hatten, in tiefen Schlummer versenkt, jenen Auftrieb verloren, durch den sie ins Bewußtsein hätten emporsteigen können. Doch wenn von einer weit zurückliegenden Vergangenheit nichts mehr existiert, nach dem Tod der Menschen und dem Untergang der Dinge, dann verharren als einzige, zarter, aber dauerhafter, substanzloser, beständiger und treuer der Geruch und der Geschmack, um sich wie Seelen noch lange zu erinnern, um zu warten, zu hoffen, um über den Trümmern alles übrigen auf ihrem beinahe unfaßbaren Tröpfchen, ohne nachzugeben, das unermeßliche Gebäude der Erinnerung zu tragen.

So wie Marcel, der Erzähler von *Auf der Suche nach der verlorenen Zeit*, hat jeder Mensch eine vielschichtige Sozialisation mit Hilfe von Messer und Gabel hinter sich. Und auch wenn uns die wortgewaltige Beschreibungsfähigkeit von Marcel Proust – und seinen Übersetzern Eva Rechel-Mertens und Luzius Keller – fehlen mag, um unsere Geschmacksempfindungen zum Ausdruck zu bringen – die Vielfalt an Sinneseindrücken und gastronomischen Erinnerungen teilen wir mit seiner Hauptfigur, die mittels einer Tasse Lindenblütentee und einer Madeleine in ihre Kindheit zurückkatapultiert wird.

Solche sentimentalen Reisen des Geschmacks müssen nicht zwangsläufig in eine sonnendurchflutete Vergangenheit wie die von Combray führen. Vielleicht beinhaltet sie auch eher bittere Erinnerungen, so wie sie Hans Fallada in seinem Sträflingsroman *Wer einmal aus dem Blechnapf frisst* beschreibt. Unauslöschlich eingeprägt ins kollektive Gedächtnis vieler Millionen Deutscher im 20. Jahrhundert haben sich etwa die Hungersnöte während und nach dem Ersten und Zweiten Weltkrieg und der Geschmack von Ersatzprodukten wie Zichorienkaffee oder Margarine. Deutschlands Befreiung schmeckte nach amerikanischem *Chewing gum* und englischem *Corned beef*. Auch die erstaunliche Renaissance von DDR-Produkten wie *Halloren*-Kugeln, *Filinchen*-Knäckebrot oder *Nudossi*-Brotaufstrich zeugt von der identitätsstiftenden oder in diesem Fall vielmehr identitäts*stabilisierenden* Macht unserer

Lebensmittel. Unzählig die Beschreibungen, was Essen und Trinken neben der Sättigung von Hunger und Durst und der Gewährleistung unseres körperlichen Überlebens auslösen – Erinnerungen, aber noch weit mehr: eben jene »Gefühle, Stimmungen, Gerüche, Geräusche«, die auch ein Meisterkoch wie Witzigmann nicht einfach nachkochen kann, wenn er ein Rezept seiner Mutter imitieren möchte.

Über unseren Geschmack entscheidet also unsere Kultur mindestens so sehr wie die Natur, aus der wir hervorgegangen sind. Wir sind »von Natur aus« auf süß gepolt – einfach weil in der Natur kein einziges giftiges Nahrungsmittel vorkommt, das süß ist –, so dass sich im Kollektivgedächtnis der Menschheit die Gleichung »süß gleich sicher« einprägen konnte. Darüber hinaus kommen aber noch viele weitere Faktoren wie unsere genetischen Anlagen, vorgeburtliche Dispositionen, unser Gedächtnis und nicht zuletzt unsere persönliche kulinarische Sozialisation ins Spiel, wenn es um unseren Geschmack geht.

Darum ist auf dem Holzweg, wer glaubt, Geschmack entstehe nur als Zusammenspiel von Geschmacksknospen auf der Zunge, Riechzellen in der Nase und im Hirnstamm unseres Zentralnervensystems.

Als Suppenkasper werden wir nicht geboren, zum Suppenkasper werden wir gemacht. Oder vielmehr: Zum Suppenkasper machen wir uns selbst. Wir haben es bis zu einem gewissen Grad selbst in der Hand, was uns wie schmeckt.

Viele Menschen bringen den Geschmack von in winterlicher Kälte genossenem Champagner mit Silvester in Verbindung. Für SIE und IHN wird dieser Geschmack dagegen immer mit dem NATO-Doppelbeschluss zusammenhängen.

Am 22. Oktober 1983 fassten sich über 200 000 Menschen zwischen Stuttgart und Ulm an den Händen, um gegen die Aufstellung neuer NATO-Raketen zu demonstrieren. An vielen Stellen in

Aktion 'Heiter Sterben'

ESSEN FÜR DEN FRIEDEN

Es ist an der Zeit, endlich mit dem Frieden Ernst zu machen. Deshalb stellen wir, die Aktion 'Heiter Sterben', unsere Veranstaltung unter das Motto:

Pommery statt Pershings

Mit aller Entschlossenheit treten wir für einseitige Vorleistungen auf dem Gebiet der Abrüstung von Ost und West bedrohenden Butterbergen, Milchseen und Alkoholmeeren ein. Jede Mark, die für Nahrungsmittel ausgegeben wird, kann nicht mehr zur Finanzierung des Rüstungswahnsinns beitragen. Nur satte Menschen sind friedliche Menschen.

Deshalb machen Sie mit! Reihen Sie sich in unsere Schlemmerkette ein. Beißen Sie in ein Croissant, bevor Sie ins Gras beißen müssen!

Wir distanzieren uns von allen McDonald's-Krawallmachern und verzichten im Sinne der Ausgewogenheit auf jeglichen Birnengenuß*.

*Ausgenommen in Form von Williams Christ.

Deutschland hat es damals Courage erfordert, gegen den NATO-Doppelbeschluss Protest anzumelden: in der Bundeswehr etwa, in Rüstungsunternehmen, nicht zuletzt in den damaligen Regierungsparteien CDU und FDP. Am kreuzbraven Gottlieb-Daimler-

Gymnasium, der Stuttgarter Schule von IHR und IHM, waren die organisierten Schülerdemonstrationen dagegen ein einziges gedankenloses Nachblöken von oben vorgegebener Parolen. So viel Schafsgehorsam und Gratismut brachte SIE und IHN in Rage. Also beschlossen wir, Schafseggel nicht minder, gegen den öden Protest zu protestieren. »Aktion heiter Sterben!« nannten wir unsere Spaßguerilla. Unser Motto: »Essen für den Frieden!«

Die auf die Minute zeitgleich mit der sich bildenden Mutlanger Menschenkette verteilten Croissants und die knallenden Champagnerkorken sorgten dafür, dass sich die Reihen in den »Schweigekreisen für den Frieden« am Gottlieb-Daimler-Gymnasium merklich lichteten. Mit Essen lässt sich etwas bewegen, wurde IHR und IHM an diesem Tag klar. Und hatten wir im Geschichtsunterricht nicht gelernt, dass seit der Französischen Revolution 1789 alle erfolgreichen Revolutionen immer Hungerrevolten gewesen waren?

SIE und ER gehen heute noch hin und wieder in der Gegend ihrer alten Schule essen, wo sich seit den Tagen von Mutlangen so wenig verändert hat, dass man schon ein schwäbischer Lokalpatriot sein muss, um nicht beim Anblick Bad Cannstatts an die weisen Zeilen Robert Gernhardts zu denken, die der Dichter schrieb, »Nachdem er durch Metzingen gegangen war«:

Dich will ich loben: Häßliches,
du hast so was Verläßliches.

Das Schöne schwindet, scheidet, flieht –
fast tut es weh, wenn man es sieht.

Wer Schönes anschaut, spürt die Zeit,
und Zeit meint stets: Bald ist's soweit.

Das Schöne gibt uns Grund zur Trauer.
Das Häßliche erfreut durch Dauer.

Robert Gernhardt hat Stuttgart gut gekannt. Einmal waren SIE und ER vom Witz der Zeichnungen, mit denen er Anfang der 1980er Jahre eine Literaturbeilage der *ZEIT* illustriert hatte, so begeistert, dass sie ihm spontan zwei Flaschen guten Württemberger Wein schickten. Der Wein kam nie an, stellte sich viele Jahre später heraus, offenbar fand sich im Feuilleton der *ZEIT* ein Durstigerer. Zum Trost gingen SIE und ER mit Robert Gernhardt ins »Klösterle«, eine urige Weinstube in einem 1463 erbauten Fachwerkhaus. Ursprünglich war es ein Beginenhaus, bis Herzog Ulrich von Württemberg im Zuge der Reformation den Orden der ungeliebten selbständigen Frauen auflöste. Heute beherbergt das Klösterle die idyllischste Weinstube Stuttgarts – vor allem im Sommer, wenn man unter den Linden im Hof sitzt, um gute Weine von Wöhrwag, Dautel, Aldinger, Ellwanger, Schnaitmann oder Zaiß zu trinken – oder zu »schlotzen«, wie man hier zum genüsslichen Über-die-Zunge-rollen des Weins sagt – und dazu bodenständige und preiswerte Spezialitäten wie Saure Nierle, wunderbar zarte Kutteln, den obligatorischen Zwiebelrostbraten mit den selbstverständlich handgeschabten Spätzle oder einfach Wurstsalat zu essen. Nick Hemberger, der Wirt des »Klösterle«, verfügt über viele Jahrzehnte Küchenerfahrung – auch in der Spitzengastronomie. Die Weinstube ist sein Ein und Alles. Und: In seiner Küche beschäftigt er ausschließlich Frauen. »Die sind einfach verlässlicher«, so Hemberger. Die Beginen hätten ihm da nicht widersprochen.

Der einzige Nachteil der Küche des »Klösterle« ist: Schlank macht sie nicht. Auch wer nicht von der Ideologie der Schlank-im-Schlaf-Quacksalber angesteckt ist, braucht den Grundumsatz eines Holzarbeiters oder kann hier unmöglich jeden Tag essen (und trinken!).

SIE hat nie wirklich Probleme mit IHREM Gewicht gehabt. In Krisenzeiten angefutterte Pfunde verschwanden bei IHR immer

## Schwäbisches im Klösterle

Unser Rostbraten mit hausgemachten Bratensößle und gedämpften Zwiebeln

250 gr. Rostbraten

| | € |
|---|---|
| mit Bauernbrot | 13.50 |
| mit Bratkartoffeln Salatteller | 17.80 |
| mit hausgemachten Spätzle 1 hausgemachte Maultasche, Salatteller | 19.50 |
| mit Kräuterbutter, Bratkartoffeln Salatteller (ohne Sauce + Zwiebeln | 18.50 |
| mit Pfeffersößle, Spätzle, Salatteller | 18.90 |

2 panierte Schnitzel mit hausgemachtem Kartoffelsalat und Salatteller 9.80

2 hausgemachte Fleischküchle mit Kartoffelsalat + Salatteller 9.70

1/2 + 1/2 2 Maultaschen geschmelzt 1 Fleischküchle Kartoffelsalat und Salatteller 9.60

3 hausgemachte Maultaschen geschmelzt mit Butterzwiebeln, Kartoffelsalat und Salatteller 9.50

„Kutteltöpfle" mit Lemberger Bratkartoffeln (Nach Vorrat) 8.90

„Trollinger Nierle" mit Bratkartoffeln und Salatteller (Nach Vorrat) 9.80

Kalbsbratwurst (1 Paar) Bratensößle Spätzle, Salatteller (nach Vorrat) 8.80

(Nach Vorrat = Produkte die nicht täglich verfügbar sind)

~ Zusatzstoffe siehe letzte Seite ~

Das wahre Stuttgart 21: Speisekarte im »Klösterle«

genauso mysteriös, wie sie gekommen waren. ER hingegen weiß um die Qualen der Waage, seit ER mit dreizehn in einen Konfirmationsanzug passen sollte. Die Zahl der Ratgeber zu diesem Thema ist Legion. Aber haben sie wirklich profundere Erkenntnisse im Angebot als Robert Gernhardts »Diät-Lied (mit Ohrfeigenbegleitung)«? Für SIE und IHN hat der Dichter zu diesem Thema das letzte Wort:

### DIÄT-LIED (mit Ohrfeigenbegleitung)

Ich freu mich auf mein Frühstück
da schneide ich zwei Hörnchen auf
*(Klatsch Klatsch)*
Da schneid ich etwas Graubrot auf
und schmiere mir dick Butter drauf
und Leberwurst und
*(Klatsch Klatsch)*
Und schmier dünn Margarine drauf
und etwas Kräuterpaste
und reichlich Gorgonzola
*(Klatsch Klatsch)*
Und keinen Gorgonzola
Sodann greif ich zum Pfirsich
Den schneide ich in Stücke
und haue massig Sahne drauf
*(Klatsch Klatsch)*
Und mache einen Joghurt auf
und tu ihn auf den Pfirsich
und reichlich Gorgonzola
*(Klatsch Klatsch)*
Und keinen Gorgonzola
und zwanzig Löffel Müsli

*(Klatsch Klatsch)*
Und einen Löffel Müsli
Dann freu ich mich auf Mittag
Da brat ich einen Tofu auf
und tue reichlich
*(Klatsch Klatsch)*
Sprossen drauf
und jede Menge
*(Klatsch Klatsch)*
Kleie
Das eß ich, weil es sein muß
und freue mich aufs Abendbrot
Da gibt's ein Riesenschnitzel
*(Klatsch Klatsch)*
Da gibt's ein kleines Schnitzel
*(Klatsch Klatsch)*
Da gibt es gar kein Schnitzel
Da mach ich einen Bratling warm
und tu dick Majonäse drauf
*(Klatsch Klatsch)*
Und drei, vier Spiegeleier
*(Klatsch Klatsch)*
Und reichlich Gorgonzola
*(Klatsch Klatsch)*
Und schütt es in den Lokus
Dann drücke ich die Spülung
und freu mich auf den Nachtisch
da trinke ich vom feinsten
*(Klatsch Klatsch)*
Und stillsten Wasser, das es gibt.
sodann wird ein Versuch geübt:
Wieviel vom schweren roten Wein

geht in den Durchschnittsmann hinein?
*(Klatsch Klatsch)*
Wenn der dabei im Schmalztopf wühlt
*(Klatsch Klatsch)*
Sich grad wie Gott in Frankreich fühlt
*(Klatsch Klatsch)*
Fünf Eisbein mit zehn Bierchen kühlt
*(Klatsch Klatsch)*
Und die mit Schnäpsen runterspült
*(Klatsch Klatsch)*
Und reichlich
*(Klatsch Klatsch)*
Gorgonzola
Das will ich ausprobieren
und sollt ich dran krepieren
dann hab ich meine letzte Nacht
zumindest lustvoll
*(Klatsch Klatsch)*
Zumindest heiter
*(Klatsch Klatsch)*
Zumindest spannend
*(Klatsch Klatsch)*
Zumindest nahrhaft
zugebracht.

Ebenso wahr wie der Satz, wonach wir sind, was wir essen, ist der Satz, dass wir essen, was wir *sein wollen*. Das führt keineswegs nur bei Kindern zu mitunter schrulligen Speisewünschen. ER verlangte Anfang der 1970er Jahre zum Beispiel vehement nach Wildschwein – natürlich eine Folge der von 1968 an auf Deutsch erscheinenden *Asterix*-Comicalben, aus denen sich unter anderem erfahren ließ, dass Erdbeeren zur Zubereitung von Miraculix' Zaubertrank zwar nicht unbedingt erforderlich waren, dessen Geschmack aber erheblich verbesserten, Schweinskaldaunen nur mit Honig wirklich gut mundeten und beim Käsefondue vor allem eines wichtig war: niemals, wirklich niemals sein Stück Brot in den Topf fallen zu lassen.

Wildschwein also. Wer beschreibt SEINE Enttäuschung, als kein ganzes Wildschwein auf den Tisch kam, ja noch nicht mal ein lausiger Frischling, sondern bloß Wildschweinbraten mit Pfifferlingssoße, ein Gericht, das zwar anders, dem kindlichen Gaumen aber nicht unbedingt besser als gewöhnlicher Schweinebraten schmeckte. Auch die dazu gereichten Beilagen – mit Preiselbeeren gefüllte Birnen, Spätzle, Gurken- und Kartoffelsalat – schienen nicht wirklich dem Geist der »sola scriptura« von Albert Uderzo und René Goscinny entsprungen. SEINE bittere Klage, dass dies alles nichts, aber auch gar nichts mit jenen krossen Wildschweinen zu tun habe, die am Ende vom ganzen gallischen Dorf mit Ausnahme des gefesselten Barden verspeist wurden, ja dieser Braten noch nicht mal einen Knochen für Idefix enthalte, konterte SEINE Großmutter, Frau am Herd in SEINER Familie, mit dem Verweis auf die Größe des heimischen Backofens, die Unüblichkeit derartiger Portionen im Wildfachhandel sowie die auf SEINEM Teller zurückgebliebenen Wildschweinbratenreste – alles Gründe, von deren fadenscheiniger Vorgeschobenheit ER tief überzeugt blieb.

Ähnliche Szenen werden sich zu jener Zeit an vielen Tischen der Republik zugetragen haben. Und ist es wirklich dem Zufall oder nicht doch *Asterix* zu verdanken, dass der Verzehr von Wildschwein in Deutschland seit Ende der 1960er Jahre regelrecht explodiert ist, längst alle anderen Wildbretsorten überholt hat und zwischen April 2007 und März 2008 mit 11 200 Tonnen seinen höchsten Stand erreicht hat?

Wie wir auf den Geschmack kommen – diese Geschichte unserer kulinarischen Sozialisation verläuft dank der Nahrungsmittelindustrie in westlichen Industriestaaten immer einheitlicher. In den meisten Fällen enthält sie das ganz durchschnittliche Glück, das ganz durchschnittliche Elend einer Mittelstandskindheit – so wie sie Donna Leon, die durch ihre Romane um den verfressenen Commissario Brunetti bekannt gewordene Krimiautorin, IHR und IHM im Gespräch in Venedig anvertraut hat:

Meine Mutter war ein feiner Mensch, aber eine lausige Köchin. Offen gestanden ist das Einzige, woran ich mich ungern erinnere, ja was ich sogar um jeden Preis vergessen will, das Essen meiner Kindheit. Ich bin in den 1950er und 60er Jahren aufgewachsen, als sich die amerikanische Esskultur fast ausschließlich um Fleisch drehte. Gemüse kam aus der Dose oder aus dem Gefrierschrank, Kräuter waren so gut wie unbekannt, und das kulinarische Know-how existierte einfach nicht – jedenfalls nicht in den USA. Heute stehen mir angesichts einiger der Dinge, die meine Mutter auftischte, wirklich die Haare zu Berge: Thunfischhackbraten, Steak Hawaii und lauter solche 50er-Jahre-Monstrositäten. Aber sie war irischer Abstammung – was will man da erwarten? Iren können einfach nicht kochen. Meine beste Freundin ist eine Mitschülerin von mir aus der Highschool, deren Eltern beide aus Irland stammten. Wir kennen uns nun seit bald fünfzig Jahren, und wenn uns manchmal allzu nostalgisch zumute wird, müssen wir nur über die Kochkünste unserer Mütter reden, und schon verlieren wir jede Sehnsucht nach der Vergangenheit. Eigentlich ein Wunder, dass wir das überhaupt überlebt haben. Wir erinnern uns beide zum Beispiel an die gigantischen Truthähne, die jedes Jahr zu Thanksgiving und zu Weihnachten in den Ofen geschoben wurden. Wie auf dem berühmten Bild von Norman Rockwell: die ganze Familie in Erwartung des Thanksgiving-Truthahns. Mir gefällt auch durchaus die Idee, dass im Grunde jede Mahlzeit eine Art Erntedank ist. Nur sah die Realität in meiner Familie leider so aus, dass meine Mutter den Truthahn gegen vier Uhr früh in den Backofen schob und ihn so gnadenlos verbrutzelte, dass das Vieh bis zum Abend auf die Größe eines Perlhuhns zusammengeschnurrt war und man ihn problemlos als Proviant auf eine Antarktis-Expedition hätte mitnehmen können. Was da serviert wurde, war kein Truthahn mehr, sondern eine Truthahn-Mumie. Nicht zu vergessen die Füllung! Mein Gott, was wir gegessen haben! Mir kam es vor, als hätten wir zwei Monate an so einem 20-Kilo-Vogel gefuttert: Erst gab es Truthahn, dann aufgewärmten Truthahn, aufgewärmten Truthahn in Soße, schließlich Truthahn-Sandwiches, Truthahn-Kroketten und was weiß ich noch alles. Mitte Januar stellte man sich dann vor den Spiegel und sah nach, ob einem schon Federn aus den Oberarmen wuchsen. Inzwischen ist Truthahn von meinem Speiseplan definitiv gestrichen. Ich habe einige Jahre im Iran gelebt, noch zu Zeiten des Schah-Regimes, und arbeitete dort für eine amerikanische Firma. Als eine Art Bonus bekamen wir zu Thanksgiving tiefgefrorene Truthähne geschenkt – die wurden extra für uns Angestellte eingeflogen, zweifellos auf Rechnung der iranischen Regierung. Auch ich nahm meinen mit nach Hause, verfütterte ihn aber nach und nach an einen zugelaufenen Hund aus der Nachbarschaft.

Was für Prousts Erzähler Marcel die Tasse Lindenblütentee und eine Madeleine war, ist für Donna Leon Truthahn: ein Ticket zurück ins Geschmacksuniversum ihrer Kindheit.

Wir alle kennen solche Zeitreise-Gerichte. Jeder Mensch besitzt eine eigene Geschichte seines Geschmacks. Sie ist in jedem einzelnen Fall so unverwechselbar wie sein Fingerabdruck. Unser kulinarischer Kindergarten beginnt buchstäblich vor unserer Geburt: im Mutterbauch, wo uns die von unseren Müttern zu sich genommenen Speisen stärker prägen, als wir lange wahrhaben wollten. Forscher vom Monell Chemical Senses Center in Philadelphia fanden 2006 heraus, dass Kinder von Müttern, die während der letzten drei Monate ihrer Schwangerschaft Möhrensaft zu sich nahmen und diesen auch während der Stillzeit tranken, tatsächlich eine größere Vorliebe für Karottenbrei aufwiesen als Kinder von Müttern in der Kontrollgruppe, die sich an Wasser als Getränk hielten. In den 1970er Jahren hatte der Schweizer Kabarettist Emil großen Erfolg mit einem Sketch über einen Mann, der seine Frau mit blauen Weintrauben füttert, weil sein Baby einmal blaue Augen haben soll. Emils Zuschauer lachten Tränen über diesen Naivling, weil sie wussten, dass blaue Trauben auf die Augenfarbe des Kindes keinen Einfluss haben würden. Aber manches spricht dafür, dass eine solche Diät durchaus dafür sorgen könnte, dass Neugeborene zumindest während ihrer ersten Lebensmonate tatsächlich die von der Mutter bevorzugten Nahrungsmittel lieber essen. Und aktuelle Studien erörtern nicht nur das Thema, welche Auswirkungen die von unseren Müttern zu sich genommene Nahrung auf unsere eigenen Geschmackspräferenzen haben, sondern werfen verblüffenderweise allen Ernstes wieder die Frage auf, ob SIE und ER durch die Nahrung und die Getränke, die sie zu sich nehmen, das Geschlecht ihrer Kinder beeinflussen können.

Nie hat die Ernährungsweise von Kindern in der westlichen Welt eine größere Revolution durchlaufen als während der letzten beiden Generationen. Kinder heute essen nur einen Bruchteil jener Nahrungsmittel, die ihren Großeltern während ihrer Kindheit noch selbstverständlich erschienen. Nie ist das über Jahrtausende reichende Band kulinarischer Traditionen fadenscheiniger geworden als in den Jahren seit dem Zweiten Weltkrieg. Man muss das nicht zwangsläufig als Verlustgeschichte beschreiben, wenn auch vieles dafür spricht, dass Kinder heute sensorisch depravierter aufwachsen und deshalb zum Teil schon bei der Benennung von Gemüsesorten wie Rosenkohl, Sellerie oder Kohlrabi ins Schleudern geraten. Die Zahl der speziell für Kinder vermarkteten Lebensmittel ist hingegen explodiert: Die WDR-Sendung *Quarks & Co.* zählte 2010 an die 300 Kinderprodukte in deutschen Supermärkten – gut zwei Drittel mehr als noch in den 1990er Jahren. Gleichzeitig diagnostizieren viele Geschmacksforscher eine gustatorische Prägung von Kindern auf Geschmacksverstärker und Zusatzstoffe, wie sie insbesondere in Convenienceprodukten und Fast-Food-Speisen enthalten sind. »25 Prozent der Jugendlichen zwischen zehn und 14 Jahren können«, so Hanns Hatt und Regine Dee in ihrem Sachbuch über den Geruchssinn, »noch nicht einmal mehr süß, sauer, salzig und bitter unterscheiden, für sie schmeckt alles irgendwie gleich«.

Kaum sind wir auf der Welt, bringen wir Gefühle wie Geborgenheit, Angenommensein und Geliebtwerden mit dem Geschmack von Muttermilch in Verbindung – weshalb der Geschmack von »fett« von vielen Menschen als angenehm empfunden wird. So elementar scheint dieser Geschmack »fett« zu sein, dass er 2005 von britischen Forschern tatsächlich als sechste Grundwahrnehmung des Geschmacks vorgeschlagen wurde – neben den seit langem anerkannten Geschmacksrichtungen »süß«, »sauer«, »bitter«, »salzig« und »umami«, jenem Neuzugang aus den 1980er Jahren, der bis heute im Deutschen nicht recht heimisch werden will. »Umami«, das japanische Wort für köstlich, beschreibt den Geschmack von Glutamat. Doch Vorsicht: All diese Geschmackswahrnehmungen kommen in Küche und Keller niemals ausschließlich, sortenrein vor. Selbst Natriumchlorid, das haushaltsübliche Kochsalz, schmeckt nicht einfach nur »salzig« – wie der berechtigte Siegeszug des inzwischen massenhaft in deutschen Küchen verbreiteten Fleur de Sel belegt. Seit der Jahhundertwende ist die Auswahl an Salzsorten im deutschen Einzelhandel riesig.

Menschen sind Allesfresser. Unsere Kauwerkzeuge eignen sich gleichermaßen gut zum Verzehr von Fleisch wie zum Zerkleinern von Pflanzen. Ein so breites Nahrungsspektrum ist im Tierreich eher die Ausnahme. Am anderen Ende des Spektrums steht der Koalabär. Für ihn ist Essen gleichbedeutend mit Eukalyptusblättern. Koalabären sind die denkbar radikalsten Puristen, was ihre Ernährung angeht, denn unter den über fünfhundert im australischen Busch vorkommenden Eukalyptusarten schränken sie ihren Speiseplan noch weiter ein auf zwei, drei Baumsorten – weshalb der Koala vermutlich auch Aschgrauer Beutelbär heißt.

Was lässt viele Menschen sich ernähren wie Aschgraue Beutelbären?

Ein extrem reduziertes Speisenangebot von standardisiertem Geschmack – genau dies ist das Versprechen, das Klopsketten wie McDonald's oder Burger King und Blubberwasserfabrikanten wie Coca-Cola oder Pepsi so erfolgreich macht. Anders als Eckart Witzigmann, der um die Unwiederbringlichkeit des Szegediner Gulaschs seiner Mutter weiß, locken McDonald's & Co. ihre Kundschaft mit der Aussicht, von Kapstadt bis Kairo, Tokio bis Trinidad immer und überall auf diesem Planeten exakt denselben Geschmack reproduzieren zu können – und stellen damit so etwas wie das Anhalten der Zeit in Aussicht. Tiefenpsychologisch ein mehr als attraktives Versprechen, jedenfalls für Menschen, die – Sie erinnern sich? – die einzigen Uhren auf der Welt sind, die darüber nachdenken, warum sie ticken. Wer mit sechzig die gleiche Cola, die gleichen Hamburger und das gleiche Ketchup wie mit zwanzig verzehren kann, der muss Vergänglichkeit und Tod nicht fürchten. *The pause that refreshes* ist daher »Futtern wie bei Muttern« buchstäblich auf ewig überlegen – denn anders als Eckart Witzigmanns und unser aller Mütter sind Coca-Cola und Pepsi, McDonald's und Burger King offenbar unsterblich.

Weinstube »Klösterle«
Wirt: Nick Hemberger
Marktstraße 71
70372 Stuttgart
Tel. 0711 568962

SIE: Jürgen Dollase: *Geschmacksschule*, Tre Torri Verlag.
ER: Hanns Hatt, Regine Dee: *Niemand riecht so gut wie du*, Piper Verlag.

Nora Ephron (Regie): *Julie & Julia*

# Kapitel 4: »Isst du kein Fleisch ...«

*Von der Fleischeslust, dem vermeintlichen Bärenhunger der Deutschen aufs Pferd, Ekel und Pizza, der freundlichsten Frau und dem freundlichsten Mann der Welt, sowie endlich: Butter bei die Fische!*

Frauen ernähren sich anders als Männer in Deutschland im Jahre 2011. Dieses unterschiedliche Ess- und Trinkverhalten ist Teil unserer Kultur, wird durch unsere Sozialisation von Generation zu Generation weitergegeben und entstand keineswegs über Nacht. Es ist weder auf die Bundesrepublik noch auf Europa beschränkt. Im Gegenteil: Die Unterschiede im Essen und Trinken von Mann und Frau sind älter als jede Idee von Deutschland oder Europa, älter als das antike Rom oder Griechenland, selbst älter als die Idee einer Geschichte des Menschen. Diese Differenzen haben sich sogar vor dem Auftauchen der Spezies Homo sapiens selbst entwickelt – sie reichen teils viele Jahrmillionen in unsere Evolutionsgeschichte zurück. Nach Ansicht mancher Wissenschaftler sind die verschiedenen Arten von Mann und Frau zu essen und zu trinken nicht ein Nebeneffekt im Prozess der Menschwerdung, sondern ihr Anlass.

Nichts deutet darauf hin, dass diese Unterschiede in den Ernährungsgewohnheiten der Geschlechter allmählich kleiner werden oder in absehbarer Zeit verschwinden könnten. Koch- und Diätbuchautoren haben diese Unterschiede nur verschieden zu verändern versucht, SIE und ER kommt es aber darauf an, sie zu interpretieren.

Zeit also für eine Bestandsaufnahme – geben wir Butter bei die Fische! Viele unserer europäischen Nachbarn erstellen solche Berichte über die Ernährungsgewohnheiten ihrer Bevölkerung regelmäßiger als die Bundesrepublik. In den Vereinigten Staaten erfolgt sogar ein monatliches Monitoring dessen, was Mann und Frau zu sich nehmen. Die erste im Auftrag des Bundesministeriums für Ernährung, Landwirtschaft und Verbraucherschutz durchgeführte Studie für Deutschland stammte noch aus der Zeit vor der Wiedervereinigung, untersuchte demzufolge nur die Bevölkerung der alten Bundesländer und war knapp ein Jahr nach ihrer Publikation 1989 auch schon überholt. Das Max Rubner-Institut, Bundesforschungsinstitut für Ernährung und Lebensmittel, hat unlängst eine aktuelle Untersuchung der Ernährungsgewohnheiten der Deutschen mit überwältigender Datenfülle vorgelegt: die sogenannte zweite Nationale Verzehrsstudie, abgekürzt NVS II. Die Wissenschaftler befragten in mehrjähriger Feldarbeit von 2005 bis 2007 fast 20 000 Menschen zwischen vierzehn und achtzig Jahren in 500 Studienzentren in allen Teilen Deutschlands nach ihren Ernährungs- und Einkaufsgewohnheiten. Mehr als 14 000 Teilnehmer wurden gewogen und vermessen. Daran anschließend wurde eine weitere Verzehrserhebung durchgeführt.

Die Forscher des Max Rubner-Instituts teilten das, was in Deutschland verzehrt wird, in sechzehn Lebensmittelgruppen ein: angefangen bei »Brot und Getreideerzeugnissen« über Kategorien wie »Gemüse, Pilze, Hülsenfrüchte«, »Nüsse und Samen«, »Fette«, »Eier«, »Süßwaren« bis zu »Knabberartikel« und »Getränken«.

Ernährung in der Moderne beginnt beim Einkauf. Gleichgültig, ob sie in einer Partnerschaft leben oder nicht: Knapp zwei Drittel aller Frauen sind für den Einkauf der Lebensmittel allein zuständig – und gerade mal 29 Prozent der Männer kehren diese Rollenverteilung um. Gekauft wird in absteigender Häufigkeit im Supermarkt, in Discountern und im Lebensmittelfachgeschäft, erst dann kommen Wochenmärkte oder Direktvermarkter.

»Isst du kein Fleisch, dann fehlt dir was.« Stimmt – nämlich ein Penis. So ergänzen SIE und ER jenen Werbeslogan, mit dem die Centrale Marketing-Gesellschaft der Agrarwirtschaft, abgekürzt CMA, seit 1990 für mehr Fleischkonsum in Deutschland warb. Das ist das schockierendste Ergebnis der zweiten Nationalen Verzehrsstudie: In der Bundesrepublik Deutschland essen Männer fast doppelt so viel Fleisch, Wurst und fleischbasierte Gerichte wie Frauen!

| | Männer | Frauen |
|---|---|---|
| Fleisch, Wurstwaren und Fleischerzeugnisse | 103 | 53 |
| Davon: | | |
| Fleisch | 42 | 23 |
| Wurstwaren/Fleischerzeugnisse | 61 | 30 |
| Gerichte auf Basis von Fleisch | 57 | 30 |

Verzehr von Fleisch, Wurstwaren und Fleischerzeugnissen sowie daraus hergestellter Gerichte in Gramm pro Tag. Quelle: NVS II

Unter »Wurstwaren und Fleischerzeugnisse« fassen die Wissenschaftler vom Max Rubner-Institut Produkte wie Schinken, Bratwurst, Salami, Rauchfleisch oder Kasseler zusammen. Hinter den ominös klingenden »Gerichten auf Basis von Fleisch« verbergen sich dagegen Frikadellen, fertig panierte oder marinierte Schweineschnitzel oder Gulasch.

Fleisch ist männlich! Männer essen Fleisch! Dies suggeriert jedenfalls das unentrinnbare Dauerfeuer der rund 3000 Werbebotschaften, denen jeder Durchschnittseuropäer von früh bis spät jeden Tag ausgesetzt ist. Wenn es um Fleisch geht, lösen Männer in der Reklame die Frau am Herd ab oder treten zumindest ergänzend an ihre Seite. Fleisch erst macht den Mann zum »richtigen«

Sind 83 Kilo Fleisch im Jahr ein Genuss? Aldi-Werbung für Rinderfilet und Roastbeef

Mann, so die tausendfach variierten Werbebilder, ergänzt von dummdreisten Slogans wie »Fleisch ist ein Stück Lebenskraft«, die an Parteitagsparolen der DDR erinnern.

Das Statistische Jahrbuch über Ernährung, Landwirtschaft und Forsten beziffert den jährlichen Fleischkonsum der Deutschen für das Jahr 2007/2008 mit 88,4 Kilogramm pro Kopf. Die Food and Agriculture Organization der Vereinten Nationen kommt in ihrem Bericht über »The State of Food and Agriculture« von 2009 auf recht ähnliche Werte, den UN-Forschern zufolge lag der Fleischverbrauch in Deutschland im Jahr 2005 bei 83,3 kg – nahezu unverändert gegenüber dem Verzehr von 1995, den die UN-Statistiker mit 83,2 kg angaben.

Leider schlüsseln weder das Statistische Jahrbuch noch die UN-Studie ihre Ergebnisse nach Geschlechtern auf. Das Jahrbuch bietet immerhin einen wirklich faszinierenden Längsschnitt in der Entwicklung des Fleischkonsums in Deutschland seit 1935, der eine Geschichte der Bundesrepublik von der Nazizeit über die Fresswelle der 1950er und 1960er Jahre bis zur vollzogenen Wiedervereinigung erzählt.

Für die erstaunlich hohen Differenzen zu den Angaben der Nationalen Verzehrsstudie II, derzufolge der Fleischkonsum von Männern in Deutschland bei 58,4 und von Frauen bei nur 30,3 kg pro Jahr läge, bieten sich mehrere Erklärungen an. Zum einen könnte diese Abweichung natürlich an den Angaben der Befragten selbst liegen – die NVS II wertet in sogenannten Diet-History-Interviews den Lebensmittelverzehr von 15 371 Teilnehmern beiderlei Geschlechts aus, basierend auf deren eigenen Aussagen. Vielleicht mogeln die Befragten ja schlicht ein wenig, was die Menge des von ihnen Verspeisten angeht – möglicherweise, ohne sich dessen überhaupt bewusst zu sein. Schließlich kennen SIE und ER diesen Effekt nur zu gut von sich selbst: Hätte SIE nicht schwören können, dass die Lakritztüte noch mindestens zur Hälfte voll sein muss? Und war ER nicht aus tiefstem Herzen davon überzeugt, dass in der Kiste Domaine de la Grange des Pères im Keller wenigstens noch zwei, drei Flaschen von dem guten 98er liegen müssen?

Als Ursache nicht aus dem Blick verlieren möchten SIE und ER auch nicht die Gefahr, dass Statistiken einem leicht einen Bären aufbinden. Oder vielmehr: dass Statistiken einem etwas vom Pferd erzählen. Laut *Statistischem Jahrbuch über Ernährung, Landwirtschaft und Forsten* ist etwa der Pferdefleischverzehr in Deutschland von 100 g im Jahr 1990 auf 4,4 kg im Jahr 1995 regelrecht explodiert. SIE und ER hätten zwar nichts gegen einen Siegeszug des Sauerbratens rheinische Art einzuwenden, vermuten die Erklärung dieses kulinarischen Phänomens aber eher in einem Tippfehler oder sonst einer statistischen Unsicherheit.

Wahrscheinlich liegen die enormen Abweichungen in den Daten über den Fleischverbrauch aber auch an unterschiedlichen Fragestellungen und Messmethoden der Untersuchungen: Wie genau wird Fleisch*konsum* definiert – wird nur der Fleisch*einkauf* oder der tatsächliche Fleisch*verzehr* erfasst? Wird die unverarbeitete Rohware gewogen oder das fertig zubereitete Fleischgericht? Die NVS II untersucht lediglich das Ernährungsverhalten von in Privathaushalten lebenden deutschsprachigen Menschen zwischen vierzehn und achtzig Jahren: Strafgefangene und Insassen anderer Anstalten oder Heime bleiben unberücksichtigt.

Auf Nachfrage beim Deutschen Fleischer-Verband in Frankfurt am Main erklärt Pressesprecher Gero Jentzsch, dass eher die Zahlen um die 59 kg Fleischkonsum pro Jahr und Kopf die Wirklichkeit widerspiegelten. Zwar würde jeder Deutsche im Durchschnitt auch um die 30 Kilo Wurst pro Jahr verspeisen, da aber die Angaben zum Wurstverzehr eine Teilmenge des Fleischkonsums darstellten, verwechselten viele Studien diese beiden Werte, addierten sie und kämen daher irrtümlicherweise auf einen viel zu hohen Fleischverzehr von um die 90 kg im Jahr. Doch sind wirklich auch

| Nahrungsmittel | 1935/38 | 1959/60 | 1979/80 | 1999/2000 | 2007/08 |
|---|---|---|---|---|---|
| Rind- und Kalbfleisch ohne Fett | 18,0 | 18,6 | 23,6 | 14,0 | 12,5 |
| Schweinefleisch ohne Fett | 29,2 | 29,4 | 49,6 | 54,2 | 53,3 |
| Schaffleisch | 0,3 | 0,3 | 0,8 | | |
| Schaf- und Ziegenfleisch | | | | 1,2 | 1,0 |
| Pferdefleisch | 0,5 | 0,4 | 0,1 | 0,1 | 0,0 |
| Innereien | 1,9 | 4,4 | 5,5 | 3,8 | 0,8 |
| Geflügelfleisch | 1,7 | 3,9 | 9,9 | 16,0 | 18,8 |
| Sonstiges Fleisch (Ziegen, Kaninchen, Wild) | 1,2 | 0,6 | 1,1 | | |
| Wild, Kaninchen | | | | 1,4 | 1,9 |
| Fleisch insgesamt ohne Fett | 52,8 | 57,6 | 90,6 | 90,7 | 88,4 |

Fleischkonsum pro Kopf und Jahr in Kilogramm. Quelle: *Statistisches Jahrbuch über Ernährung, Landwirtschaft und Forsten*; verschiedene Jahrgänge

die Wissenschaftler der UN und des Statistischen Jahrbuchs in diese schlichte Rechenfalle getappt? Oder haben sie sich gar den Kalauer zu eigen gemacht, wonach der Fleischanteil in der Wurst ohnehin als *quantité négligeable* einzustufen ist?

SIE und ER recherchieren beim Bundesministerium für Ernährung, Landwirtschaft und Verbraucherschutz. Das *Statistische Jahrbuch über Ernährung, Landwirtschaft und Forsten*, so werden wir dort aufgeklärt, lege seinen Berechnungen das Schlachtgewicht zugrunde, von den 88,4 kg seien also sowohl die Knochenmasse abzuziehen als auch jene Fleischmengen, die nicht dem menschlichen Verzehr, sondern der industriellen Verwertung zugeführt werden, also etwa in die Produktion von Cremes und so weiter wandern.

Schließlich spielt auch die sogenannte Verderbquote eine Rolle, also jener Teil der Fleischprodukte, der zwar gekauft, nicht aber verbraucht wird, weil sein Verzehr zwischenzeitlich gesundheitlich bedenklich sein könnte. Während der Fachhandel durch immer perfektere Kühlketten mit eher geringen Verderbquoten operiert, sieht es in den privaten Haushalten ganz anders aus. Einige Experten schätzen, dass durch die wachsende Zahl der Singlehaushalte die Verderbquote in deutschen Privathaushalten bei bis zu 40 Prozent liegen könnte. Einer aktuellen ARD-Reportage von Valentin Thun zufolge landen in Deutschland 20 Millionen Tonnen verwertbarer Lebensmittel auf dem Müll: 50 Prozent aller Kartoffeln, jeder zweite Kopfsalat. Da legt die teilweise unter einem halben Prozent liegende Verderbquote von Fleisch im Handel einen anderen schlimmen Verdacht nahe, kommen doch regelmäßig wie die Jahreszeiten immer neue Skandale um Dioxin und Gammelfleisch ans Licht und mit ihnen Praktiken, wie durch Umetikettierung und Neuverpackung etwa Hackfleisch, dessen Haltbarkeitsdatum längst abgelaufen ist, erneut in den Handel gelangt. Andererseits erheben Kritiker der Fleischindustrie auch den Vorwurf, diese denke sich die Haltbarkeitsdaten ihrer Produkte eher zu kurz aus, um so ein früheres Ablaufen der an sich noch einwandfreien Ware und also einen Neukauf zu erzielen. Wirklich erstaunlich ist daran nur, dass all die ekelhaften Trickssereien und Mauscheleien der Fleischpanscher den deutschen Verbrauchern auf Dauer offenbar nicht den Appetit auf Fleisch aus dem Supermarkt oder vom Discounter verderben konnten.

Deutsche Männer essen mit Vorliebe Fleisch, viel Fleisch, und zwar quer durch alle Altersschichten. Allerdings erreicht die Fleischeslust ihren Höhepunkt mit Anfang zwanzig und nimmt dann im Alter kontinuierlich ab, bis sie in der Gruppe der 65- bis 80-Jährigen gerade noch knapp über der Hälfte ihres Höchstwertes von täglich 212 Gramm Fleisch, Wurst und Fleischprodukten liegt.

| Alter (Jahre) | 14–18 | 19–24 | 25–34 | 35–50 | 51–64 | 65–80 |
|---|---|---|---|---|---|---|
| Fleisch, Wurstwaren und Fleischerzeugnisse | 104 | 120 | 114 | 110 | 98 | 79 |
| davon: | | | | | | |
| Fleisch | 37 | 48 | 48 | 45 | 41 | 33 |
| Wurstwaren/ Fleischerzeugnisse | 67 | 73 | 66 | 64 | 58 | 46 |
| Gerichte auf Basis von Fleisch | 77 | 92 | 71 | 57 | 41 | 35 |

Fleischverzehr von Männern nach Altersgruppen. Quelle: NVS II

Frauen essen in allen Alterssegmenten deutlich weniger Fleisch als Männer. Ihr Konsum reduziert sich wie bei den Männern ab der Altersgruppe der 25- bis 34-Jährigen. Auffallend ist, dass bereits die 14- bis 18-jährigen Frauen die höchsten Verzehrmengen aufweisen:

| Alter (Jahre) | 14–18 | 19–24 | 25–34 | 35–50 | 51–64 | 65–80 |
|---|---|---|---|---|---|---|
| Fleisch, Wurstwaren und Fleischerzeugnisse | 57 | 50 | 58 | 56 | 54 | 46 |
| davon: | | | | | | |
| Fleisch | 20 | 20 | 26 | 25 | 25 | 20 |
| Wurstwaren/ Fleischerzeugnisse | 37 | 29 | 32 | 31 | 29 | 26 |
| Gerichte auf Basis von Fleisch | 37 | 39 | 34 | 32 | 27 | 24 |

Fleischverzehr von Frauen nach Altersgruppen. Quelle: NVS II

Fleisch ist nicht gleich Fleisch. Einen genaueren Blick in die Daten der Statistischen Jahrbücher lohnen die Angaben zum Verzehr von Innereien. An ihnen ist die erstaunlichste Veränderung im Ernährungsverhalten der Deutschen in den letzten zwanzig Jahren überhaupt abzulesen. Noch 1990 aßen Herr und Frau Durchschnittsdeutsche 5,6 kg Leber und Lunge, Hirn und Herz, Bries und Kutteln, Nieren und Mägen. Achtzehn Jahre später sind es gerade noch 800 g – Tendenz rapide fallend.

Woran liegt es, dass immer weniger Menschen Innereien mögen? Angeblich hat die Angst vor BSE den Deutschen den Appetit auf Innereien verschlagen, so die Auskunft des deutschen Fleischereihandwerks. Doch haben SIE und ER den Eindruck, dass der Verzicht auf Innereien auf dem Speisezettel weniger der Einsicht in das vermeintliche Risiko einer Infizierung entspringt, als schlichtem Ekel. Immer mehr Menschen reagieren allein schon auf die Erwähnung von Hirnsuppe, Beuschel, sauren Nieren oder selbst Kalbsbries mit einem unwillkürlichen »Igitt!«. Und bekam SIE nicht noch unlängst in einem Zwei-Sterne-Restaurant auf die Bestellung eines Kalbsbries hin zu hören: »Vielen Dank für Ihr Vertrauen«?

»Das elementare Muster des Ekels ist die Erfahrung einer Nähe, die nicht gewollt wird«, schreibt der schlaue Literaturwissenschaftler Wilfried Menninghaus in seinem anregenden Buch zum Thema, in dem er Theorie und Geschichte des an der Schnittstelle von Natur und Kultur liegenden Ekels nachgeht. Der kunstsinnige Sternekoch Vincent Klink, Patron des Restaurants »Wielandshöhe« und als streitbarer Vorkämpfer für die Qualität unserer Lebensmittel landesweit bekannt, benennt denn auch ganz klar, welche ungewollte Nähe hier durch die Ausweitung der Ekelzone gebannt werden soll: »Wir erleben eindeutig einen Triumph der Nahrungsmittelindustrie, die vergessen lassen will, dass Fleisch von einem lebendigen Tier stammt. Wenn ich einen Hamburger esse und dabei im Hinterkopf das Rind habe, aus dem dieser Hamburger besteht, dann esse ich den viel bedächtiger – ich fresse ihn jedenfalls nicht so rein, wie wenn ich gar nicht daran denke, dass

*Viertes Geschmacksexperiment*

Schneiden Sie möglichst hauchdünne Scheiben von einem großen, frischen rohen Steinpilz, einer im Salzmantel frisch gegarten Roten Bete, einem Rinderfilet und einem Thunfischfilet in Sushiqualität. Legen Sie die Scheiben zu vier kleinen Carpaccios, würzen Sie mit Fleur de Sel, einem fruchtigen Pfeffer, gutem Olivenöl, Zitronensaft und Kerbel. Kosten Sie alle vier Carpaccios. Fragen Sie sich danach, ob Sie wirklich weiter so oft Fleisch und Fisch essen möchten.

dieser Hamburger aus Fleisch gemacht wird und daher ein ethisches Nachdenken auslösen müsste. Aber die Innereien schmecken einfach intensiver, mehr nach Tier. Das stört. Wenn das ganze Lügengebäude weiterbestehen soll, dann muss man das ja beiseiteschieben. Innereien erinnern mich viel stärker an den Tod, als wenn ich ein Stück Muskelfleisch esse.«

Wer Innereien von seinem Speiseplan verdrängt, verdrängt also den Gedanken an den Tod – den der verzehrten Tiere, aber auch den Gedanken an den eigenen Tod. Dem wird nachzugehen sein.

SIE und ER essen beide mit Genuss Fleisch, auch Innereien. Allerdings hat, dies einzugestehen gebietet die Ehrlichkeit, ihr Appetit auf Fleisch während der Arbeit an diesem Buch spürbar nachgelassen. Wenn SIE und ER – noch – keine Vegetarier geworden sind, dann liegt das an Köchen wie Vincent Klink – und an Fleischermeisterinnen wie Silke Wallisch-Binder. Seit vielen Jahren hat sich die Metzgermeisterin zusammen mit ihrem Mann und zwischen zehn und fünfzehn Angestellten mit zwei Fleischereien in Stuttgart und im Vorort Bad Cannstatt etabliert. Man sieht der grazilen blonden Frau ihren Beruf nicht an – sehr wohl aber die Selbständigkeit. »Wenn man keine Ahnung hat, ist man immer auf jemand anderen angewiesen«, erklärt die Tochter eines Metz-

WAS IS'N DAS?
KALTER GEMÜSEEINTOPF.
UND DIE WURST DA DRIN... IST DIE FÜR MICH?
DAS IST'NE TOFU-WURST.
ACH... DAS IST WIEDER KEINE ECHTE WURST, ODER WAS?!
DOCH, DAS IST'NE ECHTE TOFU-WURST.
ALSO ISSES JETZT 'NE WURST ODER NICHT?!
DAS IST'NE TOFU-WURST! ICH HAB DIR SCHON ZEHNMAL ERKLÄRT, WAS TOFU IST!
ALSO WIEDER SO'N VEGETARIER-ZEUG... WIESO STEH ICH EIGENTLICH DEN GANZEN TAG IM SCHLACHTHOF?
UM UNNÖTIGERWEISE HILFLOSE TIERE ABZUMURKSEN.
ICH MURKS KEINE TIERE AB.
WAS MACHST DU DANN?!

ICH ENTLEERE SCHWEINSDÄRME.
WAS ?!
ICH ENTLEERE DIE DÄRME, DIE DANN ALS WURSTPELLE VERWENDET WERDEN.
KÖNNTEN WIR VIELLEICHT DAS THEMA WECHSELN..?
DAS IS'NE GANZ SAUBERE ANGELEGENHEIT... DU NIMMST EINFACH DAS DARMENDE – ALSO DAS ARSCHLOCH, UND STÜLPST ES ÜBER DEN WASSERKRAN.
NAJA, UND DANN WIRD DER DARM HALT RICHTIG DURCHGESPÜLT, BIS DER GANZE SCHEISS RAUS IST... DAS HEISST, 'N BISSCHEN KÖNNTE DURCHAUS KLEBEN BLEIBEN, DAS WIRD DANN HALT MIT VERARBEITET... ABER DAS IST SO MINIMAL, DAS MERKT KEINER..
ALSO WENN WIR DAS JETZT BITTE BEENDEN KÖNNTEN...
IHR WOLLTET ES DOCH WISSEN...
WENN ICH SO WAS HÖRE, LOB ICH MIR MEINE TOFU-WURST!
SCHLÜRF
SCHLÜRF

Ralf Königs fast schon klassischer Suppenkasper aus *Pretty Baby*

gers und mit einem Metzgermeister Verheiratete knapp auf die Frage, warum sie sich nicht wie so viele ihrer Geschlechtsgenossinnen mit einer Ausbildung zur Fleischereifachverkäuferin begnügt hat. Seit ihrem vierzehnten Lebensjahr ist die Metzgerei der Lebensmittelpunkt für die Mutter von vier Kindern. Ihre Älteste schließt gerade eine Ausbildung im elterlichen Betrieb ab, und auch Schwester Annalena hält sich gern hier in der Metzgerei auf – auch wenn sie sich standhaft weigert, Wurst zu essen. Aber Annalena, so Silke Wallisch-Binder mütterlich-souverän, esse ja auch keinen Salat.

## Silke Wallisch-Binder: »Einfach verinnerlicht«

*SIE & ER: Warum wird eine Frau Ihrer Generation Metzgerin?*
Silke Wallisch-Binder: Weil es mir einfach Freude gemacht hat! Schon mein Vater war Metzger, er hat viele Hausschlachtungen durchgeführt, und ich bin da als Kind immer gern mitgegangen und fand das wahnsinnig spannend. Als mir im Gymnasium dann klar wurde, dass ich nicht studieren möchte, habe ich mich für diesen Beruf entschieden. Das, was man verkauft, selbst herzustellen, fand ich immer schon toll. Auch, dass ich direkten Kontakt zu meinen Kunden habe.

*In den 1960er Jahren flüsterten Metzger bei Hausschlachtungen dem Schlachtvieh eine alte Formel ins Ohr, um sich bei dem Tier zu entschuldigen.*
Das habe ich auch schon gehört …

*Machen Sie das heute noch?*
Nein. Wir kennen fast niemand mehr, der schlachtet. Wir sehen die Tiere ja nicht mehr lebend.

*Sie schlachten nicht selbst?*

Das durfte man in Stuttgart schon nicht mehr, als wir hier unsere erste Metzgerei eröffnet haben. Dazu hätten wir damals alles komplett umbauen müssen – ein Wahnsinn. Kurz danach wurde dann auch der Stuttgarter Schlachthof geschlossen.

*Sind die Einzigen, die etwas von Fleisch verstehen, die Vegetarier? Weil nur Vegetarier wirklich über Fleisch nachdenken?*

Da muss ich ja schon von Berufs wegen widersprechen. Auch Fleischesser denken durchaus darüber nach, was sie essen, wo es herkommt und wie sie es am besten zubereiten. Letzte Weihnachten hatte ich eine Vegetarierin als Kundin, die bei uns einkaufen musste, weil sie lieben Besuch bekam, und dem aus welchen Gründen auch immer unbedingt Fleisch vorsetzen wollte. Wir haben ihr dann nach langer Beratung Lammlachse empfohlen und eine passende Soße für sie vorgekocht.

*Hat sie etwas davon probiert?*

Keinen Bissen. Ich glaube, die trinkt noch nicht mal Milch. Aber uns hat die Beratung dieser Kundin großen Spaß gemacht. Die Frau kam nach Weihnachten noch einmal vorbei und hat sich bedankt, weil alles gut geklappt hat.

*Wieso essen Ihrer Meinung nach die Deutschen immer weniger Innereien?*

Weil in den Medien lange sehr negativ darüber berichtet wurde. Auch die Ärzte haben Anteil daran, weil sie ihren Patienten Innereien verbieten. Bei uns gehen Innereien gerade sehr gut, aber auch nur Leber und Nieren oder Kutteln. Früher war natürlich das Angebot viel größer, einfach weil alle selbst geschlachtet haben, und dann alles immer frisch da war:

Lunge, Hirn, Herz und so weiter. Heute müssen auch wir Metzger unsere Innereien bestellen – automatisch kommen die nicht mehr mit aus dem Schlachthof. Ich merke aber, dass die Nachfrage danach bei uns sofort in die Höhe schnellt, wenn wir Leber, Nieren oder andere Innereien in die Theke legen. Das hat schlicht mit Qualität und Vertrauen zu tun.

*Wie hat sich Ihrer Erfahrung nach über die Jahre das Verhältnis Ihrer Kunden zu Fleisch und Wurst geändert?*
Die vielen Skandale haben Spuren hinterlassen. Es wird immer mehr Wert auf Qualität gelegt, auch darauf, ob man seine Wurst selber macht.

*Haben Sie mal überlegt, komplett auf bio umzustellen?*
Ja, haben wir. Aber es ist schon ein bisschen teurer ... Und wenn ich was mache, dann möchte ich auch zu 100 Prozent dahinterstehen. Wir haben jetzt einen Lieferanten, der uns alles in Spitzenqualität aus der Umgebung liefert. Eine Idee war auch, ganz auf Schwäbisch-Hällisches Landschwein umzustellen. Die einen sagen, das Fleisch sei zarter, saftiger, anderen aber ist das Fleisch der Schwäbisch-Hällischen zu fett. Es kann eben nicht alles sein: kein Gramm Fett an dem Fleisch, aber trotzdem superzart und toll im Geschmack ...

*Verlangen die Leute wirklich Fleisch ohne Fett?*
Immer noch. Vor allem die Frauen. Es sind eher die Männer, die noch das Fett essen. Wir merken das auch im Verkauf. Beim Rostbraten ist ja auch eine Fettabdeckung dran. Männer verlangen seltener als Frauen, dass dieses Fett weggeschnitten wird. Im Unterbewusstsein steckt bei den Frauen natürlich drin, dass sie an ihre Figur denken. Das ist bei den Frauen einfach verinnerlicht und im Kopf drin, dass Fett

dick macht. Ich beobachte das auch bei uns in der Familie – ich esse auch kein Fett. Meine Mädchen auch nicht. Aber mein Mann schon. Eigentlich weiß man ja, Fett ist der Geschmacksträger. Aber man muss es auch mögen.

*Welche Unterschiede zwischen Mann und Frau im Einkaufsverhalten bei Wurst und Fleisch beobachten Sie?*

Bei der Wurst fällt es mir nicht so sehr auf – es gibt durchaus auch Frauen, die gern mal ein Fleischkäsebrötchen oder ein deftiges Vesper essen. Anders sieht es beim Fleisch aus. Da gilt schon, dass Männer einen dickeren Rostbraten kaufen. Frauen essen eben ein bisschen anders.

*Weil sie eher Kalorien zählen?*

Die Zeiten sind vorbei – inzwischen achten auch immer mehr Männer auf ihre Figur. Heute merkt man durchaus, dass auch die Männer ein Auge auf ihr Gewicht haben und lieber mageres Fleisch und weniger fettreiche Wurst kaufen. Pute und Rind sind inzwischen bei beiden Geschlechtern beliebt, weil die Leute weniger Fett wollen.

*Auch wenn in der Putensalami andere Fette oder Öle drin sind?*

Das wissen die meisten Kunden leider nicht. In einer deutschen Putenwurst müssen ja nur 40 Prozent Pute enthalten sein. Aber wir verkaufen grundsätzlich nur solche Würste, in denen ausschließlich Pute verarbeitet wurde. Schließlich wissen wir von unseren Kunden, dass sie 100 Prozent Pute erwarten, wenn sie etwa eine Putensalami kaufen.

*Essen Sie jeden Tag Fleisch?*

Wenn man hier arbeitet, steckt man natürlich schon mal was in den Mund. Aber es muss nicht jeden Tag Fleisch geben.

Wir essen auch mal gern was Süßes. Das gilt allerdings nicht für meinen Mann: Ohne Fleisch geht für ihn nichts.

*Ihr Lieblingsessen?*
Was Süßes: Dampfnudeln oder Pfannkuchen.

So dramatisch die Unterschiede im Fleischverzehr zwischen den Geschlechtern auch ausfallen – in Deutschland geht es bei der Ernährung nicht um die Wurst, sondern ums Brot: Brot und Brötchen sind der Deutschen Liebstes. Noch mehr Brot wird zwar in der Türkei und in Osteuropa verzehrt, aber was die Vielfalt ihrer Brotsorten angeht, macht den Deutschen so schnell keiner was vor.

Pro Kopf essen deutsche Frauen zwei bis drei Brötchen oder Brotscheiben täglich, deutsche Männer drei bis vier. Die populärsten Brotsorten in Deutschland 2009 waren:

| | |
|---|---|
| Mischbrot | 32 % |
| Toastbrot | 21 % |
| Mehrkornbrot | 14 % |
| Vollkornbrot | 12 % |
| Roggenbrot | 6 % |
| Weizenbrot | 6 % |

Sonstige: 9 %. Quelle: Zentralverband des Deutschen Bäckerhandwerks e. V.

Aufschlussreich ist, dass beim Brot sowohl Männer als auch Frauen Verzehrmengen aufweisen, die zwar je nach Altersgruppen leicht schwanken, aber auf durchgängig hohem Niveau: Vergleicht man etwa die 14- bis 18-jährigen mit den 65- bis 80-jährigen Männern, so geht deren Konsum gerade mal um 11 g zurück, bei Frauen in denselben Altersgruppen sinkt der Konsum sogar nur um 6 g.

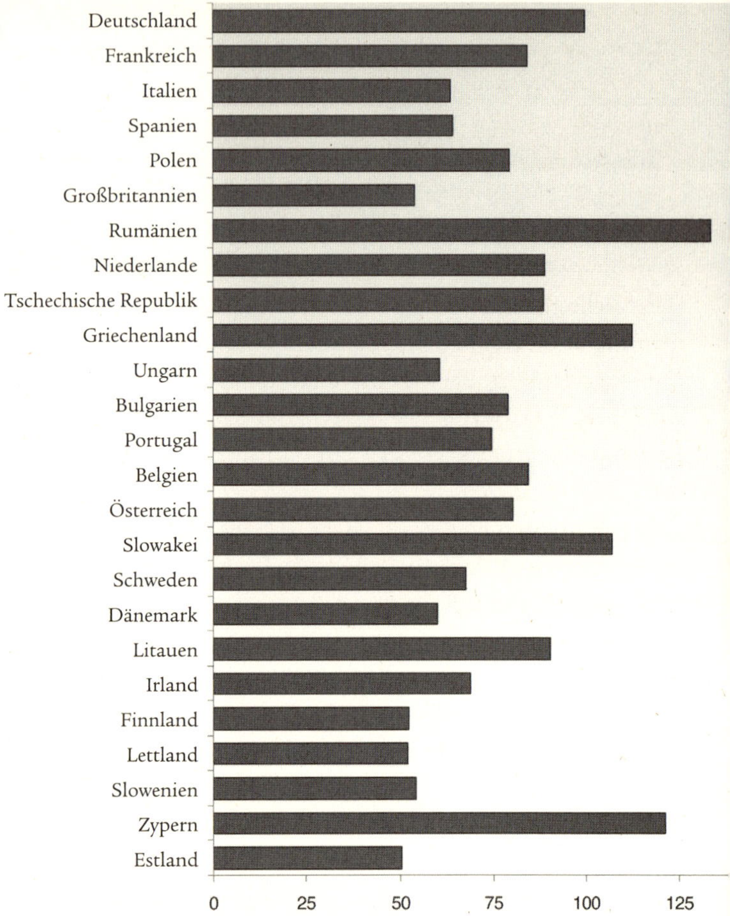


Backwarenverzehr in kg pro Jahr (2006). Quelle: GIRA

| | Männer | Frauen |
|---|---|---|
| Brot | 178 | 133 |
| Gerichte auf Basis von Brot | 2 | 1 |
| Backwaren | 46 | 33 |
| Getreide und Getreideerzeugnisse | 36 | 33 |
| Gerichte auf Basis von Getreide und Getreideprodukten | 50 | 40 |

Durchschnittsverzehr von Brot, Backwaren und Getreide. Quelle: NVS II

Auch wenn der letzte statistische Beleg noch aussteht: Die Abweichung in der Kategorie »Backwaren« zwischen den Geschlechtern führen die Forscher der Verzehrsstudie auf die Pizza-Vorliebe vor allem junger Männer zurück. 1970 feierte die Tiefkühlpizza in Deutschland ihre Premiere, und der Markt für die vorbereiteten belegten Teigfladen boomt unaufhörlich. Waren es 1997 laut Angaben des Deutschen Tiefkühlinstituts in Köln noch 1,6 kg, werden inzwischen in Deutschland pro Kopf im Jahr sage und schreibe 3,34 Kilo Tiefkühlpizzas pro Kopf und Jahr verputzt. Andere Quellen sprechen von zwischen 70 und 90 Tiefkühlpizzas pro erwachsenem Deutschen jedes Jahr. Eine schockierende Zahl – und eine Schande für die Kochnation Deutschland, finden SIE und ER. Jedenfalls in der Theorie. Denn trotz zahlloser Versuche in IHRER heimischen Küche mit verschiedensten Teig-, Backstein- und Belagvarianten, mal allein, mal im Mutter-und-Kind-Backteam durchgeführt: Auch IHR Sohn schwört auf die Tiefkühlpizza vom promovierten Marktführer. Grenzen der Aufklärung: Da beißt die Maus keinen Faden ab ...

Kaum dramatische Unterschiede zwischen Mann und Frau gibt es bei Milch, Käse und anderen Milchprodukten, die mit 248 g (Männer) bzw. 227 g (Frauen) in stattlichen Mengen genossen werden, sowie beim Fisch, der mit kläglichen 15 g (Männer) bzw. 13 g (Frauen) zu Buche schlägt: Die Differenzen bei diesen Nahrungsmitteln fallen unters statistische Rauschen.

Auch die häufig geäußerte Vermutung einer »Schokoladensucht« von Frauen lässt sich statistisch nicht schlagend erhärten. Der NVS II zufolge verzehren Männer nur unwesentlich mehr Süßes als Frauen:

| | Männer | Frauen |
|---|---|---|
| Süßwaren | 55 | 48 |
| davon: | | |
| Süßigkeiten | 23 | 21 |
| Speiseeis | 7 | 6 |
| Süße Aufstriche | 19 | 17 |
| Süßungsmittel | 6 | 3 |

Süßwarenkonsum in Gramm pro Tag. Quelle: NVS II

Zwar essen Männer etwas mehr Suppen und Eintöpfe als Frauen, doch ist der Unterschied lange nicht so groß wie bei den Würzsoßen wie Ketchup, Senf, Essig oder Sojasoße, von denen Männer mit 33 g am Tag rund ein Drittel mehr konsumieren als Frauen mit 24 g – genau wie auch Knabberartikel eher in Männer- als in Frauenmägen landen: Männer futtern rund ein Drittel mehr geröstete und gesalzene Nüsse, Salzstangen und Chips als Frauen.

Spannend fielen die Befunde beim Gemüse aus: Hier sind die Unterschiede zwischen den Geschlechtern der NVS II zufolge viel kleiner, als Buchtitel wie *Männer essen Fleisch, Frauen Gemüse* oder *Fleisch ist mein Gemüse* suggerieren. Während Männer auf einen täglichen Konsum von Gemüse und Gerichten auf Gemüsebasis von 222 g kommen, verzehren Frauen mit 243 g gerade mal zehn Prozent mehr. Dennoch ist der Unterschied in allen Altersgruppen klar zu erkennen. Lediglich in der Gruppe der 65- bis 80-Jährigen ist die Geschlechterdifferenz mit 234 g pro Tag bei den Frauen und 232 g pro Tag bei den Männern fast völlig verschwunden. Wächst wirklich die Lust des Mannes am Gemüse mit zunehmendem Alter – oder nur sein Glaube an dessen gesundheitsfördernde

Kraft? Diese Zahlen widersprechen allerdings den Befunden des Statistischen Bundesamts, das bei alleinlebenden Frauen einen deutlich höheren Obst-, Gemüse- und Kartoffelverbrauch als bei Singlemännern ermittelte.

Männer essen mehr Kartoffeln und Gerichte auf Kartoffelbasis (91 g pro Tag, Frauen 71 g), Frauen dagegen mehr Obst: 278 g pro Tag im Vergleich zu 230 g bei den Männern. Diese haben wiederum beim Verzehr von Butter und Margarine die Nase vorn: 29 g Fett pro Tag nehmen Männer zu sich, Frauen nur 20 g. Ähnlich sieht es beim Konsum von Eiern und Eierspeisen aus: Männer verzehren täglich 21 g davon, Frauen 17 g.

Solche in Grammwerten ausgedrückten statistischen Unterschiede wirken recht unspektakulär. Führt man sich aber vor Augen, dass der Unterschied im Ernährungsverhalten der Männer beim Fett – wie schon beim Fleisch – auf annähernd 50 Prozent hinausläuft und beim Obst auf satte 20 Prozent, die Frauen mehr konsumieren als Männer, wächst dieser scheinbar wenige Gramm ausmachenden Differenz schon größere Bedeutung zu. Und dabei sind die Unterschiede zwischen Mann und Frau im durchschnittlichen Körpergewicht und die daraus folgenden Unterschiede in ihren Grundumsätzen noch nicht einmal berücksichtigt.

Dennoch: Kein Mensch ist statistischer Durchschnitt. An wenigen Orten ist das so erfahrbar wie bei »Obs un Jemös« auf der Severinstraße in Köln. Hier im Vringsveedel, wenige hundert Meter vom eingestürzten Stadtarchiv entfernt, betreibt Jochen Richrath zusammen mit seiner Mutter Marlies einen kleinen Fachhandel. Mutter und Sohn Richrath haben lange in Texas gelebt und auch sonst viel von der Welt gesehen. Im Grunde wurde ihnen der Lebensmittelhandel in die Wiege gelegt: Schon Großvater Richrath betrieb unter dem Namen »Favo« in den 1960er Jahren einen Großhandel mit eigenem Filialsystem in Köln und Bonn. »Eigentlich sollten die Läden ›Favorit‹ heißen, aber der Name war damals schon geschützt«, erzählt Jochen Richrath. »Und ich bin dann von den Supermärkten wieder in den Fachhandel reingerutscht.«

Wenn SIE und ER ein Kinderbuch über Jochen und Marlies Richrath schrieben, würde der Anfang lauten: »Die freundlichste Frau der Welt hatte einen Sohn, der, als er erwachsen war, der freundlichste Mann der Welt wurde. Gemeinsam eröffneten sie einen Obst- und Gemüseladen auf der Severinstraße in Köln.« »Obs un Jemös« ist weniger ein Laden, eher eine psychotherapeutische Praxis. Das Lächeln der Geschäftsinhaber und Verkäuferinnen ist echt, kein antrainiertes Service-Smile. Egal, ob man ein Bund Petersilie kauft oder ein Kilo Steinpilze – allen Kunden ist ein gutes Wort gewiss, mal ein flotter Spruch, mal eine kleine Aufmunterung oder ein ehrlicher Trost. Es ist unmöglich, mit schlechter Laune aus diesem wenige Quadratmeter messenden schlauchförmigen Raum zurück auf die Straße zu treten.

Als SIE und ER Jochen Richrath nach seinen Erfahrungen mit unterschiedlichen Geschmacksvorlieben von Mann und Frau befragen, beginnt er das Gespräch mit einem Geständnis: Seine Freundin esse nämlich überhaupt nicht gern Fleisch. Auf den Hinweis, SIE überrasche das keineswegs, schließlich wäre seine Freundin sonst nicht mit ihm, dem Gemüsehändler, sondern wahrscheinlich mit dem Metzger nebenan zusammen, wird Jochen Richrath tatsächlich eine Sekunde nachdenklich. Dann breitet sich ein strahlendes Lächeln über sein Gesicht aus, und er sagt: »Aber zum Glück mögen wir beide Fisch!«

## Jochen Richrath: »Zu Weihnachten Bärlauch!«

*SIE & ER: Ergänzen Sie bitte den Satz: Was der Bauer nicht kennt ...*

Jochen Richrath: ... das frisst er nicht.

*Und jetzt: Was die Bäurin nicht kennt …*

… frisst sie erst recht nicht. Sogar eher noch weniger. Frauen kaufen meiner Erfahrung nach überlegter ein, auch sparsamer, weniger spontan. Männer gucken sich eher das Angebot an und nehmen oft etwas aus einem Impuls heraus mit, weil sie öfter aus Spaß kochen. Frauen haben öfter einen Zettel dabei, haben ein Rezept vor Augen und wissen genau, was sie wollen.

*Warum sind wir so konservative Esser?*

Das kennt doch jeder von sich selbst: Wir alle haben ein bestimmtes Repertoire von Zutaten und Gerichten, die man immer wieder der Reihe nach durchkocht. Und wenn etwas Neues dazukommt, fällt etwas Altbewährtes dafür weg. So ist es zumindest bei mir. Andererseits stelle ich schon fest, dass die Leute aufgeschlossener werden gegenüber Dingen, die sie früher nicht gekannt und nicht gegessen haben. Daran haben auch die Kochshows im Fernsehen ihren Anteil. Chili, Ingwer, Koriander – das ist ja alles noch relativ neu für die Breite der deutschen Bevölkerung.

*Essen Frauen Ihrer Erfahrung nach wirklich fast ein Viertel mehr Obst als Männer?*

Ich sehe ja nur, was Frauen bei uns kaufen, nicht, was sie essen oder noch woanders kaufen. Aber es ist schon so, dass unsere Kundschaft überwiegend aus Frauen besteht – es sind etwa zwei Drittel Frauen und ein Drittel Männer. Wahrscheinlich liegt das noch an der klassischen Rollenverteilung von früher.

*Essen Männer zu wenig Gemüse und Obst?*

Wenn Sie mich als Händler fragen: Klar, alle Menschen sollten am besten morgens, mittags, abends und gern auch nachts ausschließlich Obst und Gemüse futtern! Aber im Ernst: Ich habe schon das Gefühl, dass seit den 80er, 90er Jahren ein Umdenken eingesetzt hat, was unsere Ernährung angeht. In den Großstädten gibt es jedenfalls viele Männer, die sich sehr bewusst ernähren.

*Unterliegt der Gemüsemarkt Moden?*

Na klar. Rucola haben die Deutschen im Italienurlaub wiederentdeckt, nachdem sie ihn unter dem Namen Rauke komplett vergessen hatten. Und wer denkt bei Rapunzel schon noch an Feldsalat? Gerade haben wir den Relaunch von Mangold, Pastinake und Steckrübe erlebt. Steckrübe wurde ja gar nicht mehr gegessen, weil viele alte Leute das während und nach dem Zweiten Weltkrieg essen mussten. Deshalb mochte lange Zeit keiner in Deutschland mehr Steckrübe, weil die so ein schlechtes Kriegsimage hatte. Aber heute hat sich das geändert. Im Moment ist dunkler Feldsalat Mode.

*Welches Obst läuft bei Ihnen am besten?*

Das saisonale Obst läuft immer am besten: Kirschen zur Kirschenzeit, Erdbeeren zur Erdbeerenzeit. Genauso verhält es sich mit dem Gemüse – im Sommer läuft kein Kohl, sondern Spinat und Tomaten, und im Winter läuft kein Rübstiel.

*Gibt's inzwischen nicht viele Menschen, die gar nicht mehr wissen, wann welche Gemüse Saison haben?*

Und ob! Die verlangen dann zu Weihnachten Bärlauch oder im Hochsommer Rosenkohl – solche Kunden haben wir auch. Da muss man echt Aufklärungsarbeit leisten.

*Und Sie leisten die?*

Mit allem, was wir haben.

*Kauft Ihre Mutter auf dem Großmarkt anders für Ihren Laden ein als Sie?*

Aber wie! Meine Mutter kauft manchmal Sachen, die man nicht unbedingt braucht. Muss ich nun wirklich noch die siebte Tomatensorte im Angebot haben? Oder mir zwölf Töpfe Pimpinelle oder Borretsch in den Laden stellen? Das läuft nun wirklich nicht. Rosmarin, Thymian, Salbei, das läuft. Aber Pimpinelle?

*Warum nicht?*

Weil's keiner braucht. Weil niemand mehr weiß, was man mit Pimpinelle und Borretsch machen könnte. Pimpinelle kommt in die grüne Soße. Aber was kann man sonst damit anstellen? Kommen Sie nach Hause und rufen: Schatz, freu dich, ich habe frische Pimpinelle gekauft, heute gibt's Pimpinellenpizza – ein Fest!

*Ist Ihre Mutter also experimentierlustiger als Sie?*

Sie haben's erfasst.

*

SIE:
Cookies Cream
Behrenstraße 55
10117 Berlin
Tel. 030 27492940
Ein ungewöhnlich gutes vegetarisches Restaurant in Berlin.

ER:
Clark's Outpost
101 Highway 377
Tioga, Texas 76271
USA
Tel. +1 940 437 2414
Ein ungewöhnlich gutes Barbecue-Restaurant im Geburtsort Gene Autrys.

SIE: Peter Peter: *Kulturgeschichte der deutschen Küche*, C.H. Beck.
ER: Peter Peter: *Kulturgeschichte der italienischen Küche*, C.H. Beck.

Brad Bird und Jan Pinkava (Regie): *Ratatouille*

## 5. Kapitel »Dem Essen die Ehre erweisen«

*Das elftbestbesuchte Museum der Welt, Schärfe und Fremde, ein unverhofftes Wiedersehen, Má und Là, kulinarisches Heimweh, Superschmecker, Gender Food, Neuromarketing, funktionelle Magnetresonanztomographien und die elektronische Nase, die Kannibalen unter uns, Löffel hin, Löffel her.*

Muh! Nach einer Dreiviertelstunde Schlangestehen im elftbestbesuchten Museum der Welt und gut hundert Metern Raumgewinn wallt in IHM zum ersten Mal das Bedürfnis auf, ein Muhen auszustoßen. Einfach ein lautes, langanhaltendes und befreiendes Muh! Macht sich so ein beginnendes Tourette-Syndrom bemerkbar? Oder Creutzfeld-Jakob? Schließlich war ER auf dem Höhepunkt der BSE-Krise längere Zeit bei W. G. Sebald an der University of Norwich und erinnert sich mit wohligem Schauder an Roastbeef-Exzesse im Londoner Traditionsrestaurant »Rules«, wo einige Gerichte unverändert seit 1798 auf der Karte stehen. Aber das »Rules« ist eines der wenigen Restaurants auf der Welt, das sein Rindfleisch von einem eigenen Landgut bezieht, und sterben wird ER nicht an Creutzfeld-Jakob, sondern höchstens an dieser stupiden Warterei. Muh!

Immer öfter überfällt IHN in letzter Zeit dieser eigentümliche Drang zum akustischen Widerstand. Am Flughafen. Beim Arzt. Zuletzt im Einwohnermeldeamt bei der Passverlängerung für den Flug hierher. Standen dort nicht auch exakt die gleichen hüfthohen Aluminiumpylone mit jenen dazwischen gespannten roten Absperrbändern? Früher kannte ER diese Lenkungssysteme für

Menschenströme nur von Reisen in die USA – eine jener selbstverständlichen kulturellen Realien, unhinterfragt und einfach zu beschreiben, doch so schwer zu benennen wie schlafende Polizisten, Kassentobleronen oder der Einkaufskorbzwang in den Buchhandlungen der DDR. Quasi über Nacht haben sich diese mobilen Pferche über die halbe Welt verbreitet. Wie Feuerlöscher. Wird es je wieder eine Welt ohne einhakbare rote Absperrbänder geben?

Warteschlangengedanken. Weißbehandschuhte Ordner beiderlei Geschlechts, in Zehnmeterabständen im Halbdämmer der fußballfeldgroßen Ausstellungshalle postiert, achten unerbittlich darauf, dass keiner mehr als einen Fußbreit vom markierten Vorrückbereich abweicht. Aber je länger SIE und ER nun in dieser in ihrem Rücken stetig wachsenden Schlange stehen, desto stärker und unwiderstehlicher wird dieser Wunsch in IHM, einmal aus vollen Lungen Muh! zu brüllen. Das ist Jähzorn, weiß ER, nichts als kindischer Jähzorn, eine lächerliche HB-Männchen-Version seiner selbst – peinlich! Doch je älter ER wird, desto häufiger unterläuft ihm das: diese viehische Ungeduld, dieses Aus-der-Haut-fahren-Wollen. Ein Charakterfehler. Nützt freilich gar nichts, sich darüber klar zu sein. Nicht jetzt, nicht hier in dieser Hitze, bei dieser Luftfeuchtigkeit, inmitten dieses fortwährenden Bienenschwarmgebrummels ringsum.

Hier bewegt sich jeder exakt auf den von anderen vorgezeichneten Bahnen. Wie Ölgötzen stehen SIE und ER in dieser Schlange. Das ist Menschenschach, nichts als eine dreidimensionale Illustration des Dienstwegs, eine begehbare Skulptur zum Thema: Das-haben-wir-schon-immer-so-gemacht, Da-könnte-ja-jeder-kommen, Auf-Sie-haben-wir-gerade-noch-gewartet. Genau deshalb verspürt ER ja diese animalische Lust, dagegen aufzubegehren mit seinem Muh! Wenn ER schon behandelt wird wie ein Rindviech auf seinem letzten Gang, dann möchte ER sich auch wenigstens Luft machen und so verhalten dürfen. So ist ER.

IHR setzt die Warterei weniger zu. Im Gegenteil: SIE genießt die unverhoffte und im Alltag so seltene Gelegenheit, diese anders Aussehenden in den rot abgetrennten Reihen zu IHRER Linken und Rechten endlich einmal in aller Unverfrorenheit genau mustern zu dürfen. Was für ein Quatsch, diese Mär von ihrer Verwechselbarkeit, das Ammenmärchen der Austauschbaren ihres Äußeren. Nur wer kein Ei vom anderen auseinanderhalten kann, für den mag ein Chinese aussehen wie der andere. IHR bereitet weder das eine noch das andere Probleme.

Eigentlich sogar schön, hier mal eine Stunde nichts als schauen zu dürfen. SIE denkt an eine Geschichte aus Bruce Chatwins *Traumpfade*, ein Buch, das SIE nun endlich einmal gelesen hat. Diese Anekdote über eine Expedition ins Innere Afrikas, deren Träger sich nach einigen Tagen hoffnungsfrohen guten Vorankommens am Abend plötzlich an einer Stelle der Savanne niedersetzen, um dort störrisch zu verharren und keinen Schritt mehr weiter zu gehen. Als der weiße Expeditionsleiter wissen will, was denn in sie gefahren sei, erklären die Träger, sie seien während der vergangenen Tage so schnell vorangeprescht, ihre Seelen bräuchten nun unbedingt Zeit, die im Sturmlauf vorausgeeilten Körper wieder einzuholen. Wenn das IHRE Gefühlslage nach dem langen Flug von Deutschland nach Taiwan nicht auf den Punkt bringt, was dann?, geht IHR durch den Kopf. Und: Schöne Menschen sind das hier. Durchdrungen von einer Würde, die tatsächlich unantastbar scheint. Diese Vielfalt, Eigenheiten, Potenziale, dieser wunderbare Reichtum! Gelassener, beherrschter, reflektierter als ER. So ist SIE.

So, wie in den ersten Abschnitten dieses Kapitels karikiert, sehen Geschlechterklischees in der Literatur aus. Aber was nützt das schönste Bewusstsein von Stereotypen und Vorurteilen zu »typisch« weiblichen oder männlichen Denkweisen und Rollenmustern, wenn sie am Ende vielleicht schlicht einen Teil der Wirklichkeit abbilden? Wie war das noch mit dem Körnchen Wahrheit, das in jedem Klischee steckt? Wohl denen, die nie einen Tag durchlebten, ohne von der Ahnung angeweht worden zu sein, lediglich eine unsichtbare Lochkarte, eine geheime Batchroutine abgearbeitet zu haben. Einem verborgenen Algorithmus zu unterliegen, geschrieben ohne jedes Zutun von IHR oder IHM. Autonomie des Individuums? Auf diese Idee kann nur jemand verfallen, wer nie auf Reisen unter Durchfall litt. Fest steht jedenfalls: Selbst SIE und ER, in Deutschland wahrlich keine Riesen, sondern in ihrem Geburtsjahrgang mittlerer, in der deutschen Gesamtbevölkerung heute gerade mal noch unterer Durchschnitt, sind hier einen Kopf größer als die allermeisten Chinesen vor oder hinter ihnen in der Warteschlange. Über Fakten streiten ist sinnlos.

Jedes Jahr pilgern weit über eine halbe Million Menschen hierher, an den Rand von Taipeh ins elftbestbesuchte Museum der Welt. So wie die kunstgierigen Massen im Louvre vor der *Mona Lisa* Leonardo da Vincis, in den Uffizien vor der *Mediceischen Venus* oder im Museo del Prado vor Hieronymus Boschs *Garten der Lüste* stellen die Besucher des Nationalen Palastmuseums in Taipeh sich geduldig in endlose Schlangen im dritten Stock und warten Stunden, um einen kurzen Blick auf ein Stückchen Jade und einen Brocken Jaspis erhaschen zu dürfen: die berühmtesten Kunstwerke dieses Museums und damit von ganz Taiwan, ja wie manche meinen, des gesamten Reichs der Mitte. Chiang Kai-sheks Kuomintang-Truppen haben sie in den Wirren des Bürgerkriegs zusammen mit über 600 000 anderen Artefakten aus dem Kaiserpalast geraubt, in der Verbotenen Stadt in Peking in Kisten verpackt und im Verlauf einer mehrjährigen, durch schwankendes Kriegsglück veranlassten Odyssee schließlich nach Taiwan verschleppt. Dort stehen die Kunstwerke im Nationalen Palastmuseum täglich von 8:30 bis 18:30 Uhr zur Besichtigung. Das Stückchen Jade sieht aus wie ein frischer Chinakohl, der Brocken Jaspis wie ein gedämpfter, in Sojaöl marinierter Schweinebauch.

»Jadeite Cabbage« und »Meat-shaped Stone« steht neben der Mandarin-Beschriftung in Englisch auf den winzigen weißen Karten in den Glasvitrinen neben den Ausstellungsstücken. Auf diese Weise präsentiert, wirken Chinakohl und Schweinefleisch aus Stein in diesem Museum seltsam deplatziert, nicht wie normale Kunstgegenstände, eher wie Ausstellungsstücke einer Wunderkammer. Sie könnten neben magischen Utensilien aus den Märchen der Gebrüder Grimm stehen, Seite an Seite ausgestellt mit einem Lebkuchenziegel vom Hexenhaus oder dem Tischlein-deckdich, einem goldenen Teufelshaar, den Siebenmeilenstiefeln oder dem Knüppel-aus-dem-Sack. Dass die weißen Kärtchen in den Vitrinen keinerlei Angaben zu Alter, Herkunft und Schöpfern dieser Schnitzereien machen, unterstreicht diesen Eindruck des Irrealen noch.

Ching-Dynastie, werden SIE und ER später nachlesen. Ein Geschenk Kaiser Guangxus an seine Gemahlin Jin Fei, die als Frau von erlesenem Geschmack und große Feinschmeckerin galt. Zwischen den durchscheinenden Jade-Blättern des Bok-Choy-Kohls, einem Symbol der Makellosigkeit von Jin Feis Ahnenreihe, verbergen sich ein großer Heuschreck und ein kleiner Grashüpfer. Diese sollen die Betrachter nicht etwa als Vanitassymbol an die Vergänglichkeit allen irdischen Tuns und Seins inklusive Kohl und Schweinebauch erinnern. Grashüpfer und Heuschreck versprechen in der chinesischen Kunsttradition Fruchtbarkeit und Eheglück.

Während SIE und ER in Taipeh ihre wenigen Sekunden vor der Vitrine erleben, ehe sie von den Nachrückenden diskret, ohne jeden Körperkontakt, aber doch unmissverständlich zum Weitergehen veranlasst werden, und die beiden jeweils nur wenige Zentimeter messenden Ausstellungsstücke mit Andacht und Ehrfurcht ins Auge fassen, die mehr der Wartezeit in der Schlange als der Überwältigung durch die Kunst geschuldet ist, erfasst beide ein

Frauenessen – Männeressen im Palastmuseum in Taipeh

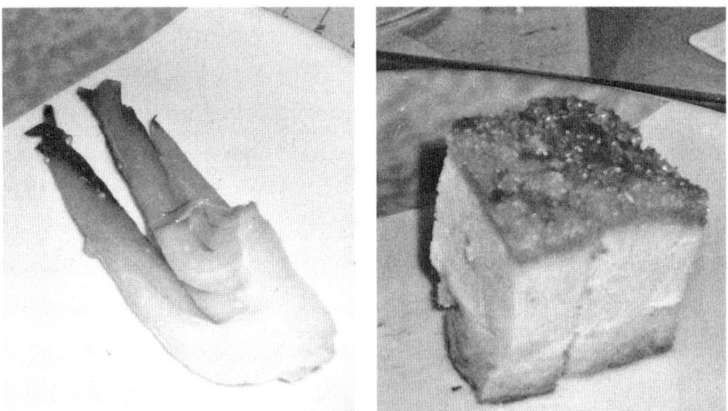

Überprüfung der Kunst an der Wirklichkeit: Chinakohl und Schweinebauch im »Good Friends« in Berlin leichter Schwindel. Erst glauben sie, einfach zu wenig getrunken zu haben – die lange Reise, die Ansteherei, die stickige Luft hier im Museum. Aber dann wird IHR und IHM klar, dass ihnen etwas anderes auf den Magen schlägt. Eine Erkenntnis, halb vorgefühlt, halb immer schon gewusst, macht sich in ihnen breit. Ein schön schreckliches Irrewerden erfasst sie. In einem hellen Moment beim Anblick eines 18 Zentimeter langen Chinakohls aus Jade und eines knapp sechs Zentimeter großen Stückchens Schweinebauchs aus Jaspis, die jedes westliche Kunstverständnis auf den Kopf stellen, dämmert es IHR wie IHM: Man wird sie nie ganz begreifen. Nicht in diesem und auch nicht im nächsten Leben. Weder die Unterschiede zum Geschmack der Chinesen noch die zu IHREM oder SEINEM.

Auf dem Weg hierher waren SIE und ER zweimal unerwartet feige: einmal beim Essen, einmal beim Lesen.

Eigentlich zählen SIE und ER sich auf beiden Feldern eher zu den Abenteuerlustigeren. Von Leung Ping-Kwan, vielleicht dem kosmopolitischsten chinesischen Dichter, sicher aber einem der intelligentesten und kulinarisch versiertesten Autoren der Gegenwart, hatten sie sich in das kulinarische Koordinatensystem Hongkongs einführen lassen. Man darf sich Leung Ping-Kwan am einfachsten als 1948 geborenen chinesischen Wiedergänger Hans Magnus Enzensbergers vorstellen. Leung schreibt wunderbar kluge Gedichte mit einladend prosaischen Titeln wie »Auberginen«, »Sushi für zwei« oder »Bier in Berlin«. Seine Lyrik könnte man als Versuch der Weltaneignung mit Stäbchen oder Messer und Gabel betrachten. Sein Meisterwerk ist ein Langgedicht mit dem Titel »Sylvestereintopf«. Für SIE und IHN ein Triumph der Weltsprache Poesie, eines jener seltenen Gedichte, die ganze Bibliotheken aufwiegen – und nicht zuletzt eines von zahllosen poetischen Indizien, dass es einen politischen Zusammenhang gibt zwischen dem, wie wir essen und trinken, und dem, was wir denken, lesen und schreiben. Leung Ping-Kwans Gedicht thematisiert die Übergabe der britischen Kronkolonie Hongkong am 1. Juli 1997 an die Volksrepublik China, einen Überdruss an der Geschichte – und den Trost regionaler Küche.

## SYLVESTEREINTOPF
### von Leung Ping-Kwan

Ein Stückchen Rübe taucht unter dem Fleisch hervor.
Frag mich nicht nach 1997. Ich habe so oft darauf geantwortet.
97 steht vor der Tür. Es klebt an den Leuten, die kommen und gehen.
An der Goldküste soll es ein Feuerwerk geben, wir standen vier Stunden im Stau.
Der Dorfschulze hat bestimmt schon gegessen. Die ersten zünden Knallkörper.
Andere entfalten Transparente. Letztes Jahr war das nicht so.
Vor dem Countdown sucht alles seinen Platz. Mit Stäbchen und Schale.
Noch ein Schlag Reis mit Ente. Es taucht Schweinehaut auf, ein Röllchen Tofu.
Wir fuhren die Nathan Road entlang, der Weihnachtsschmuck hängt noch.
Neue Gedenkbögen schießen aus dem Boden. Wir haben dieselbe Frage so oft beantwortet.
Castle Peak bleibt weiter verstopft, Tuen Mun ebenfalls.
Sind dies die 17 ½ Meilen von einst? Die Goldküste ist weiter verstopft.
Keine Ahnung, wann wir die Ahnenhalle deiner Familie erreichten.

Ein alter, renovierter Straßenzug: Viele Generationen sind da lang geschritten,
haben Namen wechseln sehen.
An den Wänden hängen Inschriften. Für die Alten ist das Bankett vorbei.
Wir angeln nach dem Gemüse in dem Topf mit Schweinefleisch.
Was gibt es heute abend? Außer Krachern? Außer Countdown?
Keiner vertraut sich seiner Uhr an.
Wie also rückwärts zählen? Dann eben weniger exakt.
So geht es: Neun, acht, sieben, sechs, fünf ...
Ganz einfach vor der Schwelle. Draußen die Lichter der Stände.
Man isst wie immer, man verfährt wie immer.
Drei, zwei, eins ... Prost Neujahr. Prost Neujahr.
Schiffssirenen, Autohupen.
Die Volksfürsorge gibt einen Empfang: 23 Minuten Feuerwerk.
Das schöne Morgen. »Solidarität ist alles.«
Der Gouverneur beginnt seine Rede. Die Jugend zieht es ins Vergnügungsviertel.
Fußgetrappel und Herzensbeklemmung. Wieder an der selben Ecke vorbei.
»Immer hier kommt mir die Tragödie vor Jahren hoch.«
Man erwartet deinen neuen Tanz. Das neue Video.
»Schau nach vorn.« »Morgen wird es schöner.«
Tuen Mun ist weiter verstopft. Fahrer beratschlagen Alternativen für den Abend.
Du sagst, schließlich hat die Scheidung geklappt.
Du sagst, du hast eine heimliche Liebe. Glückwunsch.
Aus einer alten in eine neue Beziehung. Glücklich?

Die Christen beten für Hongkong. Jardines zündet wie
gehabt die Kanone um Mitternacht.
Jemand bekommt einen Orden. »Wir müssen an die sozial
Benachteiligten denken.«
»An alle, die von Strukturmaßnahmen in der Industrie
betroffen sind.« Leute,
die wir lieben und hassen.
Feuerwerk geht, bunten Schirmen gleich, an allen unterschiedlichen Orten nieder.
Die Menschen strömen. Jemand verkauft etwas an einer
verlassenen Straßenecke.

Sein letztes Geschäft.

Du kostest etwas Undefinierbares, ganz braun.
Ist es Fleisch, Gemüse, Gemüse, das ich mag?
Feuerwerk. Der Sonderbeauftragte. Pilze. Frittierter
Fischkopf und Rindsfilet. Seetang.

Getrocknete Lilien.

Von allem etwas. Das Komitee für die Neuen Territorien,
Zone West, und die Schifffahrt
feiern Sylvester. Glückwunsch zur Übergabe.
Willkommen 1997. Große Zeiten. Männer der Stunde.
Heldengestalten.
So unaufhaltsam sie alle. Den Rechner dabei für die fällige
Steuer.
Nächsten Monat steigen die Mieten. Immer suche ich
etwas, wo habe ich es nur hingetan?
Verkehrschaos. Ein großer Haufen Abfall. Und Fisch.
Und Fleisch. Die Kulturbanausen spuken weiter herum.
Beamte sind auf der Hut vor Innereien, die unabhängig
sein wollen, vor Elementen der
Spaltung und des Umsturzes.
Gefühle der Wärme. »Wie eine Mutter, die ihre Stromer

mit offenen Armen empfängt.«
Er spricht im Brustton der Überzeugung. Auch wir
wollen ein ruhiges Leben.
Jemand in der Bahn. Jemand unterwegs.
Jemand, der draußen schläft. Jemand mit Rolls-Royce
und Nachttopf.
Jemand, der Wände besprüht, der selbsternannte König
von Kowloon. Die Hände oben.
Die Stäbchen halb in der Luft. Etwas bleibt ungesagt,
draußen vor der Schwelle.

Der verfressene Dichter Leung Ping-Kwan hatte IHR und IHM in Hongkong von einem Küchengott namens Zao Jun erzählt und ihnen sein Plakat in dem Fischrestaurant in Hongkong gezeigt, in das SIE und ER Leung eingeladen hatten. Unzählige chinesische Volkssagen berichten von Zao Jun, Amy Tans Bestseller *The Kitchen God's Wife* erzählt eine populär-feministische Variante der Geschichte, und bis heute ist Zao Jun in vielen chinesischen Küchen als Bild oder als Tonfigur in der Nähe des Herds nahezu allgegenwärtig.

Es gibt viele Versionen der Geschichte des Herdgotts Zao Jun. In einem aber sind sich alle einig: Zao Jun war ein Sterblicher vor über 2000 Jahren. Als Kaufmann reich geworden, führt er eine glückliche Ehe, bis er sich einer jüngeren Frau zuwendet und wegen dieser seine erste Frau verstößt. Von diesem Punkt an verzweigen sich die Geschichten ins Unübersehbare. Mal nimmt die jüngere Frau

Zao Jun einfach aus wie die Gans, die goldene Eier legt; mal entbrennt Zao Jun nach dieser ersten für unzählige weitere junge Frauen. Alle Zao-Jun-Geschichten enden aber immer gleich, nämlich damit, dass Zao Jun Haus und Hof verprasst, erblindet und schließlich mit nichts als einer Bettelschale viele Jahre von Dorf zu Dorf, Stadt zu Stadt zieht. Endlich kommt es zu einem unverhofften Wiedersehen – oder vielmehr einem Wieder-Schmecken. Irgendwann kostet der alte blinde Zao Jun in seiner Bettelschale eine Nudelsuppe, die ihn an die Kochkunst seiner ersten Frau erinnert. Als er der Almosengeberin unter Tränen eröffnet, so köstliche Nudeln nur bei seiner Ehefrau gegessen zu haben, kehrt sein Sehvermögen plötzlich wieder, und natürlich ist die begnadete Nudelköchin niemand anderes als eben diese: seine erste Ehefrau. Nun allerdings leben Herr und Frau Zao Jun keineswegs glücklich bis ans Ende ihrer Tage, sondern Zao Jun wird von Scham über sein ehrloses Verhalten ergriffen. So großer Scham, dass er ins Herdfeuer springt und dort Selbstmord begeht. Durch die Verehrung seiner Frau und das Einsehen der Götter kommt es allerdings zu einer Auferstehung: Zao Jun wird der Küchengott, der einmal im Jahr dem Jadekaiser Yu Di in den drei reinen Himmeln alles erzählt, was rings um den Herd, dem Lebensmittelpunkt der Familie, gesagt und gedacht wurde. Deshalb beschmieren fromme oder auch nur abergläubige Chinesen gern den Mund ihrer Zao-Jun-Poster oder -Statuen mit Honig oder anderem Naschwerk, um sicherzustellen, dass dieser am 23. Tag des 12. Monats des Mondkalenders in seinem Jahresbericht nur Honigsüßes an den Jadekaiser weiterleitet oder aber – und hier gehen die Überlieferungen auseinander – seine mit Honig versiegelten Lippen gar nicht erst auseinanderbekommt.

Wenige Tage danach, allein in einem Szechuan-Restaurant in Hongkong, suchen SIE und ER als Erstes nach Zao Jun. Tatsächlich hängt er als Poster über einer Arbeitsfläche neben dem Herd.

Aber als SIE und ER an einem Tisch mit kreisrunder Aussparung für den Fire Pot Platz nehmen und vom Kellner zusammen mit der Brennpaste für den großen Metallkessel ein Klemmbrett mit dem typischen Auswahlmenü vorgelegt bekommen, hat Zao Jun SIE und IHN verlassen, und es macht sich plötzlich kulinarischer Kleinmut in ihnen breit. Tapfer einigen sie sich zwar noch darauf, unter den sechs angebotenen Grundbrühen die schärfste zu wählen, die mit drei Chilischoten markiert ist. Aber ein Blick auf die Speisekarte genügt sowohl IHR als auch IHM, um zu entscheiden: Nein, Froschschenkel, Schweinehirn oder Entenfüße bekommen SIE und ER nicht runter. Nicht jetzt, nicht hier. Feige bestellen sie Rindfleisch, Tintenfisch, schwarze Trompetenpilze und etwas von jenem mangoldähnlichen Gemüse, das in China so allgegenwärtig ist, dass es tatsächlich den elementaren Namen »Gemüse A« trägt. Dabei haben SIE und ER erst neulich mit großem Appetit eine Riesenportion Froschschenkel vertilgt: in der Pfanne gebraten mit Semmelbröseln, Knoblauch und feingeschnittener Petersilie. Aber das war während einer privaten Weihnachtseinladung in Deutschland gewesen, in netter Runde in Düsseldorf, nicht in einem zugigen Speisesaal von der Größe einer Wagenhalle in Hongkong. SIE und ER gestehen sich ein, unter kulinarischem Heimweh zu leiden. Und ist es nicht bezeichnend für ihre bundesrepublikanische Sozialisation, dass SIE und ER nun mitnichten nach Urdeutschem wie Sauerbraten, Laugenbrötchen oder Stilmus schmachten, sondern beide ausgerechnet die italienische Hausmannskost des Sarden um die Ecke in Köln vermissen? Die köstlichen Spaghetti mit Bottarga, die frischen Tagliatelle arrabiata, der Seewolf in der Salzkruste im »La Locanda« im Zugweg? Dort setzen Milena und Franco Bernadini, die gemeinsam in der Küche stehen, auch schon mal Schnecken oder Innereien auf die Karte, und SIE und ER zögern dort nie, sich auf das Wagnis des Neuen einzulassen.

Wie weggeblasen ist in Hongkong plötzlich alle Experimentierfreude. Als habe der Aufenthalt in der Fremde sämtliche ihrer Ressourcen an kulinarischer Neugier, Offenheit und Toleranz erschöpft.

Ganz anders bei ihrem Lieblingschinesen in Deutschland, dem »Good Friends« auf der Berliner Kantstraße. Wie in allen guten chinesischen Restaurants zieht es auch im Gastraum des »Good Friends« wie Hechtsuppe, und bei der Wahl der Innendekoration hat man sich in puncto Gemütlichkeit offenbar an Verhörräumen der Stasi orientiert. Oder war es in Wirklichkeit gerade andersherum und die Stasi wollte ihr berühmtes Weltniveau unter Beweis stellen, indem sie in ihren Verhörzimmern die Behaglichkeit chinesischer Gasträume imitierte? Wie dem auch sei, der gegrillte Schweinebauch dort ist so legendär, dass Kolja Kleeberg in seinem Restaurant »Vau« am Gendarmenmarkt gelegentlich einen mit Sternanis, Zimt, Korianderkörnern, Fenchelsamen und schwarzem Pfeffer geschmorten »Schweinebauch ›Good Friends‹« auf seine Karte setzt. Im »Good Friends« sind SIE und ER wagemutige Esser und buchstäblich für alles offen: Ob Qualle oder Seetang, Taschenkrebs oder Wasserkastanien, Fischköpfe oder Seegurken – ihre Klassiker, die Lauchsprossen mit Sepia und die Kutteln mit Chili und schwarzen Bohnen, bedürfen sowieso keiner separaten Bestellung mehr.

Was ist ein Fremder, lässt Karl Valentin in seinem berühmten Sketch Lisl Karlstadt fragen und gibt sich selbst die kalauernde Antwort: »Fleisch, Gemüse, Obst, Mehlspeisen und so weiter.« Erst als Karlstadt präzisiert, nicht was er *isst*, wolle sie wissen, sondern wie er *ist*, gelangt Valentin zu seinem womöglich größten Gedanken: »Ja, ein Fremder ist nicht immer ein Fremder«, philosophiert Valentin: »Fremd ist der Fremde nur in der Fremde.« An Valentins Einsicht müssen SIE und ER denken, während sie in Hongkong vor dem munter vor sich hin blubbernden Szechuan-Feuertopf sitzen, in dem Aberdutzende Chilischoten schwimmen und dessen

Dampfschwaden IHM die Brillengläser beschlagen lassen. Jedenfalls hofft ER, dass es der Dampf von außen ist, der die Gläser anlaufen lässt, und nicht etwa von innen die Tränen, die IHM wegen der infernalischen Schärfe des Suds in die Augen schießen. Im Lauf des Abends ist die Brühe immer schärfer geworden, einesteils weil die Chilischoten immer mehr Capsaicin an die Suppe abgeben, andernteils weil diese Flüssigkeit immer stärker einkocht und auf diese Weise immer mehr Capsaicin auf immer weniger Brühe kommt.

Warum fügen wir uns eigentlich dieses Leid zu, ja genießen sogar diesen Schmerz der Schärfe? Warum suchen wir den Kick der Capsainoicide, die für die Schärfe von Cayenne, Chili und Peperoncini verantwortlich sind? Wieso bereiten IHR und IHM Zwiebel und Ingwer, Salsa und Curry ebenso Lust wie Knoblauch, Senf oder Meerrettich, wo wir uns doch genauso gut von Grießbrei und Gurkensandwiches, Kohlsuppe und Kartoffelpüree ernähren könnten?

Ganz unterschiedliche Stoffe sind für die Schärfe in diesen Lebensmitteln verantwortlich: Beim frischen Knoblauch ist es das Allicin, das bei Erwärmung seine Schärfe weitgehend einbüßt. Flüchtige Öle, die Isothiocyanate, bringen die Schärfe in Senf und Meerrettich, Kresse, Rucola und Radieschen. Und das Alkaloid Piperin lässt den schwarzen, weißen und langen Pfeffer auf unseren Zungen brennen.

Dass Schärfe desinfiziert und unseren Stoffwechsel, unsere Verdauung und nicht zuletzt unseren Appetit auf Trab bringt, ist seit Jahrtausenden bekannt. Durch Schärfe gereizte Regionen unserer Schleimhäute werden stärker durchblutet, folglich nehmen wir im Verbund mit Schärfe auch das Salzige und Bittere, Süße und Saure oder den Umami-Geschmack stärker wahr. Doch erst vor einem Jahrzehnt konnte wissenschaftlich geklärt werden, weshalb wir das Erleben von Schärfe mit dem Empfinden von Hitze verbinden: Capsaicin spricht den TRPV1-Rezeptor der feinen Nervenenden des Trigeminus an, und dieser Kationenkanal meldet nicht nur Schärfe ans Gehirn weiter, sondern nimmt auch Temperaturen von über 43° C wahr. Und dass diese TRPV1-Rezeptoren nicht nur auf der Zunge, sondern nahezu überall in unserem Körper vorkommen, ermöglicht etwa die schmerzlindernde Wirkung von Capsaicin im ABC-Pflaster. Dessen Erfinder, ein gewisser Professor Raubenheimer, kombinierte 1928 den Chili-Wirkstoff noch mit Arnika und Belladonna. Trotz ihres Namens enthalten heutige ABC-Pflaster aber in der Regel nur noch Capsaicinoide. Dass in besonders warmen Ländern besonders scharf gegessen wird, erklären Kulinaranthropologen mit der Absenkung der Körpertemperatur durch vermehrtes Schwitzen nach Genuss scharfer Speisen.

Umgekehrt koppelt der sogenannte Kälte-Menthol-Rezeptor TRPM8 die Geschmackswahrnehmung von Eukalyptol, Menthol und dem in der Forschung beliebten synthetischen Kältewundermittel Icilin mit der Empfindung von angenehmer Frische, nämlich Temperaturen zwischen 10° und 20° C. Dies erklärt das Gefühl von Kühle beim Lutschen eines Eukalyptus- oder Mentholbonbons – und die große Beliebtheit von Pfefferminztee in heißen Ländern, der, heiß getrunken, paradoxerweise als erfrischend und kühlend empfunden wird.

Im Sommer 2010 gelang chinesischen Forschern der Universität Chongqin der experimentelle Nachweis an Ratten, dass das für unser Schärfeempfinden verantwortliche Capsaicin nicht nur Schmerz, sondern auch blutdrucksenkende Wirkung ausübt. Eine buchstäblich beruhigende Feststellung: Scharfes Essen regt an, ohne aufzuregen, verleiht nicht nur unserer Nahrung, sondern auch unserem Leben Würze.

Im Deutschland der Gegenwart essen Männer bedeutend schärfer als Frauen. Wenn man der Statistik der Nationalen Verzehrsstudie II glauben will, sogar um über ein Drittel schärfer:

| | Männer | Frauen |
|---|---|---|
| Soßen und würzende Zutaten | 33 | 24 |

Durchschnittlicher Verzehr von Soßen und würzenden Zutaten (g/Tag). Quelle: NVS II

Auch wenn viele Köche als hervorstechendsten Unterschied der Würzgewohnheiten von Mann und Frau immer wieder nennen, dass Männer stärker salzen als Frauen, sind diese Zahlen mit berechtigtem Misstrauen zu sehen. Hinter der Kategorie »Soßen und würzende Zutaten« der NVS II verbergen sich neben Senf, Meerrettich und Essig auch die kulinarischen satanischen Zwillinge Ketchup und Mayonnaise – schärfer entpuppt sich also rasch als süßer oder fettiger.

Die Lust am schönen Schmerz der Schärfe ist etwas sehr Neues in Deutschlands Küchen. Im Schwaben der Kindheit von IHR und IHM wurde zwar gern und oft Tafelspitz mit Meerrettich zubereitet, aber schon fremdländische Produkte wie Düsseldorfer Löwensenf lösten eher Misstrauen denn Begeisterung aus. Kulinarischen Nachrichtenwert besaß damals noch Knoblauch, Curry war höchstens als Döschenpulver zum Bestreuen von mit Butter verfeinertem Reis bekannt, und Chilischoten gehörten weniger zur Küchenwirklichkeit als ins Reich der Legende – eben dahin, wo der Pfeffer wächst.

Vierzig Jahre später boomt der Schärfemarkt in der gesamten westlichen Hemisphäre. In deutschen Großstädten ist ein Wettbewerb um die schärfste Currywurst der Welt entbrannt, mit der Folge, dass einige dieser Brathöllen ihre capsaicingesättigten Extremwürste nur noch an Kunden ab achtzehn zu verkaufen bereit sind. Essen als Mutprobe, als Wer-pisst-am-höchsten-Spiel – und demzufolge, was Wunder, als fast reine Männersache.

Wie Jahrzehnte zuvor die Bikerszene oder das Heavy-Metal-Headbangertum steht im Moment die Bewegung der Chiliheads in schöner Blüte: Fans der Capsicium-Schärfe, die aus ihrem Lieblingsessen ein Hobby, ja einen Lifestyle machen und sich darüber austauschen wollen. Denn Gemeinschaft macht schlau. Zwar ist diese Bewegung winzig klein und geradezu esoterisch im Vergleich zu den im Megatrend liegenden Vegetariern, doch sind die Chiliheads die wohl einzige authentische kulinarische Subkultur der Gegenwart.

Popkulturelle Phänomene wie die Chiliheads, vor allem aber die hierzulande immer beliebter werdenden mexikanischen und asiatischen Küchen (insbesondere die indische und thailändische), haben die von dem amerikanischen Chemiker Wilbur Scoville 1912 entwickelte Methode zur Messung des Capsaicingehalts von Früchten der Paprikapflanze vom arkanen Wissen einiger Aromaforscher, Food Designer und Pharmakologen zum in Blogs und auf Schulhöfen gern diskutierten Modethema gemacht.

| Schärfeeinheiten in Scoville | Beispiel |
|---|---|
| 0–10 | Gemüsepaprika |
| 16 | Durchschnittliche Wahrnehmungsschwelle für die Empfindung von Schärfe |
| 100–1000 | Peperoni, Peperoncini |
| 2500 | Tabascosoße |
| 1000–10 000 | Sambal |
| 4000 | Piment d'Espelette |
| 2500–8000 | Jalapeño-Chilis |
| 30 000–125 000 | Cayennepfeffer |
| 50 000–100 000 | Piri-Piri |
| 1 000 000 | Obere Geschmacksschwelle |
| 1 000 000 | Bhut-Jolokia-Chili |
| 5 200 000 | Polizei-Pfefferspray |
| 7 100 000 | »The Source«, schärfste Chilisauce der Welt |
| 16 000 000 | reines Capsaicin, »Blair's 16 Million Reserve« |

SIE und ER teilen eine Vorliebe für Piment d'Espelette. Ihr in der französischen Grenzregion zu Spanien angebauter Lieblingspfeffer schmeckt fruchtig und leicht süßlich, weist betörende Rauch-aromen auf und eine eher zurückhaltende Schärfe. Anfänglich würzten SIE und ER ausschließlich Fisch und Meeresfrüchte mit dem feinen Pfeffer, inzwischen ist Piment d'Espelette aus ihrem Küchenalltag nicht mehr wegzudenken. Angeblich brachte ein baskischer Reisegefährte von Christoph Kolumbus die Chilipflanze aus Mexiko ins Baskenland, wo sie seit dem 17. Jahrhundert angebaut wird. Piment d'Espelette ist das Hauptgewürz und eine der Grundzutaten im baskischen Gemüseeintopf, der Piperade oder Piperrada, die aus Zwiebeln, Knoblauch, Tomaten und eben frischen Espelette-Paprikaschoten besteht. An jedem letzten Wochenende im Oktober feiert das 2000-Einwohner-Städtchen Espelette im Nivetal die »Fête du Piment«, während derer die angelockten Touristenströme die Einwohnerzahl verzehnfachen. Bei dieser Festivität findet sich neben den traditionellen Spezialitäten wie dem Fleischeintopf Axoa oder den Chorizo-Paprikawürsten auch manch pfeffrige Kuriosität – von Schokolade über Honig bis hin zu Käse und Tee.

Am Tisch im zugigen Szechuan-Restaurant in Hongkong würden SIE und ER ihren Szechuanpfeffer-Hotpot inzwischen liebend gern gegen eine Piment-d'Espelette-Bouillon eintauschen. Warum hat ER bloß SIE überredet, die extrascharfe Drei-Chili-Brühe zu bestellen? Gewiss: Da war die Neugier auf die zwischen ihnen heiß diskutierte Frage, ob Schärfe genau wie Kälte nicht auch als Geschmacksrichtung gelten kann, statt aus rein medizinischer Sicht als Schmerzempfindung. Japaner, Chinesen und Inder kennen die Geschmacksrichtung »scharf« seit Jahrhunderten. Die Chinesen haben sogar zwei eigene Begriffe für die Empfindung der Schärfe ihres Szechuanpfeffers im Gegensatz zur Schärfe anderer Gewürze: Má (麻) beschreibt die von den im Szechuanpfeffer enthaltenen Amiden ausgelöste prickelnde Taubheit auf Zunge, Lippen und Zahnfleisch, Là (辣) die brennende Capsaicin-Schärfe von Chilipfeffer.

Weder SIE noch ER können im Moment Là von Má unterscheiden: In ihren Mündern glost ein Höllenfeuer. Wasser richtet dagegen gar nichts aus, im Gegenteil: Es verteilt die Schärfe nur noch weiter im Mundraum. Wirksam wäre ein Glas Milch oder Joghurt, auch ein Stück Käse. Aber das alles ist vom Kellner in Hongkong nicht zu bekommen, der stattdessen Reiswein empfiehlt. Und da SIE weiß, dass Alkohol ein probates Lösungsmittel für Schärfe ist, endet der Abend in größter Ausgelassenheit. Lag es an dem von Chiliheads so vielbeschworenen Endorphin-High nach dem Genuss extrem scharfer Speisen? Oder nicht doch eher an dem trügerisch süßlichen Reiswein in der Porzellanbuddel, der sich als Sorghum-Hirse-Destillat mit 58 Prozent Alkohol entpuppte und für jenen buchenswerten Kater sorgte, dessen Nachwehen SIE und ER noch im Nationalmuseum in Taipeh zu spüren meinen. Wäre es nicht an der Zeit, überlegen SIE und ER, während sie Tage später dem Ausgang des Palastmuseums in Taipeh zusteuern, für eine analog zur Scoville-Skala zu erstellende Kater-Skala?

Alles Essen ist Übersetzung: vom Rohen zum Gekochten, vom Geschmeckten und Gerochenen zum Gesagten. Ohne Mitteilung bleibt der Genuss stumm, ungeteilt, eine einsame Onanie. Aber in jeder Übersetzung steckt das Risiko des Missverständnisses. Jahrzehntelang geisterte so weltweit eine Modellvorstellung von Geschmacksfeldern auf unseren Zungen durch biologische Lehrbücher, die auf einem schlichten Übersetzungs*fehler* basierte. Der Ausgangspunkt dieses physiologischen Stille-Post-Spiels lag ausgerechnet in Deutschland. 1901 veröffentlichte der 1863 geborene David Pauli Hänig in Leipzig seine Dissertationsschrift *Zur Psychophysik des Geschmackssinnes*, in der er seine Studien zur »Ermittlung der Reizschwellen an allen perceptionsfähigen Punkten des

Zur Psychophysik des Geschmackssinnes. 613

Die experimentelle Untersuchung der peripherisch bedingten Intensitätsverhältnisse der Sauerempfindung führt zu folgenden zusammenfassenden Sätzen:

1. Sauer wird an allen Stellen der Zungengeschmackszone empfunden, aber in verschiedener Intensität.

2. Das physiologisch-peripherische Maximum der Sauerperception liegt in der Mitte der beiderseitigen Zungenränder, das Minimum im Bezirke der Pap. vall. und an der Zungenspitze.

3. Die Sensibilität für Sauer wächst auf jeder symmetrischen Zungenhälfte von der Spitze aus in paralleler Richtung zur Umgrenzungslinie des Organs bis zur Mitte des Randes und sinkt von da ab allmählich bis zur Basis; ebenso verringert sich die Perceptionsfähigkeit von der Peripherie in centraler Richtung bis zur anästhetischen Zungenmitte.

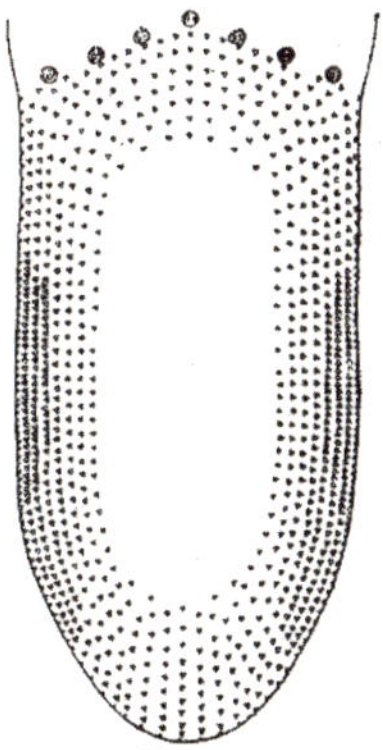

Fig. 6.

Die Wurzel des Missverständnisses: Hänigs Dissertation

schmeckenden Organs« zusammenfasste. Hänig kam zu dem Ergebnis, dass die vier von ihm untersuchten Geschmacksempfindungen süß, sauer, salzig und bitter auf der gesamten Zungenfläche empfunden wurden, die Reizschwellen für die Wahrnehmung der einzelnen Geschmacksempfindungen aber nicht überall auf der Zunge gleich hoch waren, sondern zwischen Zungenspitze, den Rändern und dem hinteren Zungenrand um einige wenige Prozent variierten. Zur Illustration seiner Arbeit benutzte Hänig sieben Schaubilder, die er allerdings - wohl aus drucktechnischen Gründen - nicht separat beschriftete, sondern nur im Text erläuterte.

1942 veröffentlichte Edwin Boring, der 1886 geborene Gründer des Psychologie-Departments an der Harvard University, sein Grundlagenwerk *Sensation and Perception in the History of Experimental Psychology*, das vor allem durch die Popularisierung des Konzepts der visuellen Ambivalenz berühmt wurde. Edwin Boring bildete darin die unter dem Titel »Meine Frau und meine Schwiegermutter« berühmt gewordene Kippfigur ab, die entweder als Darstellung einer jungen oder einer alten Frau wahrgenommen werden kann. Der Grafiker W. E. Hill hatte dieses Motiv 1915 für ein amerikanisches Satiremagazin gezeichnet, die ursprüngliche Urheberschaft an dieser genialen Bildidee verliert sich jedoch im Europa des 19. Jahrhunderts. Im angloamerikanischen Raum ist die Kippfigur bis heute unter dem Namen »Boring Figure« geläufig.

Edwin Boring beschäftigte sich aber auch mit Ambiguität im Zusammenhang mit dem Geschmackssinn. Dafür griff er auf David P. Hänigs Studie zurück. Das Problem war nur, dass Borings Deutschkenntnisse bei weitem nicht ausreichten, um Hänigs Befunde wirklich zu verstehen. So übernahm Boring zwar das Zungen-Schaubild aus Hänigs Dissertation, interpretierte dieses aber nicht als Illustration relativ geringfügiger Reizschwellendifferenzen, sondern als Darstellung von Geschmackszonen auf der Zungenoberfläche. Damit war ein Irrtum geboren, der bis heute gleichermaßen durch die Fachliteratur wie durch populärwissenschaftliche Darstellungen geistert: der Trugschluss nämlich, dass auf unseren Zungen auf die Wahrnehmung bestimmter Geschmacksrichtungen spezialisierte Areale existieren.

»Boring Figure«: alles andere als langweilig

Immerhin weiß man zu Beginn des 21. Jahrhunderts, dass viele wissenschaftliche Annahmen über Schmecken und Riechen zu Beginn des 20. Jahrhunderts grundfalsch waren. So existieren weder lediglich vier Geschmacksrichtungen noch lassen sich diese auf vier Zungenzonen verorten. SIE und ER nehmen lediglich den Bittergeschmack auf dem hinteren Teil ihrer Zungen minimal stärker wahr. Und mit bloßem Auge lassen sich auf der menschlichen Zunge zwar vier verschiedene Arten von Geschmackspapillen erkennen, Faden- und Wallpapillen, Blätter- und Pilzpapillen, diese sind aber keineswegs auf die Registrierung von süß, sauer, salzig oder bitter spezialisiert.

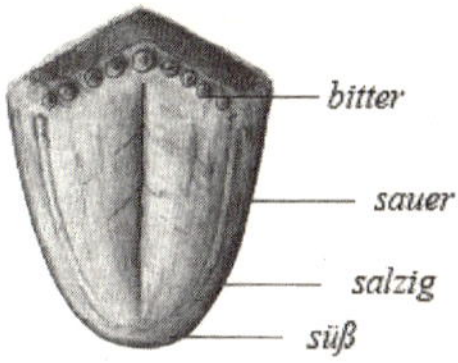


Grundfalsch: Schmecken als Übersetzungsfehler

Die Geschmacksforscherin Linda Bartoshuk hat unsere Vorstellung der Vorgänge beim Schmecken und Riechen auf der Zunge und im Gehirn revolutioniert. Den Großteil ihrer bahnbrechenden Arbeiten leistete die Wissenschaftlerin an der Yale University. Inzwischen hat Bartoshuk einen Lehrstuhl an der Universität von Florida inne. Die 1965 an der Brown University promovierte Linda Bartoshuk interessierte sich zu Beginn ihrer Forscherkarriere für die phsysiologischen Ursachen unserer Geschmacksvorlieben. Etwa: Warum lieben manche Menschen Rosenkohl, Chicorée, Brokkoli oder Radicchio, während andere hingegen schon bei der Erwähnung dieser Gemüsesorten den Mund verziehen? Bartoshuk experimentierte mit Propylthiouracil, abgekürzt PROP, und stellte dabei erstaunliche Unterschiede in der Geschmackswahrnehmung dieses Stoffs durch ihre Versuchspersonen fest. Während ein Viertel das in Wasser gelöste PROP überhaupt nicht schmeckte, stufte die Hälfte dessen Geschmack als mäßig bitter ein, das restliche Viertel der Versuchspersonen aber beklagte sich über eine massive, ans Widerliche grenzende Bitterempfindung.

Aus diesem Befund entstand eine der folgenschwersten Unterscheidungen der Geschmacksgeschichte: Bartoshuks Einteilung der Menschheit in Superschmecker, Normalschmecker und Nichtschmecker.

Etwa 25 Prozent der Gesamtbevölkerung sind Superschmecker: Frauen häufiger als Männer, Asiaten, Afrikaner und Lateinamerikaner häufiger als Europäer und Nordamerikaner. Ähnliche Ergebnisse zeitigte übrigens auch eine Studie von Richard L. Doty [et al.] über unterschiedliche Fähigkeiten zur Dufterkennung. In einer großen Untersuchung von Mitte der 1980er Jahre, an der schwarze und weiße Amerikaner, Amerikaner koreanischer Abstammung sowie Japaner beiderlei Geschlechts teilnahmen, stellten die Wissenschaftler fest, dass in allen Ethnien Frauen etwas besser abschnitten als Männer. Allerdings liefert diese leichte Prädisposition einer erhöhten Geruchs- und Geschmackssensibilität keinen Anlass für IHN, neidisch auf SIE zu werden – eher könnte es ein Grund zum Mitleid mit IHR sein. Denn der Status eines Superschmeckers bedeutet keineswegs zwangsläufig, mehr kulinarischen Genuss zu empfinden. »Superschmecker leben in einer neongrellen Welt des Geschmacks«, fasst Bartoshuk ihre Ergebnisse in einem einprägsamen Bild zusammen, Nichtschmecker dagegen in einer »pastellfarbenen Geschmackswelt«. Wie in anderen Lebensbereichen bringt auch hier gesteigerte Empfindsamkeit nicht unbedingt größeres Vergnügen mit sich, sondern unter Umständen nur mehr Verdruss.

Die Macher der Fernsehserie *Die Simpsons* vermitteln einen plausiblen Eindruck vom eher tristen Ernährungsschicksal vieler »Supertaster«. In der Folge »Father Knows Worst« lassen sie Homer Simpson nach einem Unfall zum Superschmecker werden, woraufhin der sonst so verfressene Donutvertilger jedes normale Essen als grauenhaft scharf, überwürzt oder versalzen verweigert und schon zu verhungern droht, ehe ihn seine Tochter Lisa in die Men-

*Fünftes Geschmacksexperiment*

Um herauszufinden, ob Sie zu den Superschmeckern, Normalschmeckern oder Nichtschmeckern zählen, benötigen Sie mit diesem von der BBC konzipierten Test lediglich ein wenig Lebensmittelfarbe, Wattestäbchen, Ringbuchverstärker, einen Spiegel und eine Lupe. Tragen Sie die Lebensmittelfarbe mit dem Wattestäbchen auf Ihrer Zungenspitze auf, legen Sie einen Ringbuchverstärkerring auf die Zunge und zählen Sie unter der Lupe im Spiegel die nicht von der Lebensmittelfarbe kolorierten rosafarbenen Pünktchen. Superschmecker verfügen über mehr als 30 Geschmackspapillen in dem markierten Areal, Nichtschmecker über weniger als 15, Normalschmecker bewegen sich dazwischen.

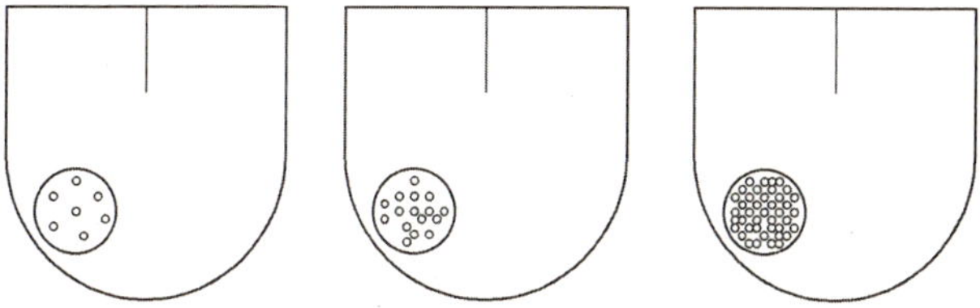

*Nichtschmecker* *Normalschmecker* *Superschmecker*

In Europa kommen auf 25 % Nichtschmecker 50 % Normalschmecker und 25 % Superschmecker.

sa ihrer Grundschule einführt, deren einzigartig fade Kost (»Käsemakkaroni!«) Homers hypersensible Geschmacksnerven endlich beruhigt.

Warum gibt es überhaupt Superschmecker? Welche evolutionären Vor- oder Nachteile bringt ein unterschiedlich ausgeprägtes Geschmacksempfinden mit sich? Unser Geschmacks- und Geruchssinn ist ein hoch ausdifferenziertes Warnsystem. Durch ihre überdurchschnittlich vielen Geschmacksknospen empfinden

Superschmecker tatsächlich wie Homer Simpson Schärfe, Bitter- oder Fettgeschmack schnell als Attacke auf ihre Sinnesorgane. Ob Superschmecker evolutionär während der Menschwerdung im Vorteil waren, hing von ihrer Umwelt ab. Einerseits mochte Superschmecker ihre feinere Wahrnehmung des Bittergeschmacks vor Vergiftungen bewahren, anderenteils beschnitt sie ihren Speiseplan ganz unnötig um vollkommen sichere, ja sogar gesunde Nahrungsquellen, die (wie etwa Spargel oder Rosenkohl) bitter schmecken.

Professor Jürgen K. Mai hat einen Lehrstuhl für Neuroanatomie an der Heinrich-Heine-Universität Düsseldorf und schreibt normalerweise Werke mit Titeln wie *Atlas of the Human Brain*. Der Hirnforscher hat aber noch eine zweite Passion: Wein. Seit Jahren veranstaltet Professor Mai weltweit Symposien über Geschmacksforschung und Neuroanatomie. Das von ihm herausgegebene Bändchen *Sensi diVini* mit Aufsätzen über das, was beim Schmecken von Wein in der »Galaxie Gehirn« – so Jürgen K. Mai – vor sich geht, zählt zu den anregendsten und avanciertesten Veröffentlichungen in diesem Bereich.

## Prof. Jürgen K. Mai: »Wir sollten alles tun, um zu riechen!«

*SIE & ER: Die neuen bildgebenden Verfahren liefern imponierende Bilder von dem, was in unseren Gehirnen abläuft, wenn wir etwas schmecken und riechen. Was vermag die Hirnforschung über Geschmacksunterschiede zwischen Mann und Frau auszusagen?*

Jürgen K. Mai: Was die neuen bildgebenden Verfahren angeht, muss ich da zunächst vor der scheinbaren Eindeutigkeit solcher Bilder warnen. Wenn Sie sich mit Geruch und Geschmack beschäftigen, dann halten Sie sich im Wesentlichen im Bereich des basalen Vorderhirns auf, und hier kommt es zu sehr großen sogenannten Suszeptibilitätseffekten, die eine genaue Zuordnung der verstärkt durchbluteten Regionen nicht mehr zulassen. Sie können Ihren männlichen und weiblichen Versuchspersonen zwar zum Beispiel im Kernspintomografen einen bestimmten Duft anbieten und wunderbar farbige Darstellungen der aktivierten Bereiche im Gehirn anfertigen. Aber das ist noch nicht mal die Hälfte der Geschichte ...

### *Was fehlt?*

Man muss davon ausgehen, dass Mann und Frau auch unterschiedliche Geschmacks-Vorstellungen haben, Geschmacks-Vorlieben und vor allem unterschiedliche interzerebrale Mechanismen. Die tatsächliche Bestätigung solcher Befunde ist dann natürlich immer sehr subjektiv. Wir haben zum Beispiel einen Versuch durchgeführt, in dem eine Gruppe von Sommeliers gegen eine Kontrollgruppe von nichtprofessionellen Weintrinkern antrat und beider Gehirnaktivitäten während einer Weinverkostung mit Hilfe einer funktionellen Magnetresonanztomografie untersucht und bewertet wurden. Da waren wir schon zufrieden, dass wir überhaupt relevante Unterschiede fanden. Auf den ersten Blick imponiert die funktionelle Bildgebung dem Betrachter ja immer mit ihren rot oder gelb dargestellten Aktivierungsbereichen innerhalb des Gehirns. Es ist aber überaus schwer, aus solchen Einzelbefunden der funktionellen Bildgebung eine präzise Kartografie des Gehirns zu zeichnen, geschweige denn, eine spezifische Methode daraus zu entwickeln, die einzelne Ursachen mit exakt definierten Wirkungen in Zusammenhang bringt.

*Gar nicht wenige Spitzenköche vertreten die Ansicht, dass man für Frauen anders als für Männer kochen sollte.*

Das liefe ja auf eine Art Gender Food hinaus. Ich glaube, dieses Konzept hat die Industrie lanciert, um auf diese Weise mehr Produkte verkaufen zu können. Die entsprechenden Verkaufsstrategen benutzen das natürlich sehr geschickt.

*Inwiefern?*

Ich denke zum Beispiel an Geschmackstests von Pepsi und Coca-Cola. Inzwischen werden wahrscheinlich schon mehr Kernspintomografien für sogenannte Neuromarketingspezialisten durchgeführt als für Mediziner. Wir wissen über die basale Geruchs- und Geschmackswahrnehmung von Mann und Frau noch relativ wenig. Betrachtet man neuere Untersuchungen über solche Zuschreibungen im Kernspinbereich, der etwas besser objektivierbar ist, dann gehen die meisten Forscher heute davon aus, dass Mann und Frau eigentlich die gleichen Düfte und Geschmäcker wahrnehmen, mit ähnlichen Reizschwellen und auch innerhalb der gleichen Spannbreiten und Konzentrationen. Allerdings ist die Bewertung der Extreme bei Mann und Frau besonders unterschiedlich.

*Liegt das an der sozialen und kulturellen Konditionierung?*

Das ist sicher ein wesentliches Element. Natürlich kommt auch noch die emotionale Komponente hinzu, die bei Mann und Frau sehr unterschiedlich ist – also die Frage, inwieweit ich meine Emotionen überhaupt äußere, über die Sprachfähigkeit dazu verfüge, was mich dabei wie beeinflusst und welche Vorlieben ich dabei entwickele. Mit dem Gender-Food-Aspekt wäre ich da allerdings sehr vorsichtig.

*Warum?*

Natürlich weiß man, dass etwa Schwangere und Menstruierende unterschiedliche Geschmackspräferenzen haben. Aber das bedeutet ja nicht, dass auch ihre Reizschwellen verschieden sind. Wir wissen auch von Rauchern und Nichtrauchern, dass deren Geschmacksempfinden sehr unterschiedlich ausfallen kann. Das sagt jedoch nichts über die primäre Geschmackswahrnehmung aus, nämlich über die Frage, wie unsere Rezeptoren reagieren und wie diese Reaktion an das Gehirn weitervermittelt wird.

*Allein für den Geruch verfügen Mann und Frau über 350 Rezeptoren ...*

Aber wenn Sie führende Geschmacksforscher wie Noam Sobel in den USA fragen, dann sagt er, die Zahl der Rezeptoren spielt überhaupt keine Rolle! Entscheidend für die Bewertung von Geruch und Geschmack sei lediglich eine Kategorie: *pleasureness* und *unpleasureness*, also gut oder schlecht. Es gibt da zwei Denkrichtungen. Vertreter der einen Schule wie Noam Sobel favorisieren die emotionale Komponente in der Bewertung unterschiedlicher Düfte und Geschmäcker, für sie stellen unsere Geruchsrezeptoren lediglich ein Hilfsmittel dar, um in einem relativ großen Angebot zwischen guten und schlechten Nahrungsbestandteilen zu unterscheiden, wozu auch soziokulturelle Faktoren, Gewöhnung und auch Schulung beitragen. Die Vertreter der anderen Schule, zu denen auch ich gehöre, sind der Ansicht, dass man durchaus in der Lage sein könnte, die Vielfalt der verschiedenen Düfte zu interpretieren. Wir verfügen nur nicht über die sprachliche Kompetenz dazu, weil wir eigentlich keinen Vergleichsmaßstab haben, wie das für sämtliche andere Sinnesorgane der Fall ist. Vielleicht sollten wir eine elektronische

Nase bauen, mit der auch subtilste Geschmacks- und vor allem Geruchsdifferenzen durch Schulung in Erfahrung zu bringen wären. Dass wir schulungsfähig sind, das ist ja schon lange klar.

*Wir lernen riechen und schmecken – kann es sein, dass Frauen einen Frauengeschmack lernen und Männer einen Männergeschmack?*
Unsere Gehirne haben durch die Verarbeitung von Geruchseindrücken einen großen Wandel durchlaufen. Der klassische Paleocortex, den man immer so klein irgendwo an der Basis lokalisiert findet, hat bei den sogenannten Macrosmaten, also Tieren mit ausgeprägtem Geruchssinn, und wahrscheinlich auch in unserer Vergangenheit irgendwann riesengroße Ausmaße angenommen. Wie Gerüche wahrgenommen werden, kann man aber durchaus auch auf evolutionäre Einflüsse zurückführen. Wenn ich Noam Sobel richtig interpretiere, dann hatten männliche und weibliche Geschmackspräferenzen im Laufe der Evolution tatsächlich eine völlig unterschiedliche Bedeutung, abhängig von den Tätigkeiten von Mann und Frau. Man wird das nie beweisen können, aber die entsprechende Bindung von männlichen und weiblichen Bedeutungsmustern spricht schon dafür. Insofern gehen manche Forscher davon aus, dass die Entwicklung des Geruchs auch schon genetisch fixiert ist.

*Man kann mit Geruch und Geschmack auch Menschen erreichen, die auf andere Reize nicht mehr reagieren. Hat der Genuss also auch einen medizinischen Nutzen?*
Ich bin unter anderem auch an Operationen beteiligt, bei denen man Elektroden ins Gehirn einführt, um bestimmte Krankheiten positiv zu beeinflussen – die sogenannte Tiefenhirnstimulation. Das wird hauptsächlich mit Patienten ge-

macht, die an Anhedonie leiden, also höchst depressiven Personen, die überhaupt keine Lust und keinen Gefallen auf oder an irgendetwas haben. Das Areal, das ich dafür ausgesucht und vorgeschlagen habe, ist für die Verarbeitung der Düfte zuständig. Im Vergleich zu anderen Sinnessystemen wird durch das Geruchssystem eine Vielzahl von Zielgebieten im Gehirn aktiviert. Und damit schließt sich der Kreis von diesen Patienten zu der Frage nach dem Genuss: Der Genuss ist für das Gehirn eben nicht nur eine Differenzierung von Geschmacks- und Geruchsmustern, sondern übt für andere Hirnteile eine unspezifisch aktivierende Wirkung aus.

*Verstehen wir Sie richtig, dass man daher etwa bei Alzheimerpatienten und generell in Altenheimen viel mehr Wert auf eine Stimulierung durch Geschmack und Geruch legen müsste? Weil man dadurch auch Patienten erreichen könnte, die von intellektueller Stimulierung beispielsweise abgeschnitten sind?*

Das unterschreibe ich Wort für Wort. Wir wissen inzwischen dank der funktionellen Bildgebung, wie das Gehirn auf Deprivation, also auf Entfremdung oder Verlust von Empfindungen reagiert. Selbst relativ subtile Verluste, etwa der einer Fingerkuppe, führen innerhalb von 24 Stunden zu Umorganisationen im Gehirn. Es gibt aber auch eine Deprivation, die durch den Verlust von Riech- und Geschmackseindrücken zustande kommt. Der evolutionäre Sinn des Riechens und Schmeckens, nämlich unsere Nahrungsmittel auf ihre Sicherheit und Unbedenklichkeit zu überprüfen, ist in unseren Gesellschaften inzwischen weggefallen. Das hat Konsequenzen. Wenn ich meine Studenten zwei Stunden nach dem Mittagessen in der Vorlesung frage, was habt ihr heute gerade gegessen, dann erinnert sich nur ein relativ kleiner Teil daran, was gerade auf ihren Tellern lag. Ökonomisch und ökologisch ist der Zwang zu riechen und zu schmecken heute entfallen. Essen und trinken bedeutet die Vermeidung von Stress, von Hunger und Durst. Aber wenn wir nicht mehr auf den Geruch und Geschmack unserer Nahrung achten, dann ist dieser Verlust an gustatorischen und olfaktorischen Einflüssen in meinen Augen eine Deprivation. Wir verlieren damit das Zentrum, das für unser hedonisches Leben verantwortlich ist, und der Preis dafür ist eine Einschränkung unserer motorischen, assoziativen und sensorischen Kompetenz.

*Also haben wir Sicherheit gegen Genuss eingetauscht?*
Nicht eingetauscht – darauf wird ja ganz sinnloserweise freiwillig verzichtet. Man registriert ja nicht den Preis dieses Verzichts. Erst im Alter macht sich die nicht trainierte Geschmacks- und Geruchskompetenz bemerkbar. Parkinson, Alzheimer, all diese neurodegenerativen Erkrankungen gehen mit dem Verlust des Geruchsvermögens einher. Deshalb bin ich der Ansicht, dass das von großer Relevanz ist. Wir sollten alles tun, um zu riechen. Aus Genuss – aber auch, um eventuell solchen degenerativen Prozessen vorzubeugen.

Was SIE und ER wann und wo mit welchem Genuss goutieren, hängt offenbar stärker von den Umständen ab, als wir uns meist eingestehen. Einerseits schärft Reisen die Sinne: Wir entdecken die Fremde wie Babys riechend, schmeckend, sehend, horchend, tastend. Und wie Austernesser nach einem Eiweißschock horchen wir in der Fremde manchmal ängstlich in uns hinein, um herauszufinden, wie viel wovon wir unserem Magen zumuten dürfen. Und dies keineswegs nur beim Essen. Schon im Flugzeug unterwegs nach China hatte SIE und IHN eine ganz untypische Art von Hasenfüßigkeit erfasst.

*Scarlet Memorial* hieß eines der Bücher, das sie sich für den langen Flug eingesteckt hatten. Sein Autor Zheng Yi war darin einem makabren Gerücht nachgegangen. Während der Kulturrevolution, die in ganz China Millionen von Opfern forderte, sollte es in der Provinz Guangxi zwischen 1966 und 1976 zu Kannibalismus gekommen sein.

Der Romancier und Journalist reiste während der 1980er Jahre in den Südwesten Chinas, in die an der Grenze zu Vietnam gelegene Provinz, und hat in seinem Buch über hundert Fälle von Menschenfresserei minutiös dokumentiert. Zheng Yi stieß auf ein Pandämonium aus Hass, Niedertracht und Ideologie. Schüler massakrierten ihre Lehrer, junge Männer gingen mit dem Messer auf ihre Vorgesetzten los, Menschen wurden von fanatisierten Mobs buchstäblich in der Luft zerrissen. Das Erschreckendste an Zheng Yis Buch sind aber nicht die Schilderungen unvorstellbarer Bestialitäten. Das Erschreckendste ist: Zheng Yi distanziert sich nicht, sondern schildert glaubhaft, wie die ideologische Verblendung der von ihm selbst mitgetragenen Kulturrevolution noch ein Überschreiten dieser letzten Grenze ermöglichte. Niemand hatte den Kannibalismus »von oben« befohlen. Das ausschlaggebende Motiv für die kannibalistischen Ausschreitungen war in den meisten Fällen auch nicht die in der Provinz Guangxi herrschende Hungersnot, wenngleich sie das ihre dazu beitrug. Und keineswegs beschränkte sich der Kannibalismus auf Männer – im Gegenteil. Am Beispiel der Stadt Wuxuan schreibt Zheng Yi in *Scarlet Memorial*:

> Die zur Kritik ausersehenen Opfer mussten durch die Straßen marschieren, worauf sofort alte Frauen mit ihren Gemüsekörben vor die Häuser traten. Wurde eines der Opfer erschlagen, strömte die Menge blitzschnell um die Leiche zusammen. Wer zuerst kam, erhielt die besten Fleischstücke. Die zuletzt Herbei-

geeilten teilten die Knochen unter sich auf. Auch einige Kader wurden zu Kannibalen. Wang Wenliu, die Vizevorsitzende des Revolutionskomitees von Wuxuan, war an mehreren kulturrevolutionären Aktionen beteiligt und hatte sich dabei den Ruf erworben, einen besonderen Appetit auf männliche Geschlechtsorgane entwickelt zu haben.

Die Vizevorsitzende Wang Wenliu steht mit dieser Vorliebe nicht allein. Leber und Geschlechtsorgane der angeblichen Klassenfeinde, so berichtet Zhen Yi, blieben zumeist den Funktionären vorbehalten. *Scarlet Memorial* konnte erst 1993 in Taiwan und in den USA veröffentlicht werden, nachdem Zheng Yi nach dem Massaker am Tiananmen-Platz in Peking über Hongkong in die Vereinigten Staaten ausgewandert war. Es ist das Gegenteil einer antikommunistischen Hetzschrift: Zheng Yi schreibt so besonnen und gelassen, wie kein Leser seines Buchs bleiben kann. SIE und ER gelang es dennoch nicht, *Scarlet Memorial* zu Ende zu lesen. Nicht im Flugzeug, ja bis heute nicht. Zu aufwühlend sind die grausamen Tatsachenberichte, zu finster diese Schreckensgalerie von Macht- und Blutberauschten, zu deprimierend der Gedanke an den dünnen Firnis jeder Zivilisation. Vor allem aber: Zheng Yi verortet das Böse nicht in den fremden Anderen, sondern spürt ihm in der eigenen Biografie, den eigenen Irrtümern und Verfehlungen nach. Das geht buchstäblich unter die Haut. Dass die Kannibalen der Kulturrevolution bis heute unter uns leben, lässt SIE und IHN allerdings nur so lange frösteln, bis ihnen wieder einfällt, dass sie ihre Kindheit und Jugend im Deutschland wenige Jahrzehnte nach dem Holocaust verlebt haben. Ein altes Klischee findet so seine bittere Bestätigung: Auf Reisen begegnet man immer nur sich selbst.

Sämtliche in diesem Buch zitierten statischen Befunde lassen Frauen als die besseren Menschen erscheinen. Frauen leben gesünder, essen weniger Fleisch, verzehren dafür mehr Obst und Gemüse, trinken viel weniger Alkohol und haben folglich eine bedeutend längere Lebenserwartung. Frauen sind schlicht der angenehmere Teil der Menschheit. ER will das nur zu gern glauben. SIE hegt gut begründete Zweifel, inwieweit dies tatsächlich der Wirklichkeit entspricht - und das nicht nur wegen Wang Wenliu. Hat IHR nicht einmal ausgerechnet Rosamunde Pilcher erzählt, alles wäre noch viel schlimmer gekommen, wenn Adolf Hitler eine Frau gewesen wäre?

Der Japaner Kenzaburo Oe, selbst Literaturnobelpreisträger, hat Zheng Yi der Schwedischen Akademie mehrfach für diese Auszeichnung vorgeschlagen. Herta Müller, 2009 mit dem Literaturnobelpreis geehrt, hat in ihrem jüngsten Roman *Atemschaukel* beschrieben, wozu der Hunger - und die Mithäftlinge - Menschen in den sowjetischen Arbeitslagern nach 1945 getrieben haben. Eigentlich wollte Müller dieses Buch gemeinsam mit ihrem Freund, dem Lyriker Oskar Pastior, schreiben. Auf den Lagererfahrungen Pastiors, der als Siebzehnjähriger 1945 von Hermannstadt zusammen mit 80 000 anderen Rumäniendeutschen ins damalige Russland deportiert wurde, um unter entwürdigendsten Bedingungen fünf Jahre Zwangsarbeit zu leisten, basiert Herta Müllers grandioser Roman. Zu den berührendsten Passagen von *Atemschaukel* zählt die Schilderung eines Geschlechterkampfs im Lager mit tödlichem Ausgang:

### *Löffel hin, Löffel her*

Es war wieder Adventszeit. Ich war verblüfft, in der Baracke auf dem kleinen Tisch stand mein Drahtbäumchen mit der grünen Tannenwolle. Der Advokat Paul Gast hatte es in seinem Koffer aufgehoben und dieses Jahr mit drei Brotkugeln geschmückt. Weil wir im dritten Jahr sind, sagte er. Er glaubte, man weiß nicht, dass er Brotkugeln spendieren kann, weil er seiner Frau das Brot stiehlt.

Seine Frau Heidrun Gast wohnte in einer Frauenbaracke, Ehepaare durften nicht zusammenwohnen. Die Heidrun Gast hatte schon das Totenäffchengesicht, das Schlitzmaul von einem Ohr zum anderen, den weißen Hasen in den Dellen der Wangen und gequollenen Augen. Sie war seit dem Sommer in der Garage und musste die Akkumulatoren der Autos füllen. Ihr Gesicht war von der Schärfe der Schwefelsäure noch löchriger als ihre Pufoaika.

In der Kantine sah man täglich, was der Hungerengel aus einer Ehe macht. Der Advokat suchte seine Frau wie ein Wächter. Wenn sie bereits zwischen anderen am Tisch saß, zog er sie am Arm und stellte ihre Suppe neben seine. Wenn sie kurz wegschaute, tauchte er den Löffel in ihr Geschirr. Wenn sie es merkte, sagte er: Löffel hin, Löffel her.

Das Bäumchen mit den Brotkugeln stand noch auf dem Tisch in der Baracke, und Heidrun Gast starb in diesem kaum angefangenen Januar. Die Brotkugeln hingen noch am Bäumchen, und Paul Gast trug schon den Mantel seiner Frau mit dem Bubikragen und den abgewetzten Taschenklappen aus Hasenfell. Und er ließ sich öfter als bisher rasieren.

Und Mitte Januar trug unsere Sängerin Ilona Mich den Mantel.

Oskar Pastior starb 2006, während der Vorbereitungsarbeiten zu *Atemschaukel*, wenige Wochen ehe ihm der Büchner-Preis verliehen wurde und vier Jahre vor seiner Enttarnung als Securitate-Spitzel. Gemeinsam waren Herta Müller und Oskar Pastior 2004 in die heutige Ukraine gereist, um sich das Lager im Kohlegebiet zwischen Dnjepropetrowsk und Donezk anzusehen, in dem Pastior als Gefangener unsäglich gelitten hat, Kohle schippen musste und fast verhungert wäre. Überaus anschaulich vermag Herta Müller im Gespräch zu schildern, wie Oskar Pastior – ein Strich, ja ein Halbstrich von einem Menschen! – trotz seiner Diabetes-Erkrankung während des gesamten Aufenthalts am Ort seines früheren Lagers unentwegt auf beiden Backen kaute, Riesenportionen während der Mahlzeiten verschlang und auch zwischendurch ständig etwas knabberte.

So stark wirkte das in ihn vor Jahrzehnten eingeschriebene Hungerprogramm nach, dass Pastior sich an den ärmlichen Ständen auf dem Basar mit Nüssen, Trockenfrüchten und fadem Gebäck eindeckte. Als Herta Müller und seine anderen Reisegefährten ihm deswegen Vorhaltungen machten, antwortete Oskar Pastior: »Ich muss dem Essen die Ehre erweisen.«

Dem Essen die Ehre erweisen: Ein starker, ein erfahrungsgesättigter Satz. SIE und ER sind überzeugt: Wir in Deutschland erweisen heute unserem Essen zu wenig Ehre.

*

ER:
Din Tai Fung
Xin Yi Road 194
Taipeh, Taiwan
Tel. +02 2391 7719
www.dintaifung.com.tw/en
Spezialität: Xiaolangbao, im Westen als »Dumplings« bekannt, bei Din Tai Fung enthalten diese filigranen handwerklichen Meisterstücke aber nicht nur eine Füllung, sondern auch Soße.

SIE:
Good Friends
Kantstraße 30
10623 Berlin (Charlottenburg)
Tel. 030 3132659
www.goodfriends-berlin.de

SIE & ER:
La Locanda
Zugweg 3
50677 Köln
Tel. 0221 3109370
www.ristorantelalocanda.de/index2.html

ER: Thomas O. Höllmann: *Schlafender Lotos, trunkenes Huhn. Kulturgeschichte der chinesischen Küche*, C.H. Beck.
SIE: Jürgen K. Mai, Benigna Mallebrein (Hrsg.): *Sensi diVini – die Weinprobe findet im Kopf statt*, Edition Raetia.

Juzo Itami (Regie): *Tampopo*

# 6. Kapitel: »Töpfchen steh!«

*Homaro Cantu, Nerds und Geeks, der süße Brei, Jeffrey Eugenides, Miraculin, Ferran Adrià und warum es keine Molekularküche gibt, ein Märchen vom Koch und seiner Frau.*

Der Weg zu Homaro Cantus »Moto« ist lang. Nicht, weil SIE und ER das Restaurant am Fulton Market in Chicago schlecht gefunden hätten; einem Hindernislauf kam nur die Reservierung gleich. Wer an einem Samstagabend im »Moto« einen Tisch buchen will, muss Abschied nehmen von jedem Anspruch auf Anonymität: Neben Namen und Festnetzanschluss ist auch die Hinterlassung einer Hotel- und E-Mail-Adresse erforderlich sowie die Angabe von Mobiltelefon- und Kreditkartennummer. Letztere wird nicht ohne Hinweis auf schmerzhafte Sanktionen im Fall des Ausbleibens notiert. Als Notwehr gegen in letzter Minute abgesagte Tische haben in den Vereinigten Staaten inzwischen viele Restaurants diese Praxis eingeführt. Neben dieser *cancellation policy* wird der potenzielle »Moto«-Gast am Telefon auch gleich noch über die *serving policy* des Restaurants unterrichtet, derzufolge eine Bestellung unterschiedlicher Menüs - drei mit fünf, zehn oder zwanzig Gängen stehen zur Auswahl, es gibt kein à la carte - durch die Tischgemeinschaft nicht toleriert werden könne, da die Synchronisation unterschiedlicher Speiseabfolgen Küche und Service überfordere. Während SIE dies nach kurzem Nachdenken einsieht und abhakt, mosert ER unentwegt daran herum.

Am Tag der Reservierung findet sich auf der Voicemail des Hotelzimmers tatsächlich ein um Bestätigung heischender Anruf.

**Datum:** Freitag, 26.05.2006 17:32
**Betreff:** Your Moto Reservation Reminder

---

**Dear Denis Scheck,**

Thank you for making your dining reservation at Moto.

**Your reservation for a party of 3 has been made for Saturday, June 3, 2006 at 8:30 PM.**

(If you would like to change your reservation, please call us at 312.491.0058.)

Moto is located at:

945 W. Fulton
Chicago, IL 60607
Phone: 312.491.0058
Fax: 312.491.0068

Did you know that you can make reservations for Moto at:
http://www.OpenTable.com/single.aspx?RID=4510&restref=4510

Click here for more information including dress code, parking, and a map:
http://www.opentabl! e.com/restaurant_profile.asp?ID=4510&restref=4510

*****************************************************************************
We hope you enjoyed receiving this message. However, if you'd rather not receive future e-mails of this sort, please reply to this e-mail with your first and last name and use the subject: 'Unsubscribe'.
*****************************************************************************

Drucken

Essen bei »Moto« ist mit Papierkram aller Art verbunden.

Angesichts der Zeche von 1300 Dollar für drei Personen darf man dem »Moto«-Management dankbar sein, dass bislang auf die Vorlage beglaubigter Bankbürgschaften verzichtet wird.

Derart mit dem Ernst des Lebens vertraut gemacht, verblüfft SIE und ER die pittoreske Lage des »Moto« inmitten industrieromantischer Tristesse des Chicagoer Großmarkts mit seinen verwitterten Ziegelbauten, den imposanten Werbeschildern von Fleisch- und Fischgroßhändlern und einigen Truckfahrerkneipen. Das Interieur des »Moto« ist extrem reduziert, fast kahl, japanisch im Design, in den Erdtönen der Farbgebung am Southwestern-Stil orientiert. Umfangen von einer Szenerie, die aus einer Zusammenarbeit von Wim Wenders mit Takeshi Kitano hervorgegangen sein könnte, fühlen SIE und ER sich endlich angekommen in den amerikanischen Bildwelten ihres Unbewussten.

Dieser Effekt ist kalkuliert – wie alles, was den Gast im »Moto« erwartet.

Es beginnt mit der essbaren Speisekarte. Homaro Cantu arbeitet seit Jahren an Methoden, wie man Essen aufs Papier bannen und Papier genießbar machen kann. Die 20 Gänge des Degustationsmenüs sind mit einem modifizierten Tintenstrahldrucker auf einem Papier aus Maisstärke und Sojamehl gedruckt, ein Gag, der ältere Deutsche an das nach dem Zweiten Weltkrieg populäre Esspapier erinnern mag. Der Witz an der »Moto«-Speisekarte ist: Angeblich schmeckt jeder mit Spezialtinte ausgedruckte Gang anders, nämlich gerade so wie das Gericht, das er bezeichnet. Für Lacan- und Heidegger-Adepten ein Traum: der Zusammenfall von Zeichen und Bezeichnetem.

Zusammenfall von Zeichen und Bezeichnetem: Homaro Cantu

Die essbare Speisekarte soll nicht der letzte Gag im »Moto« bleiben. Im Grunde besteht das, was die »Moto«-Betreiber auf ihrer Karte großspurig als »our vision of the post modern movement« bezeichnen, aus einem schnellen Wirbel höchst ungewöhnlicher Zubereitungen und Präsentationen, die allesamt eine größere Nähe zum technischen Instrumentarium eines Versuchslabors aufweisen, als zu einer traditionellen Küche.

SIE und ER finden dieses Wortmenü ziemlich amüsant. Beide spüren aber, dass ihrem Begleiter, dem Schriftsteller Jeffrey Eugenides, irgendetwas an der »Moto«-Speisekarte aus essbarem Papier nicht behagt. Mit seinem lustigen Musketier-Bärtchen sieht der Fünfzigjährige aus wie ein verschmitzter D'Artagnan. Nun aber knabbert er eher verdrossen an der Karte. Liegt seine gebremste

Begeisterung vielleicht an dem in seinen Augen frivolen Umgang mit dem gedruckten Wort? Ist er pikiert, weil Literaturinterpreten in ihrem Deutungsfuror immer dann das Wasser im Mund zusammenläuft, wenn sich eine Figur ein Stück Text einverleibt – etwa in Kleists *Michael Kohlhaas*, als der Pferdehändler kurz vor seiner Hinrichtung den Zettel mit der Prophezeiung der Zigeunerin über das Schicksal des Kurfürstentums in sich hineinstopft? Nichts von alledem – der Mann hat schließlich Humor. Magengrimmen, so Eugenides, mache ihm vielmehr der Begriff »Postmoderne« auf der »Moto«-Speisekarte. Wie sich herausstellt, hat Eugenides, der 1960 in Detroit geboren wurde und vor Veröffentlichung seines großen Romans *Middlesex* einige Jahre in Berlin lebte, in den Vereinigten Staaten damit keine guten Erfahrungen gemacht. »Frisch zurück aus Deutschland in den USA, habe ich in meinem ersten Interview das Wort ›postmodern‹ benutzt. Sofort fuhr mir der Journalist in die Parade und erklärte: ›Sagen Sie bloß nicht postmodern! Das versteht hier kein Mensch.‹ Daran merkte ich, dass ich offenbar doch schon zu lange in Deutschland gelebt und ständig über Postmoderne und Postpostmoderne gesprochen hatte. Ich weiß noch, dass ich das Label ›Postpostmoderne‹ zum ersten Mal hörte, als ich einen Abend mit Jonathan Franzen in der American Academy in Berlin moderierte. Damals hielt ich es noch für einen Witz.«

Inzwischen denkt so niemand mehr. Was aber könnten Moderne und Postmoderne in der Küche bedeuten? Der Verlauf des Abends sollte darauf Antwort geben. Vorab werden SIE und ER sich mit Jeffrey Eugenides bald einig, dass die verschiedenen Ecken der »Moto«-Speisekarte nicht grundsätzlich anders schmecken als der letzte Roman von Dan Brown. Ihre Speisekarten bleiben aus diesem Grund zum größeren Teil unaufgegessen liegen.

Dass das »Moto« ein »smoke free environment« bietet, wie die Speisekarte versichert, straft bereits der erste Gang Lügen: »Vietnamese egg drop soup«. Die wabernden Schwaden, die ein mit Flüssigstickstoff in die Nähe des absoluten Nullpunkts heruntergekühlter Eierstich beim Eintauchen in eine glühend heiße Entenbrühe verbreitet, erinnern an den Auftakt eines Pink-Floyd-Konzerts. Ob der leicht säuerliche unangenehme Nachgeschmack der Brühe an der spektakulären Abkühlmethode oder an zu viel Zitronengras liegt, bleibt unentscheidbar. Es folgt eine sehr gut frittierte Jakobsmuschel, dann ein nicht zu fettes Gelbschwanzmakrelen-Sushi, das eine vor sich hin bitzelnde, mit Kohlensäure angereicherte halbierte Minneola begleitet. Was aber ist eine Minneola?, fragen sich SIE, ER und auch Jeffrey Eugenides. Später, während des Absackers im Hotel, wird gegoogelt: Eine Minneola erweist sich als Kreuzung zwischen Grapefruit und Tangerine. Schon nach dem ersten Bissen vor Ort ist ihnen allen dreien klar, dass die im »Moto« servierte Frucht nicht wesentlich anders schmeckt als jede hundsgewöhnliche, nicht mit Kohlensäure angereicherte Feld-, Wald- und Wiesen-Minneola. Offenbar geht es also lediglich um das Blubberlutsch-Mundgefühl der injizierten Kohlensäure. Ein Effekt, der mit jeder ordinären Orange, populären Pomeranze oder landläufigen Limette ebenso zu erzielen gewesen wäre.

Doch schon platzen die Luftbläschen des nächsten Gangs. Serviert wird ein synthetischer Champagner, der, mit Hilfe einer Einwegspritze injiziert, in einem Pfirsichpüree zu einem brodelnden Gebilde aufschäumt – ein dekonstruierter Bellini.

Dekonstruktion in der Küche: Das könnte bedeuten, so mutmaßen Jeffrey Eugenides, SIE und ER, dass man Abschied nimmt von der Vorstellung, ein allmächtiger Hexenmeister am Herd lade ein Gericht mit einem einzigen definitiven Sinn auf, den dann irgendwelche Jünger im Gastraum wieder freilegen. Und zwar um so klarer und eindeutiger wieder freilegen, je inbrünstiger und konzentrierter sie das Essen studieren. Doch wer will schon über einem Teller rätseln wie Sprachforscher über einem Rosetta-Stein oder Ingenieure über dem Antikythera-Mechanismus?

Die dekonstruktivistische Küche müsste anders vorgehen. In ihr dürfte es weder eine zwingend vorgegebene Solange-du-deine-Füße-unter-meinen-Tisch-streckst-Art des Genusses geben noch eine verbindliche, allgemeingültige und unhinterfragbare Interpretation des Gegessenen à la »So müssen Kutteln aber schmecken!«. Eine Küche der Dekonstruktion müsste sich von der Idee verabschieden, dass da draußen im Speisesaal Menschen Lust auf die Entzifferung kodierter Botschaften haben.

Eine Küche der Dekonstruktion würde den Gast nicht als Feind behandeln wollen. Eine Küche der Dekonstruktion würde, statt auf das platonische Ideal des unverfälschten Urgeschmacks irgendeines Gerichts zu setzen, diese Idee des Unverfälschten hinterfragen und wie in der Architektur, Kunst und Literatur mittels spielerischer Freiheit und kombinatorischem Spaß auf einige Paradoxien der Küche aufmerksam machen.

SIE hat jedoch mit diesem dekonstruierten Bellini keinen Spaß. Für SIE ist dieser Synthi-Cocktail der erste Tiefpunkt des Menüs im »Moto«. So kochen Blender, findet SIE. Im besten Fall erinnern SIE solche Gerichte an verunglückte Faschingsscherze um Lustigkeit bemühter Chemielehrer; im schlimmsten an die streng riechenden Jugendzimmer autistischer Sechzehnjähriger.

Spiel, Freiheit, Spaß? Auch ER fühlt sich im »Moto« weniger in Experimentierlaune versetzt als in eine Klausursituation. Und wies nicht schon dieses ganze absurde Brimborium rund ums Reservieren unerquickliche Parallelen zum Ausfüllen eines Steuererklärungsformulars auf?

Das Menü setzt sich fort mit einem Schnee aus Ziegenkäse, gewürzt mit einem Spritzer zu jungem Balsamico. Die Veränderung der Textur des Rohmaterials, das unerwartete Mundgefühl des Käses – man spürt förmlich die Absicht des Kochs zu zaubern, den angestrengten Willen, die Verwandtschaft allen Kochens zur Magie zu beschwören. Aber die überraschend kristalline Konsistenz des Ziegenkäses kann nicht über sein zwar vollmundiges, aber scharf disharmonisches Geschmacksbild hinwegtäuschen.

Zeit für einen Erklärungsversuch. Für obsessiv den Naturwissenschaften zugeneigte, sozial eher dysfunktionale junge Menschen, erzählt Jeffrey Eugenides, gebe es im Amerikanischen die schönen Begriffe *nerd* und *geek*. Der Unterschied zwischen beiden bestehe darin, dass ein *geek* anders als ein passiv konsumierender *nerd* eine besondere technische Fähigkeit besitze, also etwa seine Festplatten selbst zusammenlöten, sein CB-Funkgerät eigenhändig zusammenschrauben oder eben auch kochen kann. Nach fünf Gängen ist IHR und IHM klar: Im »Moto« kochen *geeks* für *nerds* – und zwar für *nerds*, deren Fantasie sich nicht unbedingt am fertigen Produkt, wohl aber an den Zubereitungsmethoden und popkulturellen Referenzen entzündet. Nur so erklärt sich ein völlig misslungener Teller mit bunten tiefgefrorenen Gemüseperlen von sämig-sägemehliger Konsistenz, denen die Kälte jeden Geschmack ausgetrieben hat – ein Gericht freilich, das Jeffrey Eugenides sofort als Anspielung auf die beliebte Eiscreme der Marke »Dippin-Dots« identifiziert. Während SIE und ER, durch ihr fehlendes popkulinarisches Wissen in den Stand jener redensartlichen Bauern versetzt, die nicht essen, was sie nicht kennen, ratlos in dem an »Persil«-Kügelchen erinnernden Mansch herumstochern, gart ein Barsch auf Paprika in einem von Homaro Cantu eigens entwickelten Kästchen aus Polymer-Plastik: ein transportabler Puppenstuben-Ofen mit einer Nutzfläche von wenigen Kubikzentimetern. Tatsächlich entfaltet der Fisch in der mysteriösen bernsteinfarbenen Box ein intensives Aroma und erweist sich nach Entfernung des Deckels als innen noch perfekt glasig und befriedigend saftig.

Weniger einzuleuchten vermag IHR und IHM die effekthascherische Präsentation des Fleischgerichts. Auf einer großen Metallplatte liegt ein Würfel Bisonfleisch, eingehakt an einer zweiten, in einem Winkel von 90 Grad montierten Aluminiumplatte hängt das Besteck, in dessen Korkenziehergriffen duftende Salbeiblätter stecken. Trotz des angenehmen und durchdringenden Kräuterdufts wirkt das Ensemble insbesondere wegen der weißen Soßenspritzer auf SIE wie die Miniatur eines schlecht gewarteten Bahnhofspissoirs – eine Assoziation, über die IHR auch die vorzügliche Fleischqualität des Bisons nicht hinweghilft. IHN lässt das Ganze eher an eine trickreiche Installation von Fischli & Weiss denken: Jeden Moment erwartet ER, mit dem albernen Korkenzieherbesteck eine versteckte Sprungfeder, einen Kippschalter oder eine verborgene Falltür auszulösen.

Wes Geistes Kind das »Moto« ist, offenbart sich für SIE im Fortgang des Menüs, in dessen eigentlichem Mittelpunkt wie bei einem Kindergeburtstag das Dessert steht – dem denn auch nicht weniger als neun von Patisseur Ben Roche zubereitete Gänge zuzurechnen sind. Dies ist insofern konsequent, als die kulinarische Postmoderne, die Homaro Cantu und sein Team für sich in Anspruch nehmen, im »Moto« auf eine Infantilisierung der Küche hinausläuft – Vorbilder sind dabei weniger die Traditionsgerichte der *grande cuisine* als Klassiker ganz anderer Art, nämlich Würstchenschnappen, Topfschlagen oder Schokolade-mit-Handschuhen-essen. Ob man Cantus zeitgemäße Adaptionen dieser Evergreens als kulinarische Sketchparade oder Geisterbahnfahrt erleben wird, hängt von der individuellen Toleranz für den Geschmack einer amerikanischen Kindheit ab: Zuckerwatte in drei Variationen – als Trüffel, dessen flüssiger Inhalt in der Kehle zu stocken scheint, als klebrige Raspeln und schließlich wieder als Esspapier –, Donut-Suppe, auf einem weltraumkalten Grill schockgefrostete Pancakes sowie Roches Varianten von Smarties und eines

Erdnussbuttersandwiches markieren in den Arsenalen der lukullischen Fantasie jedenfalls ein kaum einholbares Extrem.

SIE seufzt da sehr viel schneller als ER: »Töpfchen steh!« Erlebnishunger ist nicht das schlechteste Motiv, ein Restaurant zu betreten – oder zu betreiben, findet dagegen ER. Gewiss, jeder Besucher des »Moto« wird sagen: So habe ich in meinem Leben noch nie gegessen. Außer Kinder und Amerikaner werden allerdings die wenigsten eine Wiederholung dieser Erfahrung suchen. Verblüffen muss, dass im »Moto« – noch? – statt Root Beer, Limonade und Kakao eine von Sommelier Matthew Gundlach exzellent zusammengestellte Weinbegleitung ausschließlich amerikanischer Gewächse angeboten wird.

## *Der süße Brei*

Es war einmal ein armes Mädchen, das lebte mit seiner Mutter allein, und sie hatten nichts mehr zu essen. Da ging das Kind hinaus in den Wald, und begegnete ihm darin eine alte Frau, die wußte seinen Jammer schon, und schenkte ihm ein Töpfchen, zu dem sollte es sagen »Töpfchen koch«, so kochte es guten süßen Hirsebrei, und wenn es sagte »Töpfchen steh«, so hörte es wieder auf zu kochen. Das Mädchen brachte den Topf seiner Mutter heim, und nun waren sie ihrer Armut und ihres Hungers ledig, und aßen süßen Brei so oft sie wollten. Auf eine Zeit war das Mädchen ausgegangen, da sprach die Mutter »Töpfchen koch«, da kochte es, und sie ißt sich satt; nun will sie, daß das Töpfchen wieder aufhören soll, aber sie weiß das Wort nicht. Also kocht es fort, und der Brei steigt über den Rand heraus, und kocht immerzu, die Küche und das ganze Haus voll, und das zweite Haus und die Straße, als wollts die ganze Welt satt machen, und ist die größte Not, und kein Mensch weiß sich da zu helfen. Endlich, wie nur noch ein einziges Haus übrig ist, da kommt das Kind heim, und spricht nur »Töpfchen steh«, da steht es, und hört auf zu kochen; und wenn sie wieder in die Stadt wollten, haben sie sich durchessen müssen.

Dennoch verlassen SIE und ER das »Moto« beschwingt wie nach einer Fahrt mit dem Kettenkarussell auf dem Rummelplatz. Das liegt weniger an der Kochkunst Homaro Cantus und Ben Roches. Dies war das männlichste, testosterongetriebenste Essen, so sind sich beide einig, das SIE und ER je gekostet haben – männlich und testosterongetrieben in der Variante Laubsägearbeiten-Chemiebaukasten-Hobbykeller-Modellbau-Teilnahme-an-Jugend-forscht-Wettbewerben-Ingenieurstudium. Verantwortlich für die gute Laune von IHR und IHM ist vielmehr der Autor eines Romans, der sich aus allen solchen Geschlechter-Zuschreibungen einen Jux macht: Jeffrey Eugenides. »Ich glaube, spätestens seit Flaubert einst erklärte, er sei Madame Bovary, ist jeder Schriftsteller in gewisser Weise zweigeschlechtlich«, hat Eugenides während des Essens erklärt. Um zu verstehen, wie er das meint, muss man seinen 2002 erschienenen Roman *Middlesex* kennen – ohnehin eine der lohnendsten Lektüren der letzten Jahre. Die Heldin/der Held von *Middlesex* ist die Erbin/der Erbe eines amerikanischen Hotdog-Imperiums und ein 5-alpha-Reduktase-Pseudohermaphrodit. Aber am besten lässt man sie/lässt man ihn das selbst erzählen:

Ich wurde zweimal geboren: zuerst, als kleines Mädchen, an einem bemerkenswert smogfreien Januartag 1960 in Detroit und dann, als halbwüchsiger Junge, in einer Notfallambulanz in der Nähe von Petoskey, Michigan, im August 1974. Fachleute unter den Lesern könnten mir in der Studie »Geschlechtliche Identität bei 5-alpha-Reduktase-Pseudohermaphroditen« von

Dr. Peter Luce, 1975 erschienen im *Journal of Pediatric Endocrinology*, schon einmal begegnet sein. Oder vielleicht haben Sie mein Foto im sechzehnten Kapitel des heute arg veralteten Standardwerks *Genetik und Vererbung* gesehen. Ich bin das Kind auf Seite 578, das nackt, mit einem schwarzen Balken vor den Augen, neben einer Messlatte steht.

Auf meiner Geburtsurkunde lautet mein Name Calliope Helen Stephanides. Mein neuester Führerschein (ausgestellt von der Bundesrepublik Deutschland) nennt als meinen Vornamen schlicht Cal. Ich bin ehemaliger Feldhockeyspieler, langjähriges Mitglied der Rettet-die-Manatis-Stiftung, seltener Besucher der griechisch-orthodoxen Messe und, den Großteil meines Erwachsenenlebens, in Diensten des US-amerikanischen Außenministeriums. Wie Teiresias war ich erst das eine und dann das andere. Ich wurde von Mitschülern gehänselt, von Ärzten als Versuchskaninchen benutzt, von Spezialisten abgetastet und von wissenschaftlichen Institutionen erforscht. Ein rothaariges Mädchen aus Grosse Pointe verliebte sich in mich, ohne zu wissen, was ich war. (Auch ihr Bruder mochte mich.) Einmal führte mich ein Armeepanzer in eine Straßenschlacht; ein Swimmingpool machte aus mir einen Mythos; ich habe meinen Körper verlassen, um andere zu bewohnen – und das alles geschah, bevor ich sechzehn war.

Nun aber, mit einundvierzig, spüre ich, dass mir noch eine weitere Geburt bevorsteht. Nachdem ich sie jahrzehntelang vernachlässigt habe, denke ich auf einmal an verstorbene Großtanten und -onkel, verloren geglaubte Großväter, unbekannte Cousinen fünften Grades oder, im Falle einer aus Inzucht hervorgegangenen Familie wie der meinen, an all das zugleich. Und daher möchte ich, bevor es zu spät ist, etwas endgültig niederschreiben: die Achterbahnfahrt eines Gens durch die Zeit.

Zu den immer wiederkehrenden Motiven der US-amerikanischen Literatur zählt der Gedanke, dass man nach Amerika geht, um der Mensch zu werden, der man gern sein möchte, oder um seine Vergangenheit zu verlieren oder umzuschreiben. Jeffrey Eugenides' Roman handelt von einer ganzen Reihe solcher Identitätsveränderungen. Die zitierten ersten drei Absätze von *Middlesex* enthalten so etwas wie den genetischen Code dieses Romans, ein Programm, das minutiös, doch nie mechanisch abgearbeitet wird: Tatsächlich folgt auf den nachfolgenden gut 700 Seiten eine Erzählung über die Frage von biologischem und sozialem Geschlecht, eine drei Generationen umspannende Familiensaga, ein Entwicklungsroman, ein Roman über griechische Einwanderer in den USA und nicht zuletzt ein Roman über Detroit, die schwelende Rassenproblematik, Sonderangebote im göttlichen Supermarkt der USA, Richard Nixon und den Aufstieg eines Hotdog-Imperiums. Gleichzeitig etabliert dieser Romananfang eine Erzählerstimme, die zu den originellsten und betörendsten nicht nur der amerikanischen Gegenwartsliteratur zählt: ein Mensch, der als Frau und als Mann gelebt hat – Calliope/Cal Stephanides aus *Middlesex* und ihr/sein Schöpfer ist der ideale Auskunftgeber für SIE und IHN. Wer wüsste besser als Calliope/Cal und Jeffrey Eugenides, dass schon die Frage nach dem Unterschied zwischen den Geschlechtern von einem Erkenntnisinteresse geleitet ist, das erst jene vermeintlichen Fakten des Männlichen und Weiblichen mit erschafft, die es doch angeblich nur neutral beobachten, messen, kartografieren will? SIE und ER, gibt Eugenides zu bedenken, könnten ja auch nach unterschiedlichen Ernährungsgewohnheiten von Großen und Kleinen, Schwarzen und Weißen, Christen und Moslems, Blau- oder Grünäugigen oder von Blonden und Schwarzhaarigen fragen. »In der Literatur werden Hermaphroditen, wie zum Beispiel Teiresias, immer als mythologische, fast magische Wesen geschildert. Ich aber wollte ins Zentrum von *Middlesex* einen Menschen aus Fleisch und

Blut rücken und die medizinischen und genetischen Grundlagen dafür so genau wie möglich darstellen. Deshalb habe ich sehr viel in medizinischen Fachbibliotheken recherchiert und herausgefunden, dass einige dieser Fälle von Hermaphrodismus genetisch bedingt sind.«

Die Erzählerstimme von *Middlesex* ist das Entscheidende: An ihr, mit ihr, durch sie müsste sich die uralte Frage entscheiden, was stärker ist, *nature* oder *nurture*, also Vererbung oder Erziehung, biologische Natur oder gelernte soziale Rolle. Doch Eugenides ist souverän genug, diese Frage natürlich wieder an den Leser zurückzugeben: »Genau deshalb habe ich neun Jahre fürs Schreiben dieses Romans gebraucht. Weil mir diese Erzählerstimme große Probleme machte. Sollte es die Stimme eines Hermaphroditen sein, also eine Stimme, die sowohl Eigenschaften männlichen wie weiblichen Schreibens trug? Was natürlich zu der Frage führt, ob es so etwas wie männliches und weibliches Schreiben überhaupt gibt. Ich bin eigentlich nicht der Meinung, dass Männer anders schreiben als Frauen.«

Also kam Eugenides auf die Idee, seine Romanfigur so zu betrachten wie ein Arzt, ihr also eine Art Diagnose zu stellen: Calliope/Cal Stephanides aus *Middlesex* hat XY-Chromosomen, war im Uterus, als Neugeborener und während der Pubertät einer normalen Dosis Testosteron ausgesetzt. »Wenn es stimmt, dass diese hormonellen Einflüsse die chemischen Vorgänge in unserem Gehirn beeinflussen, ja sogar die Entwicklung unseres Gehirns, und wenn wiederum stimmt, dass diese Gehirnstrukturen unsere Satzmuster bedingen, die sich dann in feminine oder maskuline Satzmuster unterscheiden lassen, dann würde meine Figur Cal ziemlich ähnlich schreiben wie ich selbst. Er hat ein männliches Gehirn, sagt er. Und als ich so weit darüber nachgedacht hatte, machte ich mir keine Sorgen mehr darüber, dass jeder Satz eine hermaphroditische oder intersexuelle Eigenschaft haben müsste.

Ich glaube nicht, dass ein Mensch wirklich ein Hermaphrodit ist, Menschen sind Individuen, ganz gleich, welche genetischen Dispositionen sie in sich tragen.«

In diesem Punkt treffen sich Hirnforscher wie Jürgen K. Mai und Romanciers wie Jeffrey Eugenides. Beide glauben nämlich, dass der individuelle Geschmack viel wichtiger ist als alle geschlechtsgeprägten Vorlieben. Das ist an sich eine gute Nachricht – wir sind also doch keine Sklaven eines genetischen Programms oder unserer Herkunft. Wir können selbst zu den Autoren jener Aromen- und Geschmacksbibliotheken werden, die wir durch unsere individuellen kulinarischen Erfahrungen in den Schatzkammern unseres Gedächtnisses anlegen. Im Grunde beinhaltet dies das Versprechen einer Freiheit, die so glückstrunken machen kann wie der Anblick der Statue of Liberty vor der Skyline Manhattans.

### *Sechstes Geschmacksexperiment: Miraculin*

Wenn man schon den verrückten Professor in sich und seiner Küche entdecken will, finden SIE und ER, dann bitte schön richtig. Das Verrückteste, was SIE und ER mit ihrem Geschmackssinn bislang angestellt haben, war ein Versuch mit dem trefflich benannten Stoff Miraculin, den der japanische Chemiker Kenzo Kurihara Ende der 1960er Jahre als Wirkstoff der afrikanischen Wunderbeere isolierte.

In den meisten deutschen Großstädten ist Miraculin derzeit schwerer erhältlich als Kokain, aber immer noch leichter als wirklich frischer Fisch. Übers Internet gibt es einfach herauszufindende Bezugsquellen für diesen in der EU mittlerweile mit den ISO-Normen ISO 9001 bzw. ISO 22000:2005 zertifizierten Stoff. Falls Sie aus irgendwelchen Gründen in den Besitz des Miraculin genannten Extrakts der »Wunderbeere« *Synsepalum*

*dulcificum* gelangt sind, könnten Sie die Tabletten entsprechend der Packungsbeilage auf der Zunge zergehen lassen. Miraculin hat keinen wahrnehmbaren Eigengeschmack, finden SIE und ER, hinterlässt auf der Zunge aber ein bitzelndes Gefühl von Sämigkeit. Miraculin ist ein Geschmacksänderer und kehrt unsere Sauer- in eine Süßwahrnehmung um. Das glauben Sie nicht? Überzeugen Sie sich selbst.
Füllen Sie Essig und Zitronensaft in Schnapsgläser, schneiden Sie Limetten, Zitronen, Quitten, Rhabarber oder unreifes Obst jeder Art, oder was immer Sie sonst noch an Saurem auftreiben können, in dünne Scheiben und beißen Sie kräftig zu. Ganz verwegene Geschmacksabenteurer nehmen Matjeshering, Essiggurken und Bier.

Geschmacksumkehrer Miraculin

Miraculin vermag tatsächlich die menschlichen Geschmacksrezeptoren für »sauer« auf »süß« umzupolen – ähnlich wie das in den 1990er Jahren entdeckte Curculin, das in den Blättern der malaiischen Curculigo-Pflanze enthalten ist. Wie genau das geschieht, ist noch weitgehend ungeklärt, allerdings weiß man, dass umgekehrt mit dem aus Kreuzdorngewächsen gewonnenen

Ziziphin und Hodulcin Stoffe existieren, die den Süßgeschmack zeitweilig neutralisieren und Zuckerwasser wie Leitungswasser schmecken lassen. Dieter Müller, nach seinen Drei-Sterne-Triumphen im Schlosshotel Lerbach eine deutsche Kochlegende, seit neuestem mit einem schwimmenden Restaurant mit der *MS Europa* unterwegs, hat Miraculin getestet. »Es funktioniert wirklich«, so Müllers Einschätzung. »Aber im Alltag ist damit wohl nicht zu arbeiten - der Geschmack bleibt einfach zu lange auf der Zunge. Noch zwei Stunden später schmeckt jedes Bier süß - widerlich!« Die Wirkung auf den Zungen von IHR und IHM hielt sogar drei Stunden an. Erst später haben sie erfahren, dass Miraculin nicht hitzestabil ist und ein heißer Tee oder Kaffee den Spuk rasch vertrieben hätte. SIE und ER gestehen freimütig, dass sie beide nicht geringe Ängste ausgestanden haben, ob dieses Abenteuer je ein Ende nähme und ihr normales Geschmacksempfinden zurückkehrte. Aber solche Ängste gehören nun mal dazu, zum Abenteuer des Geschmacks.

Bleibt die Frage nach der Moderne, Postmoderne und Postpostmoderne in der Küche. Für die Literatur hat Jeffrey Eugenides eine überzeugende Antwort gefunden. Wie seiner Figur Calliope/Cal Stephanides scheint es auch dem Schriftsteller Jeffrey Eugenides in den Genen zu stecken, zwei scheinbar unvereinbare Eigenschaften in sich zu tragen: die des formenzerschmetternden Erneuerers und des traditionsbewussten Bewahrers: »Ich habe mir überlegt, wenn ich etwas Neues und Originelles in der Literatur schaffen will, dann ist es unwahrscheinlich, dass ich dieses Ziel nur durch formale Spielereien erreiche, indem ich Sätze und Satzzeichen auf den Kopf stelle oder alles Mögliche mit der Syntax treibe. Andere Schriftsteller mögen mit diesem rein experimentellen Ansatz noch wirklich einen neuen Weg finden, mir schien es, dass für mich das Neue aus der Verbindung von postmodernen und eher altmodischen Elementen in einem Prozess der Hybridisierung kommen würde. Neue Musikformen entstehen ja auch, indem man zwei Dinge kombiniert, Rockmusik ist ein gutes Beispiel dafür. Postpostmodern ist für mich also ein Schriftsteller, der etwas Neues mit etwas Altem kombiniert, um etwas Neues zu erschaffen.«

Etwas Neues mit etwas Altem kombinieren, um etwas Neues zu schaffen – wie könnte so etwas in der Küche aussehen? Die Spitzengastronomie ist in den letzten Jahrzehnten von einem beispiellosen Neuerungsschub erfasst und durcheinandergewirbelt worden. Dafür stehen Geräte und Utensilien wie der Thermomix, Siphons, Entsafter, PacoJets, Zentrifugen, Dörrgeräte und Gefriertrockner, aber auch neue Verfahren wie das in den 1970er Jahren entwickelte Vakuumgaren (»Sous-vide«-Zubereitung) oder die effektorientierten Spiele mit Formen, Temperaturen und Texturen der Molekularküche. Experimentierfreudige Köche unterziehen unsere kulinarische Tradition einer permanenten Revision inklusive zahlloser Beispiele von ›Gaisburger Marsch 2.0‹, ›Himmel un Äad reloaded‹ oder ›Labskaus – The Return‹. Innovation allerorten könnte man meinen. Andererseits: Wenn SIE und ER sich in ihren Küchen umsehen, fällt ihr Blick hauptsächlich auf Werkzeuge, die in ihren Urformen zum allergrößten Teil seit Jahrhunderten, ja seit Jahrtausenden in Gebrauch sind. Allen Bemühungen des Amerikaners Harold McGee (*On Food and Cooking*), des französischen Chemieprofessors Hervé This oder des früher in Oxford lehrenden Physikprofessors Nicholas Kurti (»Wir kennen die Temperatur im Inneren eines fernen Sterns, wissen aber nicht, wie es in einem Soufflé aussieht.«), den hauptverantwortlichen Theoretikern für die Entdeckung der Naturwissenschaften in der Küche, zum Trotz: Küchentechnik ist konservativ. Lässt man die im Wesentlichen bloß den Kochkomfort steigernden Neuerungen wie Induktionsherde oder Teflonbeschichtungen beiseite und fragt nach echten qualitativen Sprüngen, sind die Mikrowelle und der Gefrierschrank die einzigen neuen Geräte, die der riesige Innovationsrausch der letzten fünfzig Jahre in den allermeisten Privatküchen hinterlassen hat.

Auch wenn kaum eine Sterneküche aus ganz praktischen Gründen auf einen Mikrowellenherd verzichtet: ER kommt seit vielen Jahren in seiner Küche blendend ohne Mikrowelle und auch ohne Tiefkühlschrank aus. SIE hingegen besitzt beides – aber SIE weiß als frühere Ärztin im Schichtdienst, was unregelmäßige Essenszeiten bedeuten.

Streng genommen hält die Moderne mit dem Feuer Einzug in die Ernährung des Menschen. Kultur beginnt, sobald der erste Spieß in die Flammen gehalten wird und sich die magische Verwandlung vom Rohen zum Gekochten vollzieht. Das Lagerfeuer stiftet Gemeinschaft, wird Kultstätte, Versammlungsort, Lebensmittelpunkt. Ein ständiges Feuer zu unterhalten bedeutet Organisation, Arbeitsteilung, Aufgabendelegierung.

Kennt die Küche einen Prometheus? Wohl eher eine Prometha. James G. Frazer beschreibt in seinem klassischen Werk über Feuermythen die Legende eines Aboriginestamms, derzufolge die Frauen das Feuer entdeckten und darauf kochten, während die Männer unterwegs auf der Jagd waren. Sobald die Männer zurückkehrten, verbargen die Frauen ihr Feuer jedoch im Inneren ihrer Vulven. Mit dem Feuer setzt die Evolution unserer Küchengerätschaften und Kochmethoden ein. Am Anfang stand wohl der Spieß – ausgerechnet in Deutschland, ja sogar Stuttgart-Bad Cannstatt, dem heutigen Wohnort von IHR, wurde 1987 ein aus der Altsteinzeit stammender gut zwei Meter langer Wurfspeer aus Feldahorn gefunden, der offenbar Spuren einer Benutzung als Grillspieß aufwies und gute zehn Jahre als ältestes Kochutensil der Welt gelten durfte. Allerdings wurde dieser Cannstatter Speer nicht in seiner

Bedeutung erkannt – und daher auch nicht fachgerecht konserviert. Anders hingegen die Mitte der 1990er Jahre wiederum in Deutschland, in Niedersachsen entdeckten sogenannten Schöninger Speere: acht aus dem Holz von Fichten und Kiefern gefertigte Spieße mit verkokelten Enden, heute als die ältesten Jagdwaffen und Kochgeräte der Welt eingestuft. Ihr Alter wird auf rund 400 000 Jahre geschätzt. Mitte der 1990er Jahre durch den Braunkohletagebau im niedersächsischen Landkreis Helmstedt freigelegt, harren diese auch international für Aufsehen sorgenden Artefakte noch ihrer genauen wissenschaftlichen Auswertung – mehr noch aber, denn ihre Echtheit ist unbestritten, ihrer öffentlichen Würdigung.

Der erste Kochtopf war vermutlich ein Schildkrötenpanzer oder eine Muschelschale, vielleicht auch ein Straußenei oder eine Kokosnuss. Davor haben unsere findigen Vorfahren gewiss Pflanzenblätter benutzt, um ihre Nahrung einzuwickeln und zum Garen in die Feuerglut zu legen. Danach kommen Erdöfen, wie sie heute noch mitunter auf Südseeinseln und unter den Maoris in Neuseeland in Gebrauch sind, später noch vermutlich das Kochen auf und mit heißen Steinen in Kochgruben. Schließlich die ersten wasserdichten Gefäße: Anfangs kochte man die erlegten Tiere wohl in ihren eigenen Mägen, Blasen oder Därmen, dann tauchten Behältnisse aus Tierhäuten und Kalebassen auf, und bald darauf Flechtwerk aus Gräsern, Schilf und Zweigen. Irgendwann hat ein Kolumbus der Küche diese Körbe mit Lehm verschmiert als Vorläufer unserer Töpfe, und damit war der Weg frei hin zu jenen irdenen und schließlich metallenen Gefäßen, wie wir sie heute noch kennen. Die Bratpfanne wurde gewiss lange nach dem Kochtopf erfunden. Daraufhin aber erlahmt scheinbar die kulinarische Erfindungskraft. Grill, Drehspieß, Waffeleisen, Pasteten- und Kuchenformen und so weiter, das alles ist zumindest in seinen Grundformen seit vielen Jahrhunderten bekannt und wird von

Haushaltswarenläden lediglich in unendlichen Variationen immer neu vermarktet.

Oder kommen die echten Erfindungen und kulinarischen Innovationen in unseren Privathaushalten nur nicht mehr an?

Homaro Cantu in seinem Chicagoer Restaurant »Moto« besitzt nicht nur eine Batterie überaus ungewöhnlicher Tintendrucker und experimentiert mit Helium und Stickstoff, er nennt auch einen leistungsstarken Laser sein Eigen, den man sonst nur aus Operationssälen kennt. Und wie sieht es mit den Innovationen in der Kochtechnik aus? Wann, wo und wen SIE und ER danach fragen, immer fallen die Namen zweier Köche: der des 1966 geborenen Engländers Heston Blumenthal und seines Restaurants »The Fat Duck« in dem Dörfchen Bray in Berkshire. Öfter aber noch der von Ferran Adrià. Fünfmal haben Kritiker und Kochkollegen Adriàs »elBulli« zum besten Restaurant der Welt gewählt, zwischen 2006 und 2009 in Folge. Und spätestens seit seiner Teilnahme an der documenta 12 im Jahr 2007 darf Ferran Adrià als der berühmteste Koch der Welt gelten.

Ferran Adrià, porträtiert von Matt Groening, auf dem Originalumschlag von *Food for Thought*

Zeit also, dass auch SIE und ER nach Roses an die Costa Brava pilgern. In gewisser Weise ist es ein Besuch in einem deutschen Restaurant: Gegründet wurde das an einer romantischen kleinen Bucht in einem herrlichen Naturschutzgebiet eine knappe halbe Autostunde außerhalb von Roses gelegene »elBulli« nämlich in den 1960er Jahren von dem deutschen Ehepaar Schiller aus Düsseldorf, die ihr Restaurant kurzerhand nach ihrer Bulldogge Bulli benannten. Ferran Adrià kocht seit 1984 im

»elBulli«, kurz danach stieß sein fünf Jahre jüngerer Bruder Albert Adrià als Pâtissier und später als Chef der sogenannten »Süßen Welt« hinzu. Der Restaurantleiter Juli Soler war schon vor Ferran Adrià in gleicher Funktion an Bord. In letzter Zeit kündigen sich Veränderungen im »elBulli« an: Albert Adrià hat 2008 in Barcelona seine wunderbare Tapas-Bar »Inopia« eröffnet (und leider 2010 schon wieder geschlossen – nur wer je den Salat von gehäuteten Raf-Tomaten, Bottarga-Chips und Haselnüssen gekostet hat, weiß den Verlust zu ermessen!), und Ferran Adrià kündigte zwischenzeitlich an, dass »elBulli« Ende 2011 seine Tore schließen und nach zwei Jahren als Stiftung, gastronomisches Forschungszentrum und Ausbildungsstätte wiederauferstehen werde. In den 1960ern konnte man das Restaurant noch mit dem Segel- oder Motorboot ansteuern. Das ist heute verboten – sonst sähe es in der lauschigen Bucht des gerade mal fünfzig Gästen Platz bietenden »elBulli« aus wie im Yachthafen von Nizza. Eines aber ist geblieben: Bis auf den heutigen Tag ist die Bulldogge das beherrschende Designelement im Gastraum des »elBulli«.

Der Mann, der IHR und IHM in weißer Kochjacke und blauschwarzer Schürze aus der Küche entgegenkommt, nein, der ihnen entgegenrennt, -hüpft oder -kullert, ist freundlich und offen, überraschend klein, und vor allem: energiegeladen. Ferran Adrià steht unter Strom. Eine mexikanische Springbohne in Menschengestalt. Besonders ins Auge fällt dies im verblüffend bieder wirkenden Ambiente des »elBulli«-Gastraums. Abgesehen von den zahlreichen Kunstwerken an den Wänden würde man in Deutschland in einem mit Unmengen Bulldoggen-Nippes dekorierten und auch sonst recht zirbelstubenartig gestalteten Gastraum mit seinen schwarzen Holzbalken, den weiß gekalkten Wänden, den doch ein wenig wie Gelsenkirchener Barock wirkenden Holzstühlen mit den geschnitzten Lehnen und den roten Altenheim-Sofakisselchen eher Jägerschnitzel mit Pommes erwarten.

## Ferran Adrià: »Die gute alte Zeit hat es nie gegeben!«

*SIE & ER: Die meisten Menschen verbinden Ihren Namen mit der Molekularküche ...*

Ferran Adrià: Es gibt keine Molekularküche! Sie existiert einfach nicht. Diesen Begriff haben sich Marketingstrategen ausgedacht. Ich weiß gar nicht, was das sein könnte. Vielleicht können Sie's mir erklären?

*Texturveränderungen, Schäume, Sphärifikation ... so kochen, wie Peter Sloterdijk philosophiert, dachten wir.*

Sphärifikation und Espumas sind lediglich zwei Innovationen unter vielen, die wir seit der Eröffnung von »elBulli« in seiner jetzigen Form 1987 geschaffen haben. Wenn wir vom »elBulli« sprechen, müssen wir seine Entwicklung über die Jahre hinweg im Blick behalten. Unsere Arbeit ist auf weit über tausend Buchseiten dokumentiert, die hoffentlich viele aufmerksame Leser finden. Eine so avantgardistische Küche wie die meine erfordert ernsthafte Vorbereitung. Das fehlt am meisten: eine seriöse, gründliche Auseinandersetzung mit der modernen Küche.

*Wer setzt dann das Gerücht in die Welt, dass Sie ein Molekularkoch sind? Haben Sie Feinde?*

Selbstverständlich. Man darf nicht vergessen, dass ich auf meinem Gebiet zur radikalen Avantgarde gehöre.

*Was kennzeichnet die Avantgarde in der Küche?*

Avantgarde ist *per se* immer polemisch. Wäre sie es nicht, würde sie aufhören, Avantgarde zu sein.

*Sie haben moderne Methoden der Naturwissenschaften in die Küche gebracht. Ihre Küche ist ein Labor und gleichzeitig ein Atelier. Was könnte als Nächstes kommen?*

Das Neue an unserem Konzept ist in erster Linie, dass wir das Gespräch suchen - mit Wissenschaftlern und Künstlern, aber auch mit der Lebensmittelindustrie und den kleinen Bauern, die manche unserer Nahrungsmittel erzeugen. Es geht immer um Dialog, Dialog und nochmals Dialog. Jenseits der Küche findet der interdisziplinäre Dialog ja schon lange statt. Warum kein Koch vor mir sich dem geöffnet hat, weiß ich nicht zu sagen.

Ferran Adrià und ER

*Wie haben Sie Ihren Geschmack geschult?*

Das erfordert weder eine besondere Schulung noch ein spezielles Training. Entscheidend sind einfach 25 Jahre tägliche Praxis. Außerdem ein gewisses Gespür, zahlreiche Anregungen und Querverbindungen.

*Das Kartoffelomelett Ihrer Mutter nimmt in Ihrer kulinarischen Erinnerung einen Sonderplatz ein. Warum?*

Jeder Mensch hat über das Essen eine ganz besondere Verbindung zu seiner Mutter und Großmutter. Das ist etwas ganz und gar Sentimentales. Aber als professioneller Koch bewertet man diese Dinge später anders. Im Laufe des Lebens erwirbt man ein bestimmtes Know-how. Natürlich ist für mich als Koch meine Kindheit wichtig, aber auch meine bevorstehende Reise nach China, das Essen mit Freunden in anderen Restaurants ... Das sind alles Bausteine meiner Küche. Ich bin überhaupt kein Romantiker, sondern im Gegenteil überaus pragmatisch. Kreativität muss nicht romantisch verbrämt werden: Eins und eins macht zwei – so einfach ist das.

*Ganz pragmatisch gefragt: Sie kochen für Männer und Frauen. Sind das nicht zwei völlig verschiedene Geschmackswelten?*

Ich koche in erster Linie für mich selbst. Aber ich teile mein Essen gerne mit anderen Menschen. Aus diesem Grund betreibe ich ein Restaurant. Kochen ist für mich ein persönliches Vergnügen, eine Freude. Es macht mich glücklich. Wenn es mir schmeckt, möchte ich das Essen mit anderen teilen. Die Unterscheidung nach Männern und Frauen ist für mich dabei vollkommen irrelevant.

*Ihr berühmter Vorgänger Paul Bocuse hat sich einmal zu der Bemerkung hinreißen lassen, Frauen gehörten ins Schlafzimmer und nicht in die Küche. Bei Ihnen kochen auch Frauen.*

Bocuse hat das sicherlich ironisch gemeint. Etwas anderes kann ich mir gar nicht vorstellen. In der Küche spielt für mich die Frage nach dem Geschlecht einfach keine Rolle. Ich bin kein Macho. Ich sehe einfach den Menschen.

*Früher haben Vater oder Mutter einem gesagt: »Gegessen wird, was auf den Tisch kommt!« Machen Sie das nicht auch mit Ihren Gästen? Warum gibt es im »elBulli« keine Speisekarten?*

Schön, ab morgen werde ich das ändern. Aber nur unter einer Bedingung: Wenn Sie mich zu sich zum Essen einladen, dann möchte ich bei Ihnen zu Hause bitte auch eine Speisekarte bekommen. Das »elBulli« ist unser Zuhause, und wir wollen unseren Gästen einfach das Beste auftischen. Deshalb gibt es keine Speisekarten. Aber Sie sprechen da etwas Wichtiges an, das heute wenig thematisiert wird. Als vor vielen hundert Jahren die ersten Gasthäuser ihre Türen öffneten, gab es keine Speisekarten. Erst viel später kam mit dem Restaurant auch die Speisekarte auf. Das war ein wesentlicher Unterschied zu den Wirtshäusern und Gaststuben. Zum französischen Restaurant des 18. Jahrhunderts gehörte die Speisekarte, der Gast sollte wählen können. Jetzt besinnen wir uns wieder auf die Anfänge, auf das Prinzip des Gasthofs – interpretieren es aber natürlich neu.

*Konfuzius sagt, wer drei Tage kein Buch gelesen hat, schaut wie ein Esel aus dem Spiegel. Wenn Sie drei Tage nicht gekocht haben, werden Sie dümmer?*

Wenn ich drei Tage nicht am Herd stehe, muss ich irgendwo erst mal dringend Dampf ablassen. Für mich ist entscheidend, täglich schöpferisch zu arbeiten. Das spornt meine Kreativität an, hält sie geschmeidig. Aber es gibt natürlich auch Tage, wo mir einfach nichts einfällt.

*Wodurch wird man ein besserer Koch?*

Durch tägliches Arbeiten. Man lernt immerzu. Ich denke gerne nach über das, was ich tue. Kreativität ist vor allem die Fähigkeit, dazulernen zu wollen.

*Essen ist neben Sex das Intimste, was wir mit unseren Körpern anstellen können. Welche Folgen hat das für Ihre Küche?*
Das geht mir etwas zu weit – mit Sex hat Essen nichts zu tun, wohl aber mit Sinnlichkeit. Es geht ums Essen und um Gefühle. Die japanische Küche ist zum Beispiel äußerst sinnlich.

*Kann man Kochen als religiösen Ritus sehen?*
In Kassel auf der documenta waren manche Künstler stark davon beeindruckt, dass man sich meine Werke einverleiben kann, meine Arbeit also eine Art Kommunion ist. Das hat viele fasziniert. Dennoch bin ich mit solchen Vergleichen vorsichtig. Zwischen den beiden extremen Polen Hunger und Gaumenkitzel ist jede Menge Platz für unzählige Sichtweisen aufs Essen. Wenn man vor einem Gemälde von Dalí oder Picasso steht, mag es einen berühren oder nicht. Die einen rührt es zu Tränen, andere lässt dasselbe Gemälde völlig kalt. Mit dem Fußball verhält es sich genauso. Für manche ist Fußball das Größte, andere können überhaupt nichts damit anfangen. Im Leben ist alles relativ. Was einen Menschen tief im Inneren berührt, lässt sich nicht vorhersagen: Es bleibt etwas Urpersönliches und Individuelles. Aber im Unterschied zu Fußball und Malerei ist Essen ein Grundbedürfnis. Wir haben von Geburt an ein Verhältnis zum Essen. Wir alle müssen essen.

*Wenn wir moderne Kunst, Literatur oder Musik verstehen wollen, bedarf es einer gewissen Vorbildung. Welche kulinarische Vorbildung ist erforderlich, um Ihr Essen genießen zu können?*
Wenn man von einem Bild erst berührt werden kann, wenn man viel darüber weiß, braucht man erst gar nicht ins Museum zu gehen. Es ist doch unmöglich, über alle Bilder und

Maler Bescheid zu wissen. Mit der Musik verhält es sich genauso: Entweder sie geht direkt unter die Haut oder sie lässt uns kalt. Alles andere ist doch ein Armutszeugnis. Mich interessiert das echte, unvermittelte Erleben. Wer sich an den Tisch setzt, möchte etwas Unvermitteltes, Direktes empfangen. Die Küche ist kein intellektuelles Territorium: Entweder das Essen schmeckt einem oder nicht.

*Aber Sie schaffen nicht nur Emotionen, sondern auch ironische Gerichte, wie zum Beispiel die »elektronische Milch«. Das müssen Sie uns erklären.*

Kochen ist eben eine Sprache, und ich spreche gerne mit den Leuten. Dieser Dialog lässt Platz für Ironie, Überraschungen, Provokationen, Andeutungen. Es ist Platz für alles.

*Wenn wir Ihre Bücher lesen, haben wir das Gefühl, dass Sie ein Erzähler sind, dass Sie mit Essen eine Geschichte erzählen.*

Da ist schon etwas dran. Kochen ist eine universelle Sprache. Wenn man Sauerkraut isst, verleibt man sich damit auch eine spezielle Geschichte im Sinne von Historie ein. Damit meine ich die Tradition einer Region – nichts Erfundenes. Aber wir hier im »elBulli« versuchen auch, neue Geschichten zu erzählen. Im Grunde tut das jeder Koch.

*Die ganze Welt redet plötzlich übers Kochen, Köche sind Stars geworden. Gleichzeitig essen viele Menschen immer schrecklichere Fertiggerichte. Wie erklären Sie sich das?*

Es gab nie die gute alte Zeit, als mit dem Essen alles in Ordnung war. Man darf die Vergangenheit nicht verklären – als hätte es früher nur landwirtschaftlich unverfälschte Produkte gegeben. In Wahrheit haben die meisten Menschen früher einfach nichts zu fressen gehabt. Die Leute haben gehungert.

Deshalb wurden Kriege geführt. Wir in Westeuropa leben heute im Überfluss. In unserer Gesellschaft ist alles erlaubt: Bei den einen dreht sich alles ums Essen, die anderen scheren sich überhaupt nicht drum. Weltweit gesehen verhält es sich anders. Es gibt zu viele Menschen, und es reicht nicht für alle. So einfach ist das. Das kann so nicht weitergehen. Mal sehen, ob wir das endlich hinkriegen.

*Als was möchten Sie in Erinnerung bleiben?*
Ich beabsichtige noch nicht zu sterben. Das steht noch lange nicht an. Ganz abgesehen davon, ist es mir völlig egal. Sollen die Leute doch über mich denken, was sie wollen. Mich kümmert das überhaupt nicht.

Als SIE und ER Ferran Adrià nach dem Gespräch aus Schaulust und Neugier in die von der berühmten Stierkopfskulptur beherrschten Küchenräume des »elBulli« begleiten, glauben beide, hier, im ganz anderen, laborähnlichen Ambiente, eine Veränderung an Adrià wahrzunehmen. Adrià nennt sein Restaurant gern »ein Kloster«, weil sich hier während der 165 Öffnungstage des »elBulli« alle ganz aufs Kochen konzentrieren. Die Atmosphäre hier in der Küche ist tatsächlich klösterlich. Aber Adrià ist alles andere als ein Guru. Aus dem mediengewandten rundbuckelnden Showman wird hier ein aufrecht stehender kommandierender General, aus Danny DeVito ein links und rechts von Adjutanten belagerter, verkostender und Anweisungen erteilender Napoleon. Ruhig, ganz bei sich und im Wortsinn gelassen wirkt Ferran Adrià nur, wenn er etwas kostet.

Ein Ruf zur Ordnung: Malen SIE und ER nun plötzlich Heiligenbildchen? Sind das Tatsachen oder bloße Projektionen? Einig sind SIE und ER sich nur in einem: Von Ferran Adrià, dessen katalanische Satzkaskaden wie Maschinengewehrsalven schnarren, wird man noch viel hören.

Und hoffentlich auch noch viel lesen. Zum Beispiel so herausragende Koch-Bücher wie *Food for Thought – Thought for Food.* Zwei Stammgäste von »elBulli«, der Pop-Art-Künstler Richard Hamilton und Vicente Todolí, haben diesen Prachtband zusammengestellt, in dem Ferran Adrià nicht nur sein documenta-Abenteuer erzählt, sondern im Zeitraffer die Evolution seiner Kochkunst während der letzten dreißig Jahre darstellt. Für SIE und IHN ist *Food for Thought – Thought for Food* eines der wegweisenden Kochbücher der letzten Dekade, eine den Blick auf wirklich Neues lenkende Lektüre. Ferran Adrià listet in diesem Buch die wichtigsten Wegstationen seiner Kochpraxis und Denkweise auf und stellt unter den rund 1500 Gerichten, die er während seiner 26 Jahre in Roses entworfen hat, ein Dutzend Kreationen zusammen, die ihm als die entscheidenden Gerichte des »elBulli« erscheinen. Wenn es je Seelenprotokolle der Selbstfindung eines Meisterkochs gab, dann hier:

*Zwölf entscheidende Gerichte des »elBulli«*

1. Hummer Gazpacho (1989)
2. Salziger Tomaten-Granizado mit frischem Oregano und weißem Leckerbissen (1992)
3. Schaum aus weißen Bohnen mit Seeigeln: der erste Schaum (1994)
4. Gemüse-Mix in Texturen (1994)
5. Curry-Hühnchen auf zwei Arten (1995)
6. Karamellisiertes Wachtelei (1996)
7. Der Gewürzteller (1996)

8. Räucherschaum (1997)
9. Erbsensuppe 60°/4° (1999)
10. Sphärischer Melonenkaviar (2003)
11. Schmelze (2004)
12. Pistazien-LYO mit Consommé-Gelee aus schwarzen Trüffeln und Mandarinenluft (2005)

Aus: *Food for Thought*

In der Küche des »elBulli« regiert die Logik von Märchen und Magie. Die Produkte legen ihr vertrautes Gewand ab und erscheinen hier anders, als sie sind: mal ändern sie nur ihre Temperatur, wie in der heiß und kalt zugleich servierten »Erbsensuppe 60°/4°«, mal ihre Textur, und manchmal auch beides zusammen, etwa wenn beim »Curry-Hühnchen auf zwei Arten« zwar alle Komponenten der traditionellen Zubereitung auf dem Teller präsent sind, jedoch so dekonstruiert, dass kein Esser beim Anblick auf die Idee käme, was er vor sich hat. »Hinter der Methode der Dekonstruktion steckt die Idee, dass der Geschmack, das heißt das entscheidende Merkmal des Originalgerichts, im Mund wieder zusammengesetzt wird«, erklärt Ferran Adrià. Auf die Spitze getrieben wird das ironische Spiel aber beim »Gewürzteller«, einem Gelee aus grünem Apfel, auf dem wie auf dem Zifferblatt einer Uhr verschiedene Kräuter und Gewürze liegen, beginnend mit einem Blättchen Pfefferminz auf der Zwölf. Die Esser erfahren zwar die Namen der verwendeten Gewürze, nicht aber deren Anordnung. Kann man sich eine inspirierendere Vorlage für ein Tischgespräch vorstellen? Erzählte jeder am Tisch auch nur von einem Bruchteil der Erinnerungen, Assoziationen und Bilder, die Adriàs Kräuter- und Gewürzuhr in IHR oder IHM auslöst, der Gesprächsstoff reichte für Tage. Wenn je ein Koch eine Einladung zum Aufbau einer persönlichen Aromenbibliothek ausgesprochen hat, dann Ferran Adrià mit diesem Gericht. »Auf diese Weise wird das Spiel mit der Küche verbunden«, schreibt Adrià in *Food for Thought*.

Im Grunde bedient sich Ferran Adrià bei der Konzeption seiner Gerichte gängiger Strategien der Aufmerksamkeitssteuerung – von Lockung über Täuschung bis zur Mimikry. Vielleicht am raffiniertesten, gewiss aber am entschiedensten geschieht dies in dem »elBulli«-Gericht »Elektrische Milch«, das die Zunge des Kostenden durch einen leichten Stromschlag sekundenlang betäubt – hier wird quasi Schmerz aufgetischt. »Das ist nichts Besonderes – Szechuanpfeffer übt eine ganz ähnliche Wirkung aus«, wiegelt Ferran Adrià im Gespräch mit IHR und IHM ab. »Ich potenziere diese Empfindung doch nur. Es gibt noch so viel zu entdecken.« Und so lenkt Ferran Adrià mal mit mehr, mal mit weniger sanften Ohrfeigen das Bewusstsein der Essenden auf das, was sie sich da eigentlich in die Münder stecken.

Die Dokumentation seiner Arbeit in aufwändigen Kochbüchern war ihm schon immer wichtig, erklärt Adrià im Gespräch. Nur auf diese Weise könne ein Koch hoffen, dass von seiner Arbeit etwas bleibe außer schmutzigem Geschirr.

Insbesondere seine Offenheit für Verfahren der modernen Nahrungsmittelindustrie wie etwa die Lyophilisation oder Gefriertrocknung trug Ferran Adrià immer auch Kritik ein. Adrià ist einer der wenigen seiner Branche, die in gewisser Weise Konsequenzen aus der Tatsache ziehen, dass die gesamte Welterdbeerproduktion gerade einmal ausreicht, um fünf Prozent allein des US-amerikanischen Bedarfs an Erdbeeraroma zu decken. Jürgen Dollase, Deutschlands bester, weil analytischster und sprachmächtigster Gastrokritiker, schrieb bereits 2002 in einem hellsichtigen Artikel über Adrià in der *Frankfurter Allgemeinen Zeitung*: »Die Frage ist, ob es gelingt, aus dem Oberflächenreiz tatsächlich zu einem vertieften Verständnis von Geschmack zu kommen. Zweifellos hat

Adrià, dessen Qualität als kreativer Koch schon seit fast fünfzehn Jahren und weit vor seiner dekonstruktivistischen Phase außer Frage stand, diesen Transfer-Effekt im Visier, begann aber schon vor Jahren (›Die Amerikaner kommen nur wegen der Effekte‹) erste Zweifel zu hegen. Hat er also einen Homunkulus kreiert, die Videospiel-Version von Geschmackstraining?«

Erst der Ausflug zu Homaro Cantus »Moto« rückt die Erfahrung im »elBulli« für SIE und IHN in Perspektive. Homaro Cantu und Ferran Adrià – das ist der Unterschied zwischen Micky Maus und Tischlein-deck-dich. Während in Chicago permanent Kindergeburtstag gefeiert und so routiniert, aber auch so seelenlos wie in Disneyland pünktlich um 17 Uhr ein Feuerwerk abgebrannt und eine Parade veranstaltet wird, erzählt man an der Costa Brava ironische Märchen für Erwachsene: kulinarische Feengeschichten mit oft überraschendem Ausgang, unvorhersehbar und unberechenbar. Hinter jeder Ecke mag ein Drache lauern – echte Abenteuer eben. Und SIE und ER wissen: Wer mit dem Teufel Suppe essen will, braucht einen langen Löffel.

SIE vermag sich nach intensiver Befragung von Herz und Hirn weder für das »elBulli« und schon gar nicht für das »Moto« wirklich zu erwärmen; ER glaubt, in Roses bei Ferran Adrià einem großen Künstler begegnet zu sein.

Natürlich haben SIE und ER Ferran Adrià gefragt, wo er selbst denn gern essen geht. Das Lokal, das er IHR und IHM empfiehlt, liegt in der Ödnis einer modernen Fußgängerzone neben Fahrlehrern, Friseuren und Videotheken. Die grellweiße Neonbeleuchtung des »Cal Campaner« verströmt den Charme eines Wettbüros. An den Wänden hängen Fußballplakate, auf den Tischen stehen Aschenbecher. Immerhin, es gibt Papierdecken. Für deutsche Augen offenbart erst der zweite, ja eigentlich erst der dritte oder vierte Blick: Tische und Stühle sind in Ordnung, SIE und ER in guten Händen. An der Bar steht hinter dem Plancha-Grill ein

Koch mit Brille und Halbglatze, der mit einer blitzschnellen Bewegung Fisch- und Garnelenköpfe entzweihackt und über seinem Grillgut ausdrückt.

SIE und ER werden in den folgenden beiden Stunden eine der besten Mahlzeiten ihres Lebens verzehren. Den Auftakt bildet Kalmar auf Kartoffelscheibchen, gewürzt mit Olivenöl, hauchdünnen Meersalzsplittern und Piment d'Espelette. Dann folgt das in Katalonien allgegenwärtige Pan de tomate, oft ein lieblos zubereitetes matschiges Weißbrot mit Tomatenabrieb. »Mit dem Tomatenbrot sind meine kulinarischen Wurzeln verbunden«, hatte Ferran Adrià IHR und IHM erzählt, »aber man braucht mindestens zehn Leben, um die Tomate wirklich zu verstehen.« Hier hat man sie verstanden. Genauso wie die wunderbar frischen Seeigel, deren rosa Fleisch an salzige Mangos erinnert. Den auf den Punkt gegrillten Tintenfisch, gewürzt mit der eigenen Tinte. Die dicke Suppe aus Fischmägen und Kichererbsen, zwei Stunden im Fischfond mit Zwiebeln weichgekocht. Die zarten, selbst eingelegten Anchovis. Das hauchdünne Gamba-Carpaccio, das mit dem dicklichen Saft aus den ausgedrückten Köpfen gewürzt ist. Die fleischigen Schwertmuscheln. Die in ihrer Textur unvergleichlichen Seegurken. Und der Höhepunkt: die wie ein natürlicher Espuma schmeckende Leber der Lotte, außen kross, innen schmelzend weich.

Fünf Jahre, erzählt der Koch des »Cal Campaner«, hat er bei Ferran Adrià im »elBulli« gearbeitet. Der Mann sei ein Genie. Aber für sein eigenes Restaurant, bekennt er ironisch, habe er einen anderen Weg zur perfekten Küche eingeschlagen. Eine reine Fischküche stehe und falle nun mal mit der Qualität der Ausgangsprodukte. Nach einer kurzen Pause setzt er hinzu: »Ich habe die Tochter des Fischers geheiratet.«

SIE:
Cal Campaner
Carrer del Mossèn Felio 23
Roses, Spanien
Tel. +34 972 256964

ER:
Hase
St.-Apern-Straße 17
50667 Köln
Tel. 0221 254375

SIE: Ferran Adrià, Albert Adrià, Juli Soler: *Ein Tag im elBulli: Einblicke in die Ideenwelt, Methoden und Kreativität von Ferran Adrià*, Phaidon.
ER: Richard Hamilton, Vicente Todolí (Hrsg.): *Food for Thought. Thought for Food: Gedanken über das kreative Universum von Ferran Adrià, die Avantgarde-Küche und ihre Beziehung zur Welt der Kunst*, ACTAR.

Marco Ferreri (Regie): *Das große Fressen*

# 7. Kapitel: »Vom lieben Gott mit einer gewissen Zärtlichkeit angesehen werden«

*Herzblut und Hirnschmalz, Wild und Wahn, Vincent Klink und Bill Buford, Dosenwurst und Katzenfutter, ein hässliches Wort für eine hässliche Sache, fünfhundertsechsundsiebzig Milliarden Jahre Hunger, SIE und ER gehen einkaufen und: die Wurzel allen Übels.*

Herr Häffner ist ein verschmitzter Mann. Normalerweise tritt der Sommelier der Degerlocher »Wielandshöhe« an den Tisch und stellt wie ein herbeibeschworener Flaschengeist die Märchenfrage: »Wohin soll die Reise gehen?«

Heute Mittag aber kennt Herr Häffner das Ziel der Reise schon. Nur SIE und ER tappen noch im Dunkeln. Der Hausherr der »Wielandshöhe«, Vincent Klink, hat vorgeschlagen, sie während des Interviews über Geschmacksunterschiede zwischen Mann und Frau »ein bisschen« zu füttern. Für SIE und IHN ein Angebot, das sie nicht ablehnen können. Vincent Klink ist, was man im Schwäbischen »knitz« nennt: gleichermaßen gewitzt und ironisch, »street smart« sagen dazu Amerikaner. Und so hat er denn auch eine Überraschung für SIE und IHN in petto.

»Zum Hauptgang hat der Chef etwas für Sie vorbereitet«, sagt Herr Häffner süffisant und wirft der Kellnerin einen warnenden Blick zu. Am liebsten trinken SIE und ER hier jene Lokalhelden, für die sich Alexander Häffner mit großer Leidenschaft einsetzt, schwäbische Weine, zum Beispiel den Weißburgunder von Dolde aus Nürtingen oder die aus Lemberger, Burgunder, Dornfelder und Cabernets bestehende Rotwein-Cuvée »Herbst im Park« von

Graf Adelmann aus Kleinbottwar. »Dazu möchte ich Ihnen heute einen kräftigeren Roten empfehlen«, sagt Herr Häffner heute. Wieder schießt er einen Blick zur Kellnerin, ein Verschwörerlächeln blüht zwischen ihnen auf. »Einen wirklich sehr, sehr kräftigen Rotwein, wenn ich mir das vorzuschlagen erlauben darf.« Herr Häffner klingt nun wie die Schlange Kaa aus dem *Dschungelbuch*. SIE, ER, Herr Häffner und ihr Geldbeutel einigen sich schließlich auf einen Pomerol.

From: edition <[redacted]>
To: scheck@[redacted]
Sent: Mon, Jan 4, 2010 12:04 pm
Subject: AW: Dreiste Anfrage

Lieber Denis Scheck,

ich bin am Mittwoch ab 8.00 Uhr morgens den ganzen Tag im Restaurant, ausgenommen Siesta zwischen 14.30 und 16.00 Uhr. Vormittags wäre ideal, oder noch besser: Wie wäre es denn, ich füttere Sie beide mittags ein bisschen und nebenbei hirnen wir über „gusto female"?

Herzliche Grüße, Vincent Klink

RESTAURANT WIELANDSHÖHE

VINCENT KLINK

Alte Weinsteige 71
70597 Stuttgart

Anders als das Bulldoggen-Kuddelmuddel in Ferran Adriàs »elBulli« ist die »Wielandshöhe« innen ein einziger Augentrost. Das liegt an Frau Klink.

Als Gastgeberin ebenso aufmerksam wie unmissverständlich in ihren Vorgaben an den Service, umfasst Elisabeth Klinks Domäne alles, was sich nicht auf dem Teller abspielt – inklusive des Tellers selbst. »Man macht sich in so einem Restaurant viel zu wenig Gedanken, wie viel eigentlich die Chefin im Hintergrund leistet«, wird Vincent Klink später über seine Frau erzählen. »Sie ist eigentlich der Boss, ich bin ja nur der Darsteller. Vor ihr haben auch alle Angst. Ihr entgeht kein Drecktupfer. Wenn einer schmutzige Fingernägel hat, dann heißt es: ›Spinnst du total?‹ Meine Frau sieht Dinge, die mir entgehen. Auch wenn etwas nicht schön angerichtet ist. ›Was ist denn das für ein Sauhaufen?‹, sagt sie dann. Und der Koch kann froh sein, wenn er das Ding nicht an den Schädel kriegt.«

Die von Frau Klink geschmackvoll arrangierten üppigen Blumen in der »Wielandshöhe« lassen davon nichts ahnen und nehmen die Cremefarben der Einrichtungsstoffe auf. Die schlichten, gediegenen Nussbaummöbel, die klaren und doch fließenden Linien des durch faltbare Trennwände in seiner Größe variablen Saals erinnern an alles, was gut war am Bauhaus, ehe es seinen Popularisierern und Trivialisierern in die Hände fiel. Nichts lenkt ab von dem eigentlich Bestechenden der schneeweißen Villa, die auf Höhe einer Haltestelle der »Zacke«, der Stuttgarter Zahnradbahn, am steilen Hang der Alten Weinsteige liegt: dem sensationellen Blick in den Kessel der Innenstadt. Sie springt dem Betrachter buchstäblich ins Auge. Nirgendwo sieht Stuttgart schöner aus als von der Terrasse der »Wielandshöhe«.

Auch Vincent Klink ist ein Augenschmaus. Endlich mal ein Koch, der aussieht wie ein Koch! Genauer: Vincent Klink sieht aus wie ein Bilderbuchkoch. Lässt Oscar Wilde in einem Theaterstück nicht einmal eine Figur sagen, es sei sehr unanständig, zu reden wie ein Zahnarzt, wenn man gar kein Zahnarzt sei? Vincent Klink redet wie ein Koch – freilich einer, dem ein Gott die Macht verliehen hat zu sagen, *wie* er kocht. Sein Wortschatz ist wie seine Küche: raffiniert, aber ohne Schnickschnack, geerdet, durchsetzt mit zahlreichen altmodischen regionalen Einsprengseln, voll urtümlicher Wucht gerade dank präziser Aktualisierungen. Egal, ob Vincent Klink von Kunst oder »Kruscht« (Ramsch), Hingabe, Seele oder »Grasdackeln« (Idioten) spricht, man merkt sofort: Da ist Herzblut dabei. Diesem Mann könnten SIE und ER stundenlang zuhören. Und vom Enthusiasmus eines Vincent Klink geht höchste Ansteckungsgefahr aus. Einmal hat ER in der Küche der »Wielandshöhe« mit Klink fürs Fernsehen über dessen mit Nikolaus Heidelbach und Wiglaf Droste verfasstes Buch *Wurst* gesprochen, und Vincent Klink ließ es sich nicht nehmen, während ihres Gesprächs eine einfache Bratwurst herzustellen, wovon er das Team kosten ließ. Die Folge war, dass ER und sein Regisseur sich am nächsten Tag jeder einen elektrischen Fleischwolf kauften und seither zu Hause selber wursten.

Seit zwanzig Jahren betreiben Vincent und Elisabeth Klink die »Wielandshöhe«. Davor stand er am Herd des »Postillon« in Schwäbisch Gmünd, das er 1974 gemeinsam mit seiner Frau übernommen hatte und 1978 zum ersten Michelin-Stern führte. »Da haben wir manchmal solche Niederlagen erlebt, dass wir selbst tags darauf am nächsten Mittag nicht öffnen konnten, weil wir noch dermaßen moralisch zerstört waren«, erinnert sich Klink an sein erstes Restaurant. »Wir sind einfach nicht nachgekommen. Unsere Gäste mussten anderthalb Stunden aufs Essen warten. Die ließen dann blöde Sprüche los wie: ›Sag mal, übt der Koch noch?‹ Und da waren wir dann mitunter so geknickt, dass wir uns noch am nächsten Morgen sagten: Nein, heute Mittag bleibt der Laden zu!«

Der Laden bleibt heute nicht mehr zu. Mit Niederlagen haben Elisabeth und Vincent Klink inzwischen gelernt, souveräner umzugehen. Jedenfalls mit Niederlagen beim Kochen. Natürlich komme es immer mal wieder vor, dass man sich etwas schönrede, dass die Steaks eben nicht so zart seien, wie man es sich einbilde, so Klink. »Und wenn dann einer reklamiert, überlegt man sich schon: Mensch, das hast du jetzt den ganzen Abend verkauft. Vor allem, wenn der Grasdackel auch noch recht hat. Das ist dann aber schnell verarbeitet.« Die Misserfolge, an denen Vincent Klink, Herausgeber der Zeitschrift *Häuptling eigener Herd* und Autor einer glänzenden Autobiografie, heute länger zu kauen hat, ereignen sich auf einem anderen Feld. »Kochen ist ein Handwerk, das zum Glück auch ziemlich schnelllebig ist. Beim Schreiben ist es dagegen ja ganz blöd: Ein dummer Satz, der gedruckt ist, begleitet einen ein Leben lang.«

Nach der obligatorischen Lauchquiche – dem seit Jahren unveränderten, inzwischen zum Markenzeichen gewordenen Küchengruß der »Wielandshöhe« – essen SIE und ER zunächst, was ihnen bei Vincent Klink immer besonders gut schmeckt: Innereien und Fisch. Gebratene Rotbarbe mit Fenchelgemüse für SIE, Boudin blanc auf Rahmsauerkraut für IHN. Danach schenkt Herr Häffner den inzwischen dekantierten schweren Roten ein. Zeit für die angekündigte Überraschung: Zusammen mit dem Patron kommt ein Schmorgericht auf Wurzelgemüse aus der Küche, ominös wirkende Fleischstücke in einer dunklen Soße. Misstrauisch beäugen SIE und ER die Kellnerin, die Fleisch und Beilagen auf ihre Teller legt.

»Sie sind doch wohl hoffentlich nicht Vegetarier geworden?«, begrüßt ein strahlender Vincent Klink sie beide. »Ich habe für Sie Murmeltier gekocht!«

Murmeltier. Selbst der in seiner Bedeutung keineswegs nur für die Gastrokritik eher unterschätzte Wolfram Siebeck bekam im Lauf seines über acht Jahrzehnte währenden Lebens bislang Murmeltier nicht über die Lippen – allerdings nur aus Mangel an Gelegenheit, wie er im Juli 2010 der Schweizer Zeitschrift *Annabelle* gestand: »Ich wollte. Doch als ich von ihrer Essbarkeit erfuhr, gab es keine. Vielleicht war die Saison vorbei, in der sie gut schmecken; vielleicht waren die Jäger wieder mal alle hinter dem Einhorn her. Ich hatte kein Glück.«

SIE und ER haben heute Glück. Murmeltierglück. Ein markanter Duft steigt von den Tellern in ihre Nasen, Ernest Hemingway definiert Mut als die Fähigkeit, »grace under pressure«, Anmut unter Druck, an den Tag zu legen. SIE und ER haben diese berühmt gewordene Maxime sicher nicht immer beherzigt, aber immerhin als Trostsprüchlein öfter an sie gedacht – SIE auf Intensivstationen und in Arztpraxen, ER im Rotlichtmilieu der Medien. Neu ist für sie beide nun jedoch die Erfahrung, dass man auch vor einem Teller sitzend mitunter Mut aufbringen muss.

Wirklich so neu? Rührt ihre Beklommenheit angesichts des aufgetischten Murmeltiers nicht vielmehr aus zwar längst vergangenen, aber eben nicht verdauten Tagen? Denn ist dieses verzagte Sitzen vor einem Teller mit unbekannter Speise, dieses ohnmächtige und bange Zaudern vor dem Neuen nicht die universelle Kindheitserfahrung schlechthin? Essen als Geiselnahme. Messer, Gabel und Serviette als Geräte zur Kinderdressur. Erklärt sich so nicht auch wenigstens zum Teil das immer populärer werdende Fast-Food- und To-go-Phänomen: nämlich durch die empfundene Freiheit, all diesen Abrichtungsprozeduren und Qualen der Kindheit endlich zu entkommen? Immer mehr Menschen verzehren Döner, Cheeseburger, Pizza und Pommes, ja selbst Sushi auf der Straße, womöglich nicht nur, um ihren mobilen Lebensstil zu kultivieren, sondern auch, um sich den Tischzwängen zu entziehen. Etwa der Zumutung, vor einem Teller mit Murmeltier zu sitzen.

Murmeltier schmeckt nach Steinzeit, findet SIE. Erdig, wirklich wild, jedenfalls viel wilder als üblicheres Wildbret wie Hase und Wildschwein, Reh oder Hirsch. So ähnlich, stellt SIE sich vor, könnte auch Biber oder Fischotter schmecken, die man in der Antike und noch im späten Mittelalter verspeist hat. Selbst in der lorbeer- und wacholderwürzigen dunklen Klink-Soße merkt SIE dem relativ fetten, sehr mürben Fleisch an, dass das Tier, von dem es stammt, kein Dasein in einem Stall geführt hat. Es schmeckt keineswegs zäh, das richtige Wort ist eher: durchtrainiert. ER findet, Murmeltier schmeckt murmeltierig, punktum. Einfach unvergleichlich.

| Wildart | Jagdjahr 2007/08 Stück | Jagdjahr 2008/09 Stück | gegenüber Vorjahr Stück | gegenüber Vorjahr % |
|---|---|---|---|---|
| Rotwild | 60 380 | 67 246 | 6938 | 11,50 % |
| Damwild | 54 055 | 55 407 | 1325 | 2,50 % |
| Sikawild | 1199 | 1637 | 438 | 36,53 % |
| Schwarzwild | 479 907 | 646 790 | 166 883 | 34,77 % |
| Rehwild | 1 081 160 | 1 102 604 | 21 444 | 1,98 % |
| Gamswild | 3952 | 4389 | 437 | 11,06 % |
| Muffelwild | 6408 | 6888 | 480 | 7,49 % |
| Feldhasen | 528 492 | 421 573 | -106 919 | -20,23 % |
| Wildkaninchen | 269 146 | 231 689 | -37 457 | -13,92 % |
| Fasane | 443 665 | 267 824 | -175 841 | -39,63 % |
| Rebhühner | 11 592 | 5487 | -6105 | -52,67 % |
| Waldschnepfen | 18 245 | 18 973 | 728 | 3,99 % |
| Wildgänse | 44 106 | 53 032 | 8926 | 20,24 % |
| Wildenten | 484 336 | 468 262 | -16 074 | -3,32 % |
| Wildtauben | 909 510 | 921 186 | 11 676 | 1,28 % |
| Füchse | 569 924 | 553 945 | -15 979 | -2,80 % |
| Dachse | 52 543 | 55 407 | 2864 | 5,45 % |
| Marder gesamt | 49 258 | 46 746 | -2512 | -5,10% |
| Iltisse und Wiesel | 24 032 | 21 170 | -2862 | -11,91 % |
| Waschbären | 36 572 | 54 790 | 18 218 | 49,81 % |
| Marderhunde | 35 529 | 30 053 | -5476 | -15,41 % |

Jahresjagdstrecken Bundesrepublik Deutschland. Jagdjahr: Dauer vom 1. April bis 31. März des Folgejahres; Quelle: DVJ-Handbuch 2010

Über eine Million Rehe werden in Deutschland jedes Jahr geschossen. Und dabei decken die Deutschen noch nicht einmal ein Prozent ihres Fleischverzehrs mit Wild. SIE und ER finden das verwunderlich. Wildfleisch ist aufgrund der stressfreieren Lebensweise eine echte Alternative zum Fleisch von Vieh aus Stallhaltung. Zudem ist es gesünder, weil relativ fettarm. Allerdings kommen die Deutschen immer mehr auf den Geschmack am Wild. Die vom Deutschen Jagdschutz-Verband erstellte Statistik weist mit einem Plus von gut zwölf Prozent von 2007/2008 auf 2008/2009 unterm Strich eine stark steigende Tendenz aus. Am beliebtesten in Deutschland sind Wildschwein, Reh und Hirsch.

Murmeltiere stehen in Deutschland unter Naturschutz. Nicht aber in Österreich und in der Schweiz. Dort zählt Murmeltier zu den lokalen Spezialitäten, und selbst in dem Naturschutzgebiet im Engadin, wo Vincent Klink seit vielen Jahren wandern geht und mit einigen Jägern befreundet ist, werden Murmeltiere regelmäßig bejagt, um ein zu starkes Anwachsen der Bestände zu vermeiden. Bei seinem letzten Wanderurlaub in der Schweiz bekam Klink ein geschossenes Murmeltier geschenkt, erzählt er. Tiefgefroren hat er es für eine besondere Gelegenheit aufbewahrt – zum Beispiel für unser Gespräch über Mann und Frau im Restaurant und in der Küche.

## Vincent Klink: »Mit Frauen in der Küche treibt man den Intelligenzquotienten in die Höhe«

*SIE & ER: Isst Ihre Frau Murmeltier, Herr Klink?*

Vincent Klink: Nein. Generell spielt für viele Frauen der Tierschutz und die Tierliebe beim Essen eine größere Rolle als für Männer. Bei meiner Frau zum Beispiel ist es so, dass sie auch weder Reh noch Hase isst, weil das so putzige Tiere mit so schönem Fell sind.

*Dann sind Murmeltiere also erst recht vor ihr sicher …*

Ganz sicher. Aber einen Rostbraten isst sie dann schon, weil sie weiß, dass das Rind glücklich gelebt hat. Meine Frau ist der Ansicht, Fleisch essen müsse der Ausnahmefall bleiben. Das vertritt sie sehr konsequent. Kein Wunder: Sie stammt aus dem Remstal, einer harten Gegend voller konsequenter Menschen. Meine Frau liebt zum Beispiel Hummer. Aber ihren letzten Hummer hat sie vor vier Jahren in der Bretagne gegessen, und den nächsten wird sie erst wieder essen, wenn wir mal wieder in die Bretagne kommen.

*Wieso? Bei Ihnen sitzt sie doch an der Quelle.*

Schon. Aber unter der Qualität eines tagesfrischen Hummers aus der Bretagne macht sie's einfach nicht mehr. Neulich haben wir die Herrmannsdorfer Landwerkstätten von Karl Ludwig Schweisfurth besucht. Da rennen die Schweine frei herum, und man sieht, diesen Schweinen geht es viel besser als uns. Die führen ein Luxusdasein. Und da hat meine Frau in dem angegliederten Gasthaus mit mir ein Schweinekotelett gegessen, das fantastisch war. Der Nachteil für die Schweine ist ihr kurzes Leben. Aber es war ein gutes Leben. Darum macht sich meine Frau viele Gedanken. Und das merken wir hier im Restaurant beim weiblichen Kundenkreis viel mehr als bei Männern.

*Was hat Vincent Klink von Vegetariern gelernt?*

Ich muss sagen, Vegetarier haben zum großen Teil recht. Ich mache mich über diese Leute überhaupt nicht lustig. Ich bin beim Auswärtsessen schon zu drei Vierteln selbst Vegetarier geworden. Wenn ich nicht weiß, woher das Fleisch stammt ... Früher war ich da nicht so wählerisch. Da habe ich halt von irgend so einer Grillstation ein Brathähnchen gegessen. Das mache ich heute nicht mehr. Da bin ich nachdenklicher und auch sensibler geworden.

*Auch aufgeklärter?*

Aufgeklärt war ich schon immer, aber es hat bei mir endlich gezündet, dass es so nicht weitergeht. Man muss auch nach dem leben, was man als Koch darstellen möchte. Andererseits: Wenn ich einen brüllenden Hunger hätte, wüsste ich nicht, ob ich an einem »Burger King« vorbeikäme. Wahrscheinlich nicht. Denn im Grunde wäre das wahrscheinlich auch wieder unvernünftig. Aus ethischen Gründen hungern ist schon eine stark beseelte Diät. Da neige ich nicht unbedingt dazu. Bei Veganern wird's richtig happig und extrem schwierig. Für diese Leute kann ich fast nicht kochen. Wenn sie dann noch eine Gluten-Allergie haben, ist es ganz aus. Wir kriegen ja heute manchmal schon Listen von anderthalb Seiten Länge gefaxt, auf denen steht, was die Leute nicht mögen oder wogegen sie allergisch sind. Da habe ich mich bis vorletztes Jahr vielleicht noch durchgekämpft. Inzwischen sage ich: Wir sind keine Fastenklinik und kein Sanatorium. Uns ist es zu risikoreich, Sie zu bekochen!

*Haben Sie Kochen von einer Frau gelernt?*

Eigentlich haben das fast alle Köche – auch Paul Bocuse. Alle anderen sind eindeutig im Nachteil.

*Inwiefern?*

Das ist natürlich eine wilde Behauptung. Aber wenn man sich so querbeet in Kreisen älterer Kollegen umhört, stößt man eigentlich immer auf das Vorbild einer gut kochenden Mutter, Tante oder Oma. Diese Köche haben eindeutig die Nase vorn. Es heißt zwar immer, unsere Genussfähigkeit läge in den Genen begründet, aber ich glaube, es hat etwas mit dem Nachahmen des Kindes zu tun. Wenn im elterlichen Haushalt nur gejoggt und Joghurt gegessen wird, dann hat das Folgen. Entscheidend ist das Vorbild am Esstisch. Dazu bedarf es nicht unbedingt großer Küche, sondern einfach, dass sich jemand Mühe gibt. Selbst wenn am Ende dann eine angebrannte Pizza aufgetischt wird. Was zählt, ist die Hingabe. Ich glaube, dass sich das im Kopf festsetzt und eine Leitschnur fürs spätere Leben liefert.

*Bestellen Frauen in Ihrem Restaurant anders als Männer?*
Ja. Frauen bestellen sensibler, anders kann ich's nicht ausdrücken. Sie interessieren sich auch viel mehr dafür, woher die Produkte stammen.

*Wie viele Frauen kochen heute in Ihrer Küche?*
Im Moment sind es zwei von sieben Köchen, ab nächste Woche wieder drei. Wahrscheinlich werden es sogar noch mehr: Ich bekomme mehr Bewerbungen von Frauen als von Männern, mit durchgängig besseren Zeugnissen. Keine Frage: Mit Frauen in der Küche treibt man den Intelligenzquotienten in die Höhe! Allein, um sich für diesen Beruf zu entscheiden, muss sich eine Frau vermutlich viel stärker überwinden als ein Mann. Wahrscheinlich sagen schon die Leute auf dem Arbeitsamt: »Die Arbeit ist zu schwer für Sie!« Was ja überhaupt nicht stimmt. Meine Erfahrung ist absolut positiv, auch was das Durchhaltevermögen in Extremsituationen angeht. Wir haben vor Weihnachten nun mal einen 17-Stunden-Tag. Meine Köchinnen haben da eher eine bessere Kondition als die Köche. Wobei die Arbeitszeit in einer Küche gefühlt eine völlig andere ist als in einer Fabrik. In einer Küche haben sie immer zu wenig Zeit, der Uhrzeiger rast. In einer Fabrik hingegen, wo ich auch mal gejobbt habe, bewegt sich der Zeiger überhaupt nicht von der Stelle. Eine meiner Absolventinnen hat jetzt sogar einen Doktortitel in gastro-

nomischen Wissenschaften von der Slow-Food-Universität in Pollenzo im Piemont – die kocht nun als Dottoressa in Seattle!

*Und warum gibt's dann so wenige Spitzenköchinnen?*
Das kommt noch! Der Wandel hat ja gerade erst begonnen. Ich bin überzeugt, dass sich in den nächsten zehn, zwanzig Jahren da sehr viel ändern wird. Viel hängt an der Kinderfrage. Wenn der Wunsch nach einem Kind kommt, wird die Sache schwierig. Das ist aber auch in vielen anderen Berufen so.

*Haben Sie denn mal eine Köchin mit Kind beschäftigt?*
Nein. Dreißig war bislang das höchste Alter einer Köchin bei mir. Das mit den Frauen ging ja erst vor fünf, sechs Jahren richtig los. Dass eine Frau mit einem Einser-Abitur Köchin werden will, ist ein ziemlich neues Phänomen. Das hat natürlich auch mit den Rollenvorbildern in der Kindheit zu tun – vor fünfzig Jahren war das vielleicht noch Sissi oder so was Grausiges. Aber es hat sich ja auch etwas in unserer Gesellschaft verändert. Es gibt zwar auch heute noch Ehefrauen, die eigentlich an der Kante zur Prostitution tätig sind, hauptsächlich mit dem Porsche Cayenne zum Salatkaufen fahren und sich ansonsten alles von ihrem Alten bezahlen lassen. Aber für die jungen Frauen in meiner Küche sind das keine tauglichen Lebensentwürfe mehr.

*Ein sechzehnjähriger Kochlehrling hat uns über seinen Berufsalltag heute erzählt: »Koch ist ein so harter Job, entweder du wirst Alkoholiker oder du wirst Nazi!«*
Da ist was dran. Aber es gibt natürlich Wahnsinnsunterschiede in der Gastronomie. Das Berufsbild des Kochs ist un-

glaublich breit gefächert: vom Schmuddelkoch bis zum Filigranartisten. Denken Sie nur mal an Baiersbronn, wo der Harald Wohlfahrt abends vielleicht 22 Gäste bewirtet und dafür acht Köche in der Küche stehen hat. Das ist kein Höllenjob. Entscheidend ist ja nur, ob es Freude macht. Wenn es keine Freude macht, ist es furchtbar. Man kann nicht kochen wie man seinen Job als Abteilungsleiter im Statistischen Landesamt verrichtet. Kochen ist da ziemlich schwarzweiß. Entweder man ist richtig heiß und es ist klasse - oder es ist scheiße.

*Aber es gibt ja auch die Welt der Großküchen – eine Welt ohne Frauen?*
In den Kantinen gibt es sicher auch viele Frauen, aber das sind eher Arbeiterinnen. Ich meine das nicht despektierlich: Die machen halt einen Job nach Schema F. Da sind so und so viele Säcke Kartoffeln, und dann schmeißt man anderthalb Kilo Salz dazu, und fertig sind tausend Liter Kartoffelsuppe oder so ähnlich. Auch das ist Kochen. Aber solche Unterschiede gibt es auch in anderen Branchen, denken Sie nur an Automonteure. Der eine schraubt irgendwo in der Formel 1 an einem Rennwagen herum, der andere steht am Fließband und haut achthundert Schrauben am Tag in Karosserien.

*Wie viel Sexismus begegnet einem heute in Deutschland beim Essengehen?*
Von Seiten der Köche und Wirte fast keiner. Es soll noch dumme Kellner geben, die zum Beispiel Frauen, die allein zum Essen kommen, einen Katzentisch zuweisen. Aber in einem Restaurant kann ja jeder das Gefühl haben, an einen Katzentisch verbannt worden zu sein.

*Kommen denn Frauen zu Ihnen und essen allein?*

Allein essende Männer kommen mindestens zehnmal so viele. Ich schätze, im Monat habe ich zwei allein essende Frauen. Das sind aber nie Hausmütterchen. Die haben immer ein starkes Ego. Mir haben Frauen erzählt, sie trauten sich nicht. Ich kann mir das zwar nicht recht vorstellen, aber ...

*Auch wir würden uns nicht recht trauen, allein bei Ihnen zu essen.*

Für mich ist Alleinessen das Schönste, was es gibt: sich mit einem Buch vor der Nase satt zu essen und ganz langsam volllaufen zu lassen, dann, wenn ein Hotel dabei ist, die Treppe hochkrabbeln und ins Bett fallen – wunderbar!

*Aber wir hätten das Gefühl, Ihnen den Umsatz kaputt zu machen. Da haben wir ein schlechtes Gewissen ...*

Quatsch. Jeder Einzelne macht doch Umsatz. Und die meisten Restaurants stehen ohnehin halb leer. Das dürfen Sie ruhig machen. Außerdem: Frauen sind doch sowieso viel häufiger als Männer die treibende Kraft, überhaupt ins Restaurant zu gehen.

*Warum?*

Frauen genießen den Restaurantbesuch mehr als Männer, die schon mal lieber zu Hause bleiben. Und das hat nur zum kleineren Teil mit dem Auftritt, mit dem Sehen-und-Gesehen-Werden im Restaurant zu tun. Nehmen Sie zum Beispiel nur mal mich. Meine Frau geht wahnsinnig gern mit mir essen. Es muss gar nichts Tolles sein. Sie geht mit mir aus dem einzigen Grund gern ins Restaurant, weil ich, der ich sonst immer irgendwas nebenbei mache und rumwurstel, am Tisch stillsitzen muss. Ich kann nirgendwohin, endlich kann sie mit mir reden, ohne dass ich zum Computer oder sonst wohin entfleuche. Ich glaube, viele Frauen haben ein solches Bedürfnis nach Austausch, das man auch Zweisamkeit nennen könnte. Frauen haben viel seltener Hobbys als Männer. Sie möchten mit ihren Männern einfach viel reden, und das geht zu Hause nicht so gut wie im Restaurant.

Darf man Murmeltiere essen? SIE und ER würden es wieder tun, bereuen ihre Murmeltier-Mutprobe in Klinks »Wielandshöhe« keine Sekunde und haben lange über das Murmeltier nachgedacht, das sie verspeist haben. Genießen und Nachdenken sind im Grunde Synonyme, finden SIE und ER, nicht nur im kulinarischen Kontext.

Bedauern löst in IHR und IHM heute nur die Erinnerung an die von ihnen allzu achtlos gegessene Wurst, das blöde, weil eben gedankenlos verzehrte Fleisch, aus. Viele tausend solcher Mahlzeiten werden es im Lauf ihrer Leben gewesen sein – leider!

Zurzeit wird über die moralische Vertretbarkeit unseres Fleischkonsums besonders heftig gestritten. Weil mit David Foster Wallace (*Am Beispiel des Hummers*) und Jonathan Safran Foer (*Tiere essen*) in den letzten Jahren zwei außergewöhnlich sprachmächtige Autoren spannende und auch formal bestechende Essays zu diesem Thema vorgelegt haben, könnte man auf den Gedanken verfallen, dies sei eine für das 21. Jahrhundert besonders typische Fragestellung. Aber die Einlassungen von Schriftstellern wie George Bernard Shaw, Leo Tolstoi oder Franz Kafka mit seinen zahlreichen Diätmarotten belegen, dass Fragen der ethisch korrekten Ernährungsweise schon vor über 100 Jahren von Intellektuellen leidenschaftlich diskutiert wurden. Und steht nicht im Prediger Salomo, dem 3. Kapitel des Buchs Kohelet: »Denn es geht dem Menschen wie dem Vieh: wie dies stirbt, so stirbt auch er, und sie haben alle *einen* Odem, und der Mensch hat nichts voraus vor dem

Vieh; denn es ist alles eitel. Es fährt alles an *einen* Ort. Es ist alles aus Staub geworden und wird wieder zu Staub. Wer weiß, ob der Odem der Menschen aufwärts fahre und der Odem des Viehes hinab unter die Erde fahre?«

Dies ist die Quelle für Brahms' *Deutsches Requiem* mit seinem schwermütig-tröstlichen »Denn alles Fleisch es ist wie Gras ...«. Aus guten Gründen entzündet sich die Diskussion um die ethische Legitimität von Fleisch- und Fischverzehr immer wieder neu, seit sie von den Vorsokratikern in der Antike erstmals philosophisch angestoßen wurde. Es ist eine der moralischen Grundfragen des Menschseins schlechthin. Ovid besingt in seinen *Metamorphosen* das goldene Zeitalter als fleischlos und lässt Pythagoras von Samos den kulinarischen Sündenfall geißeln:

> Hört auf, ihr Sterblichen, euren Leib durch gottlose Speisen zu beflecken! Es gibt ja Früchte des Feldes, es gibt Obst, unter dessen Last sich die Zweige beugen, und schwellende Trauben am Weinstock. Es gibt süße Kräuter, es gibt Gemüse, das über dem Feuer mild und weich wird. Auch die Milch nimmt man euch nicht und den Honig mit dem Duft blühenden Thymians. Überreich beschenkt euch mit ihren Schätzen und mit harmloser Kost die Erde und gibt euch Nahrung ohne Mord und Blutvergießen.

Die Auseinandersetzung um solche Fragen war in der griechischen Antike das Privileg von Männern. Erst das klassische Rom ließ Frauen zum Gastmahl zu und genoss das Spiel von IHR und IHM. Und zweitausend Jahre später konnte Christian Morgenstern eine Heldin ganz nach dem Geschmack Pythagoras' besingen:

## ROLF UND LULU
von Christian Morgenstern

Palmströms Muhme geht voraus,
wo's ein Tier zu schützen gilt.
Tapfer hält sie ihren Schild
vor die kleinste Ackermaus.

Ihre Dienstmagd Lulu Hammer,
welche Fleisch freut wie ein Wolf
sperrt sie, samt dem Kälblein Rolf
eines Tags in ihre Kammer.

Legt ein Beilchen ihr parat,
spricht: Wofern dir Fleisch so not
schlag denn auch dies Fleisch selbst tot, –
oder aber iß Salat.

Lulu, ganz in sich verwandelt
fühlt, wie grauslich ihre Gier,
bittet ab dem Bruder Tier.
Ja, noch mehr, sie hat gehandelt

wie sonst nur der Helden Weise:
Nämlich gab, fürwahr, sie tat es,
Rolf die Köpfe des Salates
und verblieb selbst ohne Speise.

Schließlich ruft sie nach der Muhme ...
Rolf und Lulu gehn heraus ...
Und sie lebt seitdem im Haus,
reinerer Moral zum Ruhme.

Im Deutschland des Jahres 2011 ernähren sich mehr als doppelt so viele Frauen vegetarisch als Männer: 3,4 Prozent aller Frauen im Vergleich zu 1,5 Prozent der Männer, so die Nationale Verzehrsstudie II.

Mit einem davon haben SIE und ER gesprochen: mit Heinrich Steinfest. Angeblich sind die Romane, die der 1961 geborene österreichische Schriftsteller schreibt, Krimis. Mag sein. SIE und ER kennen keine Romane, in denen man so viel über Kindererziehung erfahren kann. Wenn Heinrich Steinfest denn Krimis schreibt, dann solche, in denen wie in *Mariaschwarz* das Verbrechen mit Sätzen wie den folgenden beschrieben wird: »Die Einfachheit ist das Perfide. Wie sehr die Dinge von selbst laufen.« Oder: »Da ist niemand, der auffällt. Niemand, der die Welt zu erobern versucht. Da ist kein Berlusconi zu entdecken. Kein kleiner Duce, kein Pate. Gruppo Colanino ist ein Zusammenschluss von Firmen, die nichts anderes wollen, als Geld verdienen. Dazu braucht man heutzutage keine Regierungen zu kaufen und die Menschen klein zu halten. Die Menschen halten sich selbst klein.«

Seit Jahren sind SIE und ER mit diesem Schriftsteller bekannt. Dass Heinrich Steinfest Vegetarier ist, haben SIE und ER erst kürzlich erfahren. Heinrich Steinfest ist ein diskreter Mensch.

## Heinrich Steinfest: »Vegetarier sind natürlich die besseren Menschen«

*SIE & ER: Warum haben Sie vor dreißig Jahren aufgehört, Fleisch zu essen?*

Heinrich Steinfest: Weil mir im Alter von zwanzig Jahren klar wurde, kein Jäger, sondern ein Sammler zu sein. Ich stellte mir die Frage, ob ich – auch in einer extremen Situation – in der Lage wäre, ein Tier zu töten, und die Antwort war: Nein!

Nun aber andere Menschen, eben die Jäger, diesen Job für mich machen zu lassen, erschien mir inkonsequent. Umso mehr, als die Methoden dieser »Jäger« an Brutalität nicht zu überbieten sind. Die Gewinnung von Fleisch ist ein einziges Verbrechen. Würde die Gesellschaft ihre humanistische Gesinnung ernst nehmen, müssten eine Menge Leute wegen dieses Verbrechens ins Gefängnis.

*Essen Sie Fisch?*
Wenn ich zum Beispiel sage, ich esse keine Menschen, dann meine ich natürlich ALLE Menschen. Bei den Tieren halte ich das genauso.

*Eier?*
Nur von den Hühnern, die die »glücklichen« heißen.

*Ist Ihr Vegetarismus eine Ernährungsweise oder eine Weltanschauung?*
Die Ernährungsweise ist eine Folge der Weltanschauung.

*Müssen wir uns Ihren Vegetarismus wie ein Zölibat vorstellen?*
Ach nein, das macht eigentlich Vergnügen. Wobei ich jetzt natürlich nicht genau weiß, ob nicht auch das Zölibat Vergnügen bereitet. Eine Einschränkung, ein Verzicht ist ja nicht selten lustvoll. Dazu kommt, dass man es doch schätzt, vom lieben Gott mit einer gewissen Zärtlichkeit angesehen zu werden. Was aber sicher nicht geschieht, wenn man sich gerade einen Burger reingeschoben hat.

*Warum haben Sie vor einem Jahr wieder angefangen, Fleisch zu essen und es dann erneut aufgegeben?*
Ich dachte mir, es wäre besser, meinem Sohn zu zeigen, dass

sein komischer Vater kein Radikalinski ist und hin und wieder auch mal ein Wiener Würstchen (freilich vom Schwäbisch-Hällischen) zu sich nimmt. Aber mein Sohn fand das gar nicht so gut. Wenn man etwa ein Autohasser ist, sollte man das auch bleiben. Also bin ich wieder auf die gute Seite der Macht zurückgekehrt.

*Stört Sie die »Holier-than-thou«-Attitüde, die manche Vegetarier ausstrahlen?*

Ja und nein. Vegetarier sind natürlich die besseren Menschen, aber genau darum sollte man das nicht wie eine Monstranz vor sich hertragen.

*Eine besondere Ernährungsweise macht Umstände: bei Einladungen, im Restaurant und so weiter. Nervt das?*

Früher schon, wenn ich mich überall den Leuten erklären musste und mich die Wirte böse ansahen, weil ich immer nur Beilagen bestellt habe. In China etwa hatte ich einen Zettel bei mir, der mich als Anhänger einer Sekte auswies. Religiöse Gründe werden ja am ehesten respektiert. Heute freilich hat man es da wesentlich leichter. Der Vegetarismus mag zwar noch immer als Verrücktheit gelten, aber doch als eine absolut markttaugliche. Die Goldpreise findet man an der Käsetheke.

*Was würden Sie sich von der Gesellschaft wünschen?*

Ganz einfach eine andere Tierhaltung. Ein humaner Umgang mit Tieren würde auch zu einem anderen Umgang der Menschen untereinander führen. Und Sie wissen, ich meine damit nicht die vertrottelte Haustierliebe, der ich selbst anhänge. Nein, es geht schlichtweg um Würde, auch auf unseren Tellern. Bei den meisten Fleischspeisen riecht man nicht nur den

Tod, sondern auch, auf welch unwürdige Weise er zustande gekommen ist.

*Welche Erfahrungen haben Sie mit Ihrer vegetarischen Ernährung gemacht?*
Sehen Sie mich an, ich bin bald fünfzig – schlank, glatte Haut, perfekter Cholesterinspiegel, halbwegs bei Verstand, selten animalisch.

*Träumen Sie manchmal von Fleisch?*
In dieser Hinsicht sind meine Träume frei von jeglichem Horror. Keine Haifischflossensuppen, die lebendig werden. Keine Killerkühe.

*Wäre eine vegetarische Welt eine bessere Welt?*
Noch einmal: Ganz sicher wäre sie das.

*Was halten Sie von Veganern?*
Solange man dabei nicht verbittert, schmallippig und zum Erbsenzähler wird, ist das eine gute Sache.

*Erziehen Sie Ihren Sohn zu einer vegetarischen Ernährungsweise?*
Ich erziehe ihn dazu, sich die Welt genau anzusehen. Was geschieht und was nicht geschieht. Er kennt die Tragweite von Fischstäbchen. Klar, bei mir zu Hause landen keine Spanferkel auf dem Tisch, aber wenn er Lust auf ein Schnitzel hat, gehen wir ein Schnitzel essen. Allerdings kommt er auf diese Idee immer nur, wenn wir zweimal im Jahr in Österreich sind. Das wäre vielleicht eine Lösung für das Problem: Fleisch nur im Urlaub.

Je häufiger SIE und ER Zeitungsanzeigen von Discountern und Supermärkten sehen, die Hackfleisch vom Rind und Schwein für 2,96 € das Kilo anpreisen oder die ein Kilo Schweinekrustenbraten für 3,99 € bewerben, desto besser können SIE und ER Vegetarier verstehen. Und desto wütender werden SIE und ER: Wie müssen diese Tiere gelebt haben, um solche Preise kalkulierbar zu machen? Wie wurden sie ernährt? Wie geschlachtet und verarbeitet? Die Tiere zahlen einen hohen Preis für solche Sonderangebote. Wer geht über ihre Leichen?

2008 wurden in den gewerblichen Schlachthöfen in Deutschland 3 452 800 Rinder, 54 672 400 Schweine und 10 722 000 Schafe getötet, um an ihr Fleisch zu kommen. Zum Vergleich: In den 8586 deutschen Bauernhöfen, die ökologischen Landbau betreiben, lebten 2007 gerade mal 54 572 Rinder und 187 024 Schweine. In Deutschland zu Beginn des 21. Jahrhunderts, so Vincent Klink im Gespräch mit IHR und IHM, koste Katzenfutter mehr als Wurst für Menschen. »Das hat mit unserem Selbsthass zu tun. Keine Schnecke, kein Frosch oder sonst ein Viech tendiert freiwillig zum Schlechteren. Wenn Sie auf eine Weide gehen, sehen Sie, dass Ziegen oder Schafe immer als Erstes das saftige Gräslein zupfen, das Stachelige kommt zuletzt dran! Nur bei uns Menschen ist es umgekehrt. Wir fressen den letzten Scheiß!« Aber auch da handelten Frauen oft überlegter. Zum Beispiel, was den Umgang mit Bioprodukten angehe. »Bio ist einfach sehr anstrengend. Der Demeter-Betrieb, von dem wir unseren Quark und Joghurt beziehen, liefert zum Beispiel keine Milch in Flaschen. Wir bekommen die Milch daher in Zehn-Liter-Kannen, und das ist schon unpraktisch. Bei anderen Molkereien gibt es Ein-Liter-Packungen, die reißt man auf, und fertig. Aber gute Ware wird einem eben nicht unbedingt aufgedrängt, schlechte schon. Um gute Ware zu erhalten, muss man vielleicht zwei Tage vorher anrufen und bestellen. Das heißt aber, dass man zwei Tage vorplanen muss. Und das strengt an und tut weh. Auch auf diesem Gebiet sind Frauen viel bewusster, vorausdenkender, qualitätsliebender.«

Kürzlich entdeckte Vincent Klink in seiner Speisekammer einen mysteriösen Käse, in Form eines eingeschweißten Blocks. Also fragte er seine Belegschaft, woher dieser Käse stamme und was denn so ein »Scheißdreck von Gummi-Edamer« in seiner »Wielandshöhe« verloren habe. Der sei fürs Personal, erhielt Klink zur Antwort. »Also wollte ich wissen: ›Wieso esst ihr diese Scheiße? Spinnt ihr eigentlich völlig? Ihr wisst doch, wir haben nur Bioprodukte. Und dann kauft ihr euch für euren verdammten Toast Hawaii so einen Gummikäse.‹ Man muss da höllisch aufpassen!«

Ein Koch darf nicht schlechter essen als die Gäste! Dieses Prinzip will Vincent Klink seinen Köchinnen und Köchen einbläuen. Und wenn seine junge Küchenbrigade meint, ohne Ketchup – ein hässliches Wort für eine hässliche Sache – nicht auskommen zu können, dann müsse man es eben selbst herstellen.

Nicht lange nach ihrem Besuch bei Klink sitzen SIE und ER in Joachim Kaisers »Meyers Keller« in Nördlingen mit einem Tierarzt am Tisch, der von seiner jahrzehntelangen Erfahrung mit Tiermastbetrieben im Umland erzählt. Manchmal, sagt der Mann mit dem Schnauzbart, manchmal fühle er sich wie ein Arzt in einem Konzentrationslager. Der Satz lässt die Gespräche an dem großen Tisch mit einem Schlag verstummen. SIE und ER hören diesem Satz an, dass er nicht zum ersten Mal ausgesprochen wird: Es ist eine gesuchte Provokation, ein kalkuliertes Gesprächsattentat – und der Anfang einer Diskussion über artgerechte Tierhaltung. Der kurz vor der Rente stehende Tierarzt beharrt darauf, dass es im Umland Nördlingens einfach nicht mehr genug kleine bäuerliche Betriebe gebe, um eine Umstellung auf Biofleisch zu ermöglichen, und argumentiert mit Fakten und Zahlen.

Laut Statistischem Jahrbuch weist jeder deutsche Bauernhof einen durchschnittlichen Bestand von 68 Rindern oder 337

Schweinen auf. Die Vorstellung, sein Fleisch von einem Bauern zu beziehen, der jede Kuh mit Namen ruft und über die Charaktereigenschaften eines jeden Ferkelchen Auskunft geben kann, muss da naiv erscheinen. Der gerade mit einem *Michelin*-Stern ausgezeichnete Joachim Kaiser eilt aus der Küche und versucht, sein Ideal der Biotierhaltung und eines verantwortungsbewussten Fleischkonsums gegen die ernüchternden Daten des Tierarztes zu verteidigen.

Solche Debatten sind für Kaiser nichts Neues. Gemeinsam mit engagierten Freunden hat er dafür gesorgt, dass sich das beschauliche Nördlingen der »Vereinigung der lebenswerten Städte« angeschlossen hat und zur »cittaslow« geworden ist. Dieser Städtebund hat sich die Erweiterung der Slowfood-Ideale in einen größeren politischen Zusammenhang auf die Fahnen geschrieben (Wissenswertes dazu unter www.cittaslow.info). Der Status als cittaslow hat Konsequenzen für die Umwelt- und Infrastrukturpolitik der Stadt, soll für die Aufwertung regionaler Erzeugnisse

Kaisers Keller in Nördlingen

sorgen und nicht zuletzt für »die Erhaltung der Vielfalt und einer eigenen Identität im Zeitalter der Globalisierung und Vermassung«. Man mag das als romantische Träumerei belächeln. Aber SIE und ER haben während ihrer Expedition in die Welt des Geschmacks keine konkretere politische Utopie gefunden.

Joachim Kaisers Nördlinger Restaurant war früher ein Brauhaus, in dem seine Mutter Weißbier produzierte. Heute nutzt Kaiser die Keller, um einen luftgetrockneten Schinken herzustellen, der, nur mit Meersalz und Pfeffer gewürzt, eingebunden in eine Schweinsblase, zwei Jahre an der zehn Meter hohen Kellerdecke hängt und wie der berühmte italienische Culatello unter Edelschimmel reift. So ein Produkt isst man nicht nebenbei.

Vermutlich, glauben SIE und ER, gibt es nur eine Lösung für das moralische Dilemma mit dem Fleischessen. Der große britische Satiriker Douglas Adams hat sie in seinem Roman *Das Restaurant am Ende des Universums* skizziert. Seine Helden Arthur Dent, Ford Prefect, Trillian und Zaphod Beeblebrox haben seit fünfhundertsechsundsiebzig Milliarden Jahren Hunger. So lange dauert ihre Zeitreise zum titelgebenden Restaurant, das seinen Gästen Abend für Abend das ultimative Dinnerspektakel bietet: den Untergang des Universums. Bis dahin werden wir uns noch einige Milliarden Jahre mit der moralischen Ambiguität des Fleischverzehrs auseinandersetzen müssen.

### *Darf ich Ihnen vielleicht meine Leber ans Herz legen?*

Ein riesiges Milchtier näherte sich Zaphod Beeblebrox' Tisch, ein riesiger, fetter, fleischiger Vierfüßler vom Typ Rind mit großen wässrigen Augen, kleinen Hörnern und beinahe so was wie einem gewinnenden Lächeln auf den Lippen.

»Guten Abend«, muhte es und setzte sich behäbig auf seine Haxen. »Ich bin das Hauptgericht des Tages. Dürfte ich Ihnen ein paar Teile meines Körpers schmackhaft machen?« Es räusperte sich und gluckerte ein bisschen, rüttelte sein Hinterteil in eine bequemere Position und starrte sie friedlich an.

Sein Blick traf bei Arthur und Trillian auf staunendes Entsetzen, bei Ford auf ein resigniertes Achselzucken und bei Zaphod Beeblebrox auf nackten Hunger.

»Vielleicht etwas aus meiner Schulter?«, schlug das Tier vor. »In Weißweinsoße geschmort?«

»Äh, Ihre Schulter?«, fragte Arthur vor Grauen flüsternd.

»Aber natürlich meine Schulter, Sir«, muhte das Tier zufrieden, »niemand sonst könnte Ihnen meine kalte Schulter zeigen.«

Zaphod sprang auf und knuffte und befühlte mit Kennermiene die Schulter des Tieres.

»Das Schwanzstück ist sehr gut«, brummte das Tier. »Ich habe es viel bewegt und massenhaft Getreide gefressen, deshalb habe ich dort viel gutes Fleisch.« Es gab einen freundlichen Rülpser von sich, gurgelte noch mal und begann wiederzukäuen. Dann schluckte es das Wiedergekäute runter.

»Oder vielleicht ein Gulasch aus mir?«, setzte es hinzu.

»Meinst du, das Tier will wirklich, daß wir's essen?«, sagte Trillian flüsternd zu Ford.

»Ich?«, fragte Ford mit glasigem Blick. »Ich meine gar nichts.«

»Das ist doch absolut grauenhaft«, rief Arthur, »das Widerlichste, was ich je gehört habe.«

»Was ist los, Erdling?«, fragte Zaphod, der seine Aufmerksamkeit jetzt dem enormen Schwanzstück des Tieres zuwandte.

»Ich will halt einfach kein Tier essen, das dasteht und mich dazu einlädt«, sagt Arthur, »das ist herzlos.«

»Besser als ein Tier zu essen, das nicht gegessen werden will«, sagte Zaphod.

»Darum geht's doch nicht«, widersprach Arthur. Dann dachte er einen Augenblick nach. »Okay«, sagte er, »vielleicht geht's doch darum. Ist mir schnuppe. Ich will jetzt einfach nicht darüber nachdenken. Ich werde einfach ... äh ...«

Das Universum tobte in seinem Todeskampf um ihn herum.

»Ich glaube, ich nehme nur einen grünen Salat«, murmelte er.

»Darf ich Ihnen vielleicht meine Leber ans Herz legen?«, fragte das Tier. »Sie muß mittlerweile ganz köstlich und zart sein, ich habe mich monatelang gestopft und gemästet.«

»Einen grünen Salat«, sagte Arthur mit Nachdruck.

»Einen grünen Salat«, sagte das Tier und rollte mißbilligend die Augen zu Arthur hinüber.

»Wollen Sie mir etwa erzählen«, sagte Arthur, »ich sollte keinen grünen Salat bestellen?«

»Nun ja«, sagte das Tier, »ich kenne viele Gemüse, die dazu eine sehr klare Meinung haben. Weshalb ja auch beschlossen wurde, das ganze verzwickte Problem ein für allemal zu lösen und ein Tier zu züchten, das wirklich gegessen werden will und dieses auch klar und deutlich sagen kann. Und hier bin ich also.«

Ihm gelang eine ganz leichte Verbeugung.

»Ein Glas Wasser bitte«, sagte Arthur.

»Hör mal«, sagte Zaphod, »wir wollen hier essen und uns nicht den Bauch mit Problemen vollschlagen. Vier schwach gebratene Steaks bitte, und ein bißchen dalli. Wir haben seit fünfhundertsechsundsiebzig Milliarden Jahren nichts mehr gegessen.«

Das Tier kam schwankend auf die Beine. Es gab einen freundlichen Gurgelton von sich.

»Eine sehr kluge Wahl, Sir, wenn ich so sagen darf. Sehr gut«, fügte es hinzu, »ich eile sofort und erschieße mich.«

Es drehte sich um und zwinkerte Arthur freundlich zu.

»Keine Bange, Sir«, sagte es, »ich mach's sehr human.«

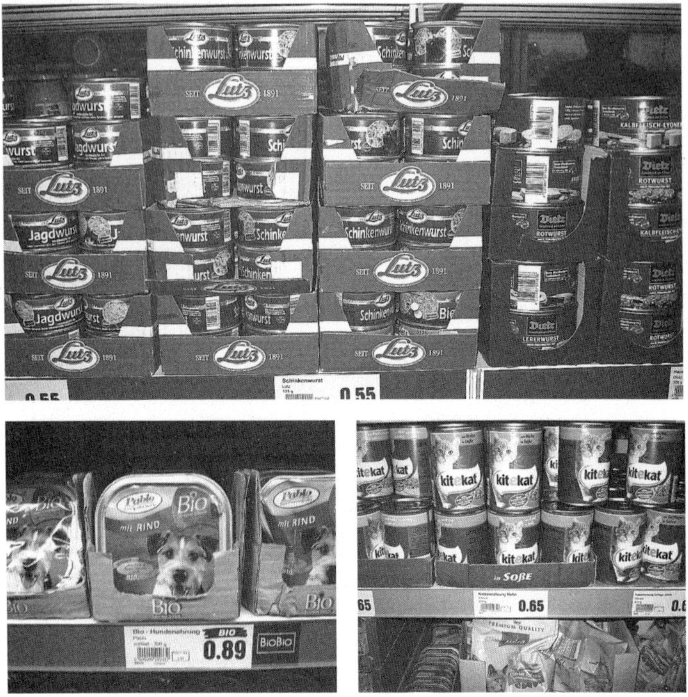


Tiernahrung teurer als Wurst: ein deutscher Supermarkt 2010

Die Sache mit dem Selbsthass, von dem Vincent Klink sprach, dem Katzenfutter und der Wurst ging IHR und IHM nach dem Besuch in der »Wielandshöhe« nicht mehr aus dem Kopf. Beide haben es nicht geglaubt, nicht glauben wollen, bis sie es mit eigenen Augen in deutschen Supermärkten sahen. Es stimmt.

Der Mann, der Supermärkte mehr hasst als alle anderen Menschen, die SIE und ER kennen, heißt Bill Buford. Als Amerikaner in England hat der 1954 geborene Literaturwissenschaftler die Zeitschrift *Granta* wiederbelebt und mit *Among the Thugs* (deutsch: *Geil auf Gewalt*) ein packendes Buch über Fußball-Hooligans geschrieben, dessen Einsichten in die Zusammenhänge von Spiel

*Siebtes Geschmacksexperiment*

Gehen Sie in einen Supermarkt und stellen Sie sich einen Korb mit Lebensmitteln zusammen, die Sie für typisch männlich oder typisch weiblich halten. Ernähren Sie sich eine Woche mit den Produkten des anderen Geschlechts und horchen Sie in sich hinein, ob Sie eine Veränderung feststellen.

SIE und ER geben diese fünf Lebensmittel vor als ...

| *typisch ♀* | *typisch ♂* |
|---|---|
| Ziegenkäse | Leberkäse |
| Putenbrust | Heringshappen |
| Philadelphia Balance | Nutella |
| Coca-Cola Light | Coca-Cola Zero |
| Raffaello | Mars |

Mutterkoch

Blenderkoch

und Gewalt sogar Menschen faszinieren können, die sich gar nicht für Fußball interessieren. Bei angloamerikanischen Literaten genossen die privaten Essenseinladungen des Hobbykochs Bill Buford immer schon einen nahezu legendären Ruf. Dann aber, als Literaturchef des Wochenmagazins *The New Yorker* – der köstlichsten Bleiwüste der Welt –, wurde Bill Buford von einer buchstäblich allesverzehrenden Leidenschaft ergriffen.

Eigentlich wollte er bloß eine Reportage über ein italienisches Restaurant in New York schreiben. Er fragte den Drei-Sterne-Koch Mario Batali, ob er bei ihm im »Babbo« im West Village ein paar Wochen als Tellerwäscher und Küchensklave arbeiten dürfe. Von

SIE und ER: Supermarkt-Travestien

Wissensdurst und dem Ehrgeiz gepackt, wirklich herauszufinden, was den Unterschied zwischen den Bemühungen eines ambitionierten Hobbykochs und den Meisterwerken der Haubenkochkunst ausmacht, hat Bill Buford eine nichts und niemanden schonende Expedition durch die Küchen bedeutender Köche angetreten und landete schließlich bei einem Metzger in der Toskana, der Dante zitiert und Opernarien schmettert. Buford beschreibt diese kulinarische Passionsgeschichte in seinem Buch *Hitze* - ein Werk, das sich durch die eine Zutat auszeichnet, die den meisten Büchern übers Kochen fehlt: Hirnschmalz!

## Bill Buford: »Ein Salat aus dem Supermarkt ist doch ein Verbrechen«

*SIE & ER: Wie hat Ihre Frau reagiert, als Sie ihr eröffneten, dass der Literaturchef des* New Yorker *jetzt Koch und Metzger werden will?*
Bill Buford: Sagen wir so: Sie hat es durchgestanden. Es war alles andere als ein schmerzloser Prozess.

*Etwas genauer bitte?*
Mir hat unlängst jemand gesagt, die heimliche Botschaft meines Buchs bestehe darin, dass ich eine sehr tolerante Frau habe, die mich wirklich liebt. Es fing schon damit an, dass ich ziemlich abrupt aus ihrem Leben verschwand, weil sich mein Rhythmus durch die Arbeit in Mario Batalis »Babbo« bis in die sehr späten Nachtstunden hinein verschob. Und als ich dann in die Toskana ging, um bei Dario Cecchini Einblick ins Metzgerhandwerk zu gewinnen, waren dafür nur ein paar Wochen geplant. Inzwischen überlegen wir, zumindest für einen Teil des Jahres nach Italien überzusiedeln. Mein Faible fürs Kochen hat unser Leben total auf den Kopf gestellt.

*Wird Essen inzwischen nicht heillos überbewertet?*
Sicher erleben wir gerade einen Schlüsselmoment im Verhältnis des Menschen zu seiner Nahrung. Wir haben noch nie so viel darüber gewusst, was in unser Essen wandert – oft auch überaus schädliche, widerwärtige und schlimme Sachen –, und gleichzeitig hatten in der Geschichte unserer Zivilisation noch nie so viele Menschen so wenig Ahnung vom Kochen. Es ist diese Dissonanz zwischen Wissen und Ignoranz, die das Thema so spannend macht.

*Was haben Sie gelernt?*

Essen ist mindestens so sehr Ausdruck eines bestimmten Ortes wie einer bestimmten Kultur. Kochen ist ein Zugang zur Welt. In unserem Essen spiegeln sich uralte Traditionen – man lernt sozusagen nicht nur das kennen, was die Menschen irgendwo auf der Welt heute über Essen denken, sondern auch das, was ihre Großmütter und Urgroßmütter gedacht haben. Je mehr ich übers Kochen in Erfahrung bringe, desto größer wird meine Neugier auf alles, was damit zusammenhängt: kulinarisch, ästhetisch-kulturell und politisch.

*Wie politisch ist Kochen?*

Was wir essen, hat immer mit Politik zu tun. Denken Sie nur an das frühere Wildprivileg des europäischen Adels oder heute an die Malbouffe-Bewegung der französischen Roquefort-Bauern, die McDonald's-Filialen in Brand stecken. Wenn unsere Nahrung ein Ausdruck der Landschaft ist, in der wir leben, also der jeweiligen Region, dann folgt daraus, dass Essen auch etwas mit Staatlichkeit und Nation zu tun hat. Die politische Brisanz des Kochens ist heute am ehesten mit der von Lokalpolitik vergleichbar. Gerade das macht in den USA etwa die Slow-Food-Bewegung für viele Menschen so anziehend: dass es im Grunde um eine sehr einfache politische Haltung geht, die noch nicht einmal so radikal, ausformuliert und allumfassend ist wie die Bio-Bewegung vor zwanzig oder dreißig Jahren.

*Wo sehen Sie den Unterschied?*

Damals war der politische Anspruch revolutionär und betraf alle Lebensbereiche. Die amerikanische Bio-Bewegung wurde von Hippies gegründet, denen als Fernziel ein Leben in sich selbst versorgenden Kommunen und andere menschheitsbeglückende Gesellschaftsexperimente vorschwebten. Diese Hippies sind zwar in die Jahre gekommen, aber ihre Ziele sind immer noch die gleichen. Die Menschen, die sich heute dafür interessieren, was auf ihrem Teller landet, haben im Vergleich dazu einen viel kleineren, aber auch realistischeren politischen Anspruch. Im Grunde läuft alles auf einen Slogan hinaus: Regional essen!

*Was heißt das konkret?*

Regional essen bedeutet zunächst schlicht: besser essen. Regionale Produkte sind einfach frischer und damit schmackhafter – vor allem im Sommer. Es ist doch der schiere Wahnsinn, tiefgefrorene, bestrahlte, begaste oder sonst wie haltbar gemachte Produkte aus einem Supermarkt zu holen, die über den halben Kontinent gekarrt wurden, wenn man auf dem lokalen Wochenmarkt Gemüse kaufen kann, das gestern noch in der Erde steckte. Hier die richtige Wahl zu treffen, ist eminent politisch und gleichzeitig ganz einfach: regional essen! Ein Salat aus dem Supermarkt ist doch ein Verbrechen, wenn man auf dem Markt die Wahl zwischen acht, zehn oder zwölf einheimischen Salatsorten hat, die frisch sind, nach Gegenwart schmecken und voller guter Dinge stecken.

*Was haben Sie gegen Supermärkte?*

Je mehr man vom Kochen versteht, desto mehr hasst man Supermärkte. Supermärkte tragen die Hauptschuld am Niedergang der amerikanischen Esskultur. Sie sind der allerletzte Ort, wo man Essen kaufen sollte. So praktisch und wirtschaftlich erfolgreich Supermärkte auch sein mögen, für unsere Ernährung bedeuten sie den Ruin. Und Sie werden jedenfalls in den USA kaum jemanden finden, der mir da widerspricht. Nichtsdestotrotz sind die meisten von uns aber nun einmal Kinder der Supermärkte. Dass wir nicht mehr wissen, wie man kocht und was die Spezialitäten unserer Region sind, haben wir den Supermärkten zu verdanken. Außer wässrigen Gurken, aromalosen Tomaten und grauenhaften Fertiggerichten haben Supermärkte nämlich noch etwas im Angebot: Dummheit! Sie sind für unsere bodenlose kulinarische Unwissenheit verantwortlich. Genau diese Frage stand am Anfang von *Hitze*: Warum weiß ich nicht mehr? Wieso kann ich nicht besser kochen? Weshalb kann ich nicht einfach auf den Markt gehen und kochen, was da gerade frisch angeboten wird - auch wenn ich es vielleicht noch nie zubereitet habe? Inzwischen mache ich das, aber früher hätte mir das Selbstvertrauen dazu gefehlt, etwas zu kochen, was ich nicht kenne. Erst jetzt, wo diese Erfahrungen hinter mir liegen, verstehe ich, dass mein Wunsch, mich mit Wissen vollzusaugen wie ein Schwamm, vielleicht in einem größeren Zusammenhang steht.

*Inwiefern?*

Überall auf der Welt erkennen immer mehr Menschen, dass Nahrungsmittel aus dem Supermarkt schlicht und einfach Scheiße sind. Das tut mir unglaublich gut. Die meisten industriell hergestellten Lebensmittel zerstören alles, was Essen interessant macht. Aber es gibt eine andere Welt des Essens, und diese Welt entdecken wir gerade von verschiedenen Ecken aus. Ich sehe mich nicht als Teil einer Bewegung, aber ich habe in den USA, in England und auf dem europäischen Festland jede Menge Verbündete. Wir leben, was Essen angeht, in interessanten Zeiten. Ob es auch gesunde Zeiten sind, wage ich nicht zu beurteilen. Immer mehr Menschen gelangen zu der Erkenntnis, dass es einen anderen Zugang zum Essen gibt, der aufregender und befriedigender ist. Wenn man das aufklärerisch nennen möchte, soll's mir recht sein. Ich nenne es Spaß.

*Weshalb muss man denn kochen können? Warum kann man das in einer arbeitsteiligen Gesellschaft nicht getrost Experten überlassen?*
Wer nicht kochen kann, hat auch kein echtes Verhältnis zu seiner Nahrung. Man mag vielleicht sehr viel über Giftstoffe wissen, man mag biologisch-dynamisch erzeugte Nahrungsmittel bevorzugen und darüber aufgeklärt sein, was für perverse Sachen heutzutage mit Schweinen angestellt werden. Aber das nützt alles gar nichts, wenn man nicht kochen kann. Kochen ist nun mal der grundlegende Zugang zum Verständnis der Ernährung. Wer will schon in einem ganzen Land voller Nichtköche leben?

*Lässt sich durch Fernsehgucken kochen lernen?*
Die Kocherei im Fernsehen ist ein Symptom derselben Krankheit unserer Epoche. Ich begreife bis heute nicht, warum hundert Millionen Menschen, die nicht kochen können und irgendwelchen Mist aus dem Supermarkt in sich hineinstopfen, auf ihren Sofas sitzen und anderen Leuten in grenzdebilen Sendungen dabei zugucken, wie man Essen zubereitet.

*Die Parallele zur Pornografie liegt auf der Hand: Auch Pornos werden nicht von Leuten konsumiert, denen es ums Know-how geht …*
Das Fernsehen hat entdeckt, dass dem Kochen eine erzählerische Dramatik innewohnt. Beim Kochen wird eine Art Urgroßmutter-Drama inszeniert. Jeder Koch führt dieses Drama auf: Erster Akt – die rohen Zutaten. Zweiter Akt – die verschiedenen Zubereitungsweisen. Dritter Akt – das gekochte Essen. Wir können uns buchstäblich nicht sattsehen an

diesem Stück, das die ewig gleiche, ewig neue Geschichte erzählt: wie aus Rohem Gekochtes entsteht. Dieses Drama liegt sämtlichen Kochsendungen der Welt zugrunde. Jeder, der kocht, ist unbewusst damit vertraut. Unser Essen steckt voller Geschichten. Einen Abglanz davon erhält sogar, wer ein Restaurant besucht, von der Vorspeise bis zum Espresso danach.

*Hatten Sie selbst je Probleme mit Ihrem Gewicht?*
Es gab Zeiten, da hatte ich starkes Übergewicht. Ich habe radikale Diäten, richtige Rosskuren hinter mir.

*Und heute?*
Mein Leben hat sich drastisch verändert, seit ich darauf achte, immer gut zu essen. Ich habe in drei Monaten zwanzig Pfund abgenommen, und zwar ganz ohne Diät. Einfach dadurch, dass ich darauf geachtet habe, was ich zu mir nehme, und indem ich gut gegessen habe. Jetzt, wo ich beruflich ständig mit Essen zu tun habe und sich insbesondere meine Haltung zum Fleischkonsum stark gewandelt hat, glaube ich, eine etwas ausgewogenere Einstellung zu meiner Ernährung gefunden zu haben.

*Wieso haben so viele Menschen Probleme mit dem Essen?*
Weil der Wunsch, schlank zu sein, in einer Welt voller vor Fett und Zucker triefender Nahrungsmittel langfristig Irrsinn produziert. Wenn ich hier in New York einen Schritt auf die Straße setze, bin ich umgeben von tausend Kalorienbomben, die nur eine Botschaft aussenden: »Iss mich, iss mich, iss mich!« Unser Schlankheitsideal ist die Folge einer Ernährungswelt, die schlicht verrückt geworden ist – das Symptom einer viel umfassenderen Krankheit. Manchmal denke ich, in den USA ist diese Krankheit am weitesten fortgeschritten.

*Warum und wodurch ausgelöst?*

Ich lebe in einem Land, in dem keiner kochen kann. Wahrscheinlich war diese Entwicklung ab der Erfindung der geschlossenen Kühlkette nicht mehr aufzuhalten: Die Kühlung machte die Supermärkte möglich, und die Supermärkte die Art, wie Menschen in Amerika sich heute ernähren. In meinen schwärzesten Stunden halte ich die USA mitunter für die Wurzel allen Übels, was Ernährung anlangt. In einem sind wir dem Rest der Welt jedenfalls immer noch ein wenig voraus: Die meisten Amerikaner haben nicht den geringsten Schimmer, wie man kocht und wie unsere Nahrungsmittel erzeugt werden. Die Amerikaner wissen rein gar nichts. Ob sie sich in Filialen von Fast-Food-Ketten ernähren oder aus Supermärkten, es läuft auf dasselbe hinaus: Wer in einen Fast-Food-Imbiss geht, verzehrt die Tüte mit dem Essen in der Regel im Auto. Und wer in einen Supermarkt geht, trägt die Tüte eben nach Hause und macht sich das Gekaufte in seiner Küche warm. Im Grunde sind die Nahrungsmittel, die sie dort kaufen können, ebenfalls Fast Food. Nur muss man mit dem Zeugs aus dem Supermarkt eben noch irgendwas anstellen: es erwärmen, eine Packung aufreißen und in die Mikrowelle stellen.

*Ihr Mentor Mario Batali behauptet in* Hitze, *Frauen seien die besseren Köche. Hat er recht?*

Ja, aber immer mit dem Zusatz, dass solche Verallgemeinerungen immer nur auf eine sehr pauschale Weise wahr sind und keinesfalls auf jedes Individuum zutreffen. Frauen in der Küche verhalten sich meist weniger einschüchternd, großmäulig und testosterongetrieben als Männer. Und Frauen haben – wiederum stark verallgemeinernd gesprochen – ein geringeres Interesse an kulinarischer Innovation als an der

Zubereitung einer gelungenen Mahlzeit. Das sind ja im Grunde die beiden Extreme der kulinarischen Welt. Steht ein Mann in der Küche, hat man vielleicht ein präziser zubereitetes Gericht auf dem Teller. Einen netteren Abend verbringt man aber, wenn eine Frau in der Küche steht – vor allem, wenn sie sich dann noch zu einem an den Tisch setzt.

*

Restaurant Wielandshöhe
Elisabeth und Vincent Klink
Alte Weinsteige 71
D-70597 Stuttgart-Degerloch
Tel. 0711 640 8848
www.wielandshoehe.de

Meyers Keller
Evelin und Joachim Kaiser
Marienhöhe 8
86720 Nördlingen
Tel. 09081 4493
www.meyerskeller.de

SIE: Vincent Klink: *Sitting Küchenbull – Gepfefferte Erinnerungen eines Kochs*, Rowohlt Verlag.
ER: Bill Buford: *Hitze – Abenteuer eines Amateurs als Küchensklave, Sous-Chef, Pastamacher und Metzgerlehrling*, Deutsch von Dinka Mrkowatschki, Goldmann.

SIE: Morgan Spurlock (Regie): *Supersize Me*
ER: Erwin Wagenhofer (Regie): *We Feed the World – Essen global*

# 8. Kapitel: »Hier geht keiner ohne Riesling raus«

*Currle & Kurrle, das Kind, das alles isst, The Man Who Killed Bambi, Aromenbibliotheken und Geruchslandkarten, Tomatensaftmysterien und warum Schweinebraten im Gebirge besser schmeckt, die Verbirnung der Figur, Travestiekochen.*

Die Wunde ist noch offen, der Schmerz ganz frisch. Die Niederlage liegt erst einen Abend zurück. Bei der Erinnerung daran verzieht sich ihr Gesicht zu einer Essiggrimasse. »Wie stellen Sie sich einen Strammen Max von der Jakobsmuschel vor?«, will Christel Currle als Erstes wissen, als SIE und ER sich zum Gespräch über Männer, Frauen und Wein in den gemütlichen Keller ihrer Besenwirtschaft in Uhlbach setzen. An einem Samstagmittag um halb zwölf ist der zum Erstaunen von IHR und IHM rappelvoll mit Schwaben, die hier ihr Viertele schlotzen. Ausgerechnet »Zum Dreimädelhaus« heißt die nur zweimal im Jahr für vier Wochen geöffnete Winzerwirtschaft.

Die einzige Stuttgarter Winzerin ist sichtlich angefressen. Gestern sollte sie, seit 2007 Alleinbesitzerin eines Acht-Hektar-Weinguts in Sichtweite der Grabkapelle der württembergischen Könige, als Gast eines Kochclubs Wein zu einer von sechzehn Hobbyköchinnen und -köchen ersonnenen vielgängigen Speisenfolge auswählen. Und das ging teilweise schief. »Ich war vorbereitet. Ich hatte ja im Vorfeld das Menü bekommen. Aber Strammer Max von der Jakobsmuschel? Da dachte ich: ein Toast, eine Jakobsmuschel, Spiegelei, vielleicht noch ein bisschen Chichi. Dass sie ein Wachtelei als Spiegelei drauflegen würden – gut, darauf hätte ich kommen können. Aber dass diese Lumpen einen Tomatensugo unter der Muschel verstecken! Wenn ich solche Informationen im Vorfeld bekomme, suche ich natürlich einen ganz anderen Wein aus. Schon ein Wachtelei hat einfach ein anderes Aroma als ein Hühnerei. Das sind Nuancen, sicher. Aber letzten Endes kommt es auf genau solche Details an. Dass mir die Süße und die Säure dieses Tomatensugo aber auch dermaßen dazwischenfunken mussten!«

Dieser tückische Tomatensugo bringt Christel Currle auch tags darauf noch zum Köcheln. Die Frauen und Männer des Stuttgarter Kochclubs hatten jeweils verschiedene Gänge des Menüs zubereitet. »Bei den meisten Gerichten schaffte ich mit meinen Weinen eine Punktlandung. Aber bei dem von den Männern gekochten Strammen Max lag ich total daneben.« Kaum anders erging es Currle mit dem Wein, den sie für die grüne Linsensuppe der Frauenbrigade ausgewählt hatte. Das Rezept listete Schalotten, Lauch, Karotten, Sellerie, Knoblauch und Bauernschinken auf. »Im Grunde der klassische Sud, den man in Schwaben für Linsen mit Spätzle kocht. Also bin ich davon ausgegangen, dass zumindest der Knoblauch im Hintergrund durchkommen würde. Aber von alldem war nichts vorhanden. Gar nichts: keine Schärfe, keine Intensität, null!«

Und so hatte Christel Currle auch für die Linsensuppe den falschen Wein im Gepäck. Dabei hätte sie es besser wissen müssen. Durch die Küche der 1974 gegründeten Besenwirtschaft ihres Weinguts sind wahrlich nicht wenige Köchinnen und Köche gegangen; auch in ihrem Freundeskreis ist dieser Berufsstand, vom Küchenmeister bis hin zum Koch-Azubi, überproportional stark repräsentiert. Und weil ihr Ehemann zudem in der Pfalz ein weinanalytisches Labor betreibt, vergeht eigentlich kein Tag, ohne dass Christel Currle über Geruch, Geschmack und Geschlecht nachdenkt. »Frauen würzen meiner Meinung nach generell subtiler«, bilanziert die Vierzigjährige ihre Erfahrungen. »Ich denke, Frauen kochen definitiv anders – feiner, vielleicht auch eine Spur mutiger, was die Art der Zubereitung und die Kombination mit Beilagen angeht.« Nur hat Christel Currle gestern wieder die Erfahrung machen müssen, dass viele Frauen dieser Mut verlässt, sobald sie gemeinsam mit Männern in der Küche stehen. Fast scheint es sich mit dem kulinarischen Verblassen der Frau in der Küche so zu verhalten wie mit dem rätselhaften Verschlechtern der mathematischen Fähigkeiten jener Schülerinnen, deren Leistungen rapide nachlassen, sobald sie gemeinsam mit Jungs unterrichtet werden. »Die Frauen im Kochclub haben die Schnippelarbeiten gemacht, die einfachen Dinge. Aber die hochwertigeren Produkte, den Zander, das Rinderfilet – die haben die Männer zubereitet. Und hinterher, als wir den Wein auseinandergepflückt haben, waren die, die wirklich wissen wollten, warum dieser oder jener Wein nun zu diesem oder jenem Gericht passte, wiederum die Männer.«

Christel Currle hat Wein im Blut. Seit fast vierhundert Jahren beschäftigen sich die Currles mit Wein: Der erste dokumentarische Niederschlag eines winzernden Currles stammt von 1625. Solche Weindynastien sind in dieser Gegend keine Seltenheit. Im nur wenige Kilometer entfernten Fellbach keltern die Aldingers seit 1492 Wein – und zumindest Gerhard Aldinger heute wirklich erstklassige Spätburgunder und Rieslinge. Dennoch sind hier, in der Gegend zwischen Rems und Neckar, nur Familien wie die Aldingers und Currles vor dem Vorwurf sicher, genau genommen – welch wunderbare Wortprägung im Dialekt – »Reigschmeckte« zu sein. Christel Currles Vater Fritz war eine prägende Figur für den schwäbischen Weinbau und hat das »Weindorf« in Stuttgart und Hamburg aus der Taufe gehoben. Eigentlich wollte seine Tochter Christel ja Floristin werden. »Winzer war nie mein Traumberuf, ist es aber geworden«, erklärt die Mutter zweier Kinder: Anna-Sophie ist acht, Alexander vier. Als sich herausstellte, dass ihre beiden

Wein im Blut: Winzerin Christel Currle

Schwestern das Weingut nicht weiterführen wollten, konnte sie der Familientradition nicht widerstehen. »Da habe ich beschlossen, es wirklich von der Pike auf zu lernen.« 1987 hat sie mit einer Weingärtnerlehre begonnen, lernte während ihrer dreijährigen Ausbildung im Remstal erst bei Bernhard, dann bei Jürgen Ellwanger sowohl die Arbeit im Weinberg als auch die Traubenverarbeitung im Keller und nicht zuletzt die Vermarktung des Weins. »Das war das Pflichtprogramm. Wichtig war, dass ich anschließend irgendetwas Kaufmännisches dazumachte, um wenigstens eine Ahnung von Buchführung zu erhalten.«

Christel Currle entschied sich für eine Ausbildung als Gutsverwalterassistentin in Bad Kreuznach. Danach ging sie nach Neuseeland, arbeitete ein halbes Jahr im Rippon Vineyard am Lake Wanaka und wollte schließlich in Italien neue önologische Horizonte entdecken. Weil sich das von ihr dazu ausersehene Weingut dort aber als Flop erwies – noch nicht einmal den Namen des Katastrophenwinzers will Christel Currle sich entlocken lassen –, kehrte sie früher als geplant zurück nach Baden-Württemberg. An der Staatlichen Lehr- und Versuchsanstalt für Wein- und Obstbau in Weinsberg, der 1868 gegründeten ältesten deutschen Weinbauschule, machte sie binnen zwei Jahren ihren Abschluss als Techniker für Weinbau und Kellerwirtschaft.

Manchmal träumt Christel Currle von dem brandneuen Verkostungsraum der Weinbauschule in Weinsberg. Dort, so die resolute Winzerin, wäre wohl der ideale Ort zur Klärung der Frage, ob von Frauen gekelterter Wein anders als von Männern gekelterter Wein schmeckt. Denn im neuen Testlabor von Weinsberg bleibt dem Verkoster selbst das Geschlecht der Einschenkenden verborgen. Dort probiert man den Wein in streng von der Außenwelt abgetrennten Kabinen. Und statt der Zahlenwerte, in die man den Geschmack eines Weins bisher zu übersetzen hatte, werden Skalen auf Touchscreens angeboten, die fließende Übergänge von »ganz schwach« bis »ganz stark« erlauben. »Diese graduellen Unterschiede sind wichtig! Was soll man mit der Information anfangen, dass dieser Wein 2,5 Prozent mehr nach Apfel schmeckt oder 3,8 Prozent mehr nach Birne als ein anderer?«

In ihrem »Dreimädelhaus« ist Christel Currle vielen Geschlechterklischees über Wein begegnet. »Ich denke, Frauen schmecken anders, aber nicht unbedingt besser. Meiner Ansicht nach haben sie ein komplett anderes Geschmacksempfinden. Aber was beim Essen und Trinken zählt, ist der Einzelne. Ob ihm oder ihr schmeckt, was sie auf den Lippen, zwischen den Zähnen, im Mund haben, darauf kommt es an!« Gar nicht so selten hört Christel Currle in ihrer Besenwirtschaft, dass eine Frau nach einem kräftigen Roten verlangt, während der sie begleitende Mann – oder die sie begleitende Frau – sich mit dem klassischen leichten Trollinger begnügt.

Christel Currle füllt mit einem festangestellten Mitarbeiter, einer Aushilfe und sehr vielen hilfsbereiten Freunden und Familienmitgliedern an die 100 000 Flaschen Wein pro Jahr ab. Die erwartbaren Trollinger und Lemberger, Rieslinge und Kerner, einen sensationellen Trollinger Blanc de Noirs Eiswein, aber auch für die Region verblüffende Weine wie einen Syrah, einen Merlot oder einen Muskattrollinger-Sekt. SIE und ER mögen besonders die Rotweincuvée namens »Rote Venus«, deren etwas derbes Etikett in starkem Kontrast zur Raffinesse des Weins steht, sowie die im Barrique gereifte »Sophie« und »Rote Verführung«.

## Christel Currle: »Der Wein ist mein drittes Kind«

*SIE & ER: Machen Frauen anderen Wein als Männer?*

Christel Currle: Manche behaupten das. Ich bin der Meinung, dass es in der Weinbranche heute immer noch einfach zu wenige Frauen gibt, die wirklich das Szepter in der Hand halten, um das klären zu können. Ich stehe nicht auf Quotenfrauen. Ich hatte mal einen Kunden, der mir klipp und klar erklärt hat, für ihn sei das schlagende Verkaufsargument für meinen Wein, dass er von einer Frau gemacht wird. Ich bin nicht traurig, dass ich diesen Kunden nicht mehr habe.

*Warum?*

Weil ich es für Blödsinn halte, wenn nicht der Wein an sich zählt, sondern nur das Geschlecht des Winzers. Entweder ich mache ein gutes Produkt, dann ist es egal, ob es ein Mann oder eine Frau herstellt. Oder ich mache eben ein schlechtes Produkt, auch dann ist die Frage nach dem Geschlecht des Erzeugers gleichgültig und bestenfalls ein Verkaufstrick. Entscheidend ist die Qualifikation und das Endprodukt.

*Hat Ihr Ex-Kunde denn geglaubt, er könnte den Unterschied schmecken?*

Er hat behauptet, er würde dem Wein die Weiblichkeit anmerken. Ich fand das absurd. Der Master-Sommelier Frank Kämmer, der für den *Gault Millau* testet, hat einmal einen Merlot von mir als »maskulin« beschrieben. Da habe ich mich enorm gefreut. Genauso soll es sein!

*Was war denn für Herrn Kämmer maskulin an Ihrem Merlot?*

Alles! Der Merlot lag zehn Monate im Barrique, war auch darin vergoren. Ein Wein mit Ecken und Kanten.

*Kommen Sie beim Weinmachen denn überhaupt auf die Idee, das wird nun ein Frauenwein oder ein Männerwein?*

Früher hörte man ja oft, dieser oder jener Wein sei ein klassischer Frauenwein. Das war ein mehr als zweifelhaftes Lob. Meistens hat man sehr leichte Weißweine so eingestuft. Heute ist das nicht mehr so. Ich kenne genügend Frauen, die schwere, tiefdunkle Rote bevorzugen und dafür jeden leichten Weißwein stehen lassen, einfach weil sie diese Weine nicht mögen ...

*Die Statistik sagt, Frauen trinken zu 60 Prozent weiß und zu 40 Prozent rot.*

Frauen bevorzugen meiner Ansicht nach nicht zwangsläufig leichtere, sondern geschmacksintensivere Weine. Und wenn man Rot- und Weißweine vergleicht, schmecken Weißweine in den Nuancen gar nicht so selten intensiver als Rotweine. Hört sich vielleicht zunächst kurios an, ist aber so. Was für mich beim Weinmachen zählt, ist das reine Geschmacksempfinden. Ich merke das, wenn ich mit meinem Mann, der als Weinanalytiker ja auch aus der Branche kommt, Wein probiere. Es gibt Rebsorten, die probieren wir zusammen und machen sie bis zum Finale gemeinsam fertig. Bei anderen Rebsorten aber sagt mein Mann ab einem gewissen Punkt: »Okay, bis hierher kann ich mitgehen, aber jetzt bist du allein gefragt, die letzte Stufe ist deine eigene Entscheidung.« Wenn der Wein grob fehlerhaft wäre, würde er es mir sagen. Aber die Nuancen, die Feinheiten sind mein Part.

*Darin kommt die Individualität des Winzers zum Ausdruck?*
Ich sage gern: Der Wein ist mein drittes Kind.

*Verstehen Sie sich als Pionierin des weiblichen Weinbaus?*
Von solch hehren Ambitionen habe ich mich längst verabschiedet. Ich akzeptiere jeden, der sagt: »Sie können mir viel erzählen, aber dieser Wein kommt einfach nicht bei mir an!« Am Anfang sollte jedoch eine gewisse Offenheit stehen. Was soll ich denn machen, wenn mir jemand erklärt: »Einen Kerner trinke ich nicht, und wenn Sie sich auf den Kopf stellen.« Es gibt einfach zu viele Etikettentrinker, die nicht dem eigenen Geschmack vertrauen, sondern irgendwelchen vorgefassten Ideen. Solche Menschen können einem nur leidtun.

*Wie entwickelt man Geschmack für Wein?*
Menschen, die wirklich kochen, haben auch ein natürliches Geschmacksempfinden für Wein. Ich meine damit jene Menschen, die sich an einem Samstagabend vier Stunden in die Küche stellen, ihr frisches Gemüse von Hand schneiden und auch mal andere Kräuter verarbeiten als nur Petersilie und Basilikum. Menschen, die wissen, wie Kerbel schmeckt und riecht oder wie sich Zitronengras geschmacklich ausdrückt. Das Gegenteil davon sind jene Menschen – und die

begegnen mir massenhaft! –, die in einen Wein reinriechen und mir sagen: »Oh – der riecht!« Aber wenn ich zurückfrage, nach was dieser Wein riecht, dann kommen sie ins Schwimmen. »Nach … nach … nach irgendwas«, höre ich dann. Aber nach was? Die Zuordnung der Gerüche und Geschmäcker funktioniert für viele Menschen heute nicht mehr. Ein Dornfelder riecht nach Pflaume und Sauerkirsche, das ist ziemlich klar. Ich helfe mir dann damit, dass ich bei Verkostungen meist fünf Geruchseindrücke zur Auswahl anbiete und frage: Erinnert Sie der Geruch dieses Weins an Pflaume, Sauerkirsche, Himbeere, Vanille oder Lakritz? So kann man den Leuten auf die Sprünge helfen. Wenn man Glück hat, sagen sie dann: Ja, die Sauerkirsche rieche ich auch. Aber erst, nachdem Sie es ausgesprochen haben. Man muss die Leute darauf stoßen. Die meisten wissen gar nicht mehr, wie frischer Thymian wirklich riecht oder dass Zitronenthymian tatsächlich ein Zitronenaroma besitzt.

*Wie baut man sich so eine Aromenbibliothek auf?*

Zum Beispiel, indem man eine grüne Paprika in der Mitte durchschneidet, sie sich vor die Nase hält, daran riecht und auf diese Weise ihr Aroma durch Wiederholung einfach abspeichert. Wenn man dann junge Rotweine verkostet, die dunkel und kräftig sind, begegnet man dort diesem Grüne-Paprika-Aroma wieder. Oder rosa Grapefruit: Die finden Sie mal mehr, mal weniger in jedem jungen, frisch vergorenen Weißwein. Oder Granny Smith, diese scheußlich grünen Äpfel. Früher hat die jeder gekannt, inzwischen sind sie Gott sei Dank ein bisschen in Vergessenheit geraten. Aber es gibt ganz viele mineralische Weißweine, die nach Granny Smith schmecken. Da stellt sich dieses Geschmacksbild sofort ein.

*Kann man sich den Geschmack verderben?*

Und ob! Wenn man zu viele Produkte mit naturidentischen Aromen isst. Das stelle ich ganz stark an mir selbst fest. Manchmal schmeckt so eine Soße doch einfach nach nichts. Da mag ein Schluck Rotwein, eine Prise Salz, Essig oder sonst was fehlen. Auch ich ertappe mich dabei, dass ich dann zwei Spritzer Maggi reingebe. Anschließend denke ich mir, verdammt, eigentlich hast du nun das pure Gift als Geschmacksverstärker genommen. Manchmal ist es einfach reine Faulheit! Dann hat man eben nicht die Zeit, einen Fond aufzusetzen, der über Stunden reduziert und der Soße das geschmackliche Glanzlicht aufsetzt. Fast Food in allen Variationen in Ehren, aber das darf es nicht jeden Tag geben. Auch nicht jede Woche. Wer dauernd die Fertigpizza aus dem Kühlfach holt, schmeckt irgendwann nichts mehr. Die Fertigpizzafresser müssen erst mal wieder lernen, wie Basilikum und wie Mozzarella eigentlich schmeckt. Man muss doch mit offenen Augen und Ohren durchs Leben gehen.

In unserem Trinkverhalten nehmen wir Menschen eine Sonderstellung unter den Säugetieren ein. Nicht nur ist der Mensch die einzige Spezies, die noch im Erwachsenenalter Milch konsumiert – eine vor ca. 10 000 Jahren mit dem Beginn der Domestikation des Rindes erworbene und genetisch vererbte Fähigkeit. Nur der Mensch ersetzt oder aromatisiert das ihm lebensnotwendige Wasser und trinkt Fruchtsäfte, Limonaden, Tee oder Kaffee. Und nur der Mensch konsumiert Alkohol – und weist in seinem Trinkverhalten riesige Geschlechterunterschiede auf. Der Evolutionsbiologe Josef H. Reichholf hat sogar die faszinierende These aufgestellt, dass der Alkoholgenuss der Hauptgrund für die bis heute nicht schlüssig zu erklärende Sesshaftwerdung der im Mesolithikum in Jäger- und Sammlerkulturen lebenden Menschen gewesen sei. Nicht Brot oder Brei, der Genuss urzeitlicher Vorformen des Biers, so Reichholf, sei der Anreiz für die Kultivierung von Getreide gewesen.

11 610 000 000 Liter. Eine Wahnsinnszahl. Über elf Milliarden Liter, das entspricht dem Inhalt von 725 Millionen Badewannen, 8000 großen Schwimmteichen oder immerhin 0,02 Prozent des Wassers im Bodensee. Eine Zahl, die aber auch für einen realen Wahnsinn steht: unseren Wahnsinn. Unseren Wahnsinnsdurst nach alkoholischen Getränken. 11 610 000 000 Liter davon tranken die Deutschen 2008 – verteilt auf 111,1 Liter Bier, 20,7 Liter Wein, 5,5 Liter Spirituosen und 3,9 Liter Schaumwein und Sekt pro Kopf.

Das wirklich Schockierende an diesen Zahlen offenbart sich jedoch erst, wenn man den Alkoholkonsum nach Geschlecht und sozialer Schichtung gewichtet betrachtet. Männer trinken demnach fast viermal so viel Alkohol wie Frauen.

Starker Alkoholkonsum ist keineswegs ein Unterschichtenphänomen. Im Gegenteil: Frauen der Oberschicht trinken in Deutschland fast doppelt so viel wie Frauen der Unterschicht. Bei den Männern fallen die Unterschiede je nach Schichtzugehörigkeit geringer aus: Am wenigsten trinkt der Mann der Mittelschicht. Aber während Männer um so weniger Alkohol konsumieren, je höher ihre gesellschaftliche Stellung ist, verhält es sich bei den Frauen gerade umgekehrt.

Der Einkommens- und Verbrauchsstichprobe 2008 zufolge, deren Zahlen vom Statistischen Bundesamt im Frühjahr 2011 publiziert werden, geben Männer in Singlehaushalten mit monatlich 153 € 10,6 Prozent ihrer gesamten Konsumausgaben für Nahrungsmittel und nichtalkoholische Getränke aus, Frauen hingegen minimal mehr mit 11,3 Prozent oder 158 € monatlich. Für Alkohol und Tabak wenden Männer 2,5 Prozent auf, monatlich 36 €, Frauen 1,4 Prozent, das sind rund 20 € im Monat.

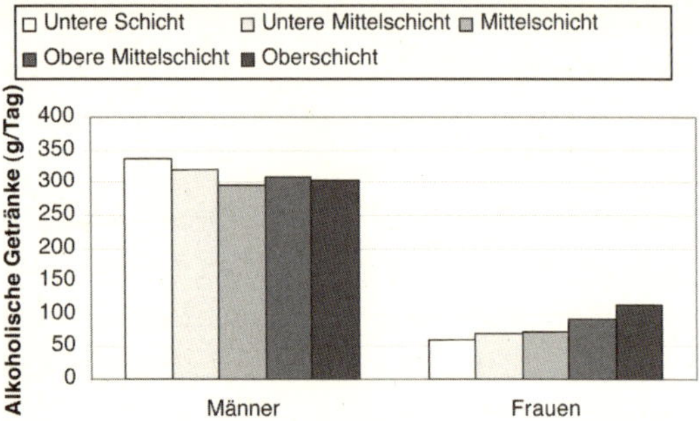


Verzehr alkoholischer Getränke (g/Tag) differenziert nach sozialer Schicht für Männer und Frauen. Quelle: NVS II

Schon in der Antike war Alkohol allgegenwärtig - insbesondere Wein. Noch heute lässt sich die Ausbreitung des römischen Imperiums an den europäischen Weinbauregionen ablesen. Allerdings wurde Wein in der Antike stets mit Wasser verdünnt getrunken, je nach Anlass in einem Mischungsverhältnis von 1:1 bis 1:5. Auf das Bier, das im Mittelalter dann als Energiespender während der Fastenzeiten und als Ersatz für sauberes Trinkwasser wichtig wurde, reagierten die Römer zunächst reserviert bis verdrossen. Vor fast zweitausend Jahren besuchte der römische Senator und Historiker Tacitus unser Land und schrieb in seiner *Germania* über die Trink- und Ernährungsgewohnheiten unserer Vorfahren: »Als Getränk dient ein Saft aus Gerste oder Weizen, der durch Gärung eine gewisse Ähnlichkeit mit Wein erhält. [...] Die Kost ist einfach: wildes Obst, frisches Wildbret oder geronnene Milch. Ohne feine Zubereitung, ohne Gewürze vertreiben sie den Hunger. Dem Durst gegenüber herrscht nicht dieselbe Mäßigung. Wollte man ihnen verschaffen, soviel sie wollen, so könnte man sie leichter durch ihr Laster als mit Waffen schlagen.«

Die moderne Getränkeindustrie hat den meisten Menschen in Deutschland heute so viel Alkohol zu trinken verschafft, wie sie wollen. Die Folge: Frau und Herr Durchschnittsdeutscher kippen sich, statistisch gesehen, pro Jahr rund zehn Liter reinen Alkohol hinter die Binde. Dafür mag es nach 1914, nach 1918, nach 1933, nach 1939 und nach 1945 genauso wie nach 1989 sehr viele gute Gründe gegeben haben. Aber heute? Um wohlfeilem Alarmismus entgegenzuwirken: In Frankreich wurden Mitte des 20. Jahrhunderts auch schon einmal an die 30 Liter Alkohol pro Kopf konsumiert. Und doch hat Tacitus insofern recht behalten, als dass dieses Laster des Saufens auch heute mehr Todesopfer fordert, als pro Jahr in Deutschland durch Schusswaffen getötet werden: 2007 starben nach Angaben der Bundeszentrale für gesundheitliche Aufklärung 74 000 Menschen an den Folgen ihres Alkoholkonsums. Bei über der Hälfte aller Morde und bei 30 Prozent aller Selbstmorde ist in Deutschland Alkohol mit im Spiel. Die Zahl der mit einer akuten Alkoholvergiftung ins Krankenhaus eingelieferten Jugendlichen im Alter zwischen zehn und zwanzig Jahren liegt bei 25 700 Fällen - ein Zuwachs um 170 Prozent vom Jahr 2000 bis 2009. Geschätzte 160 000 Kinder und Jugendliche in Deutschland sind alkoholkrank.

Mehr getrunken als in Deutschland wird innerhalb Europas nur noch in Luxemburg, Rumänien, Portugal und Irland, weniger als halb so viel Alkohol konsumieren die Isländer und Norweger.

Während Frauen quer durch alle Schichten ungefähr gleich viel beziehungsweise wenig Bier konsumieren, ist Biertrinken für Männer hierzulande immer noch ein Indiz für ihre Zugehörigkeit zu Ober-, Mittel- oder Unterschicht. Je nach Schicht schlucken Männer fünf- bis achtmal so viel Bier wie Frauen.

Genau umgekehrt ist die Tendenz bei Wein und Sekt. Hiervon trinkt die deutsche Elite sage und schreibe mehr als dreimal so viel wie die Unterschicht.

Martin Luthers berühmte Diagnose vom »deutschen Saufteufel« erweist sich nirgendwo so zutreffend wie beim Schnaps. Außer Fleisch gibt es kulturgeschichtlich kaum ein Lebensmittel, das

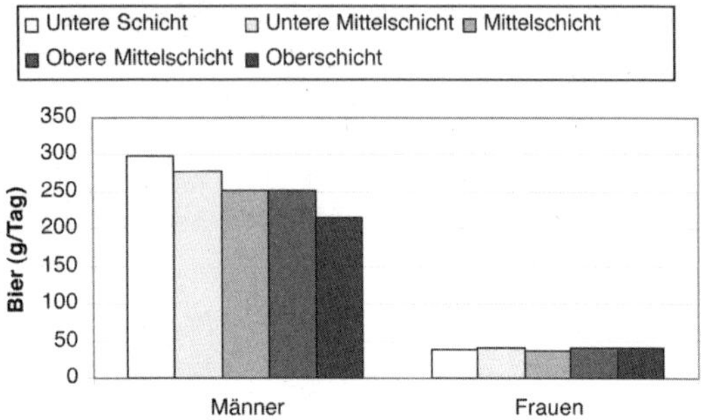


Verzehr von Bier (g/Tag) differenziert nach sozialer Schicht für Männer und Frauen. Quelle: NVS II

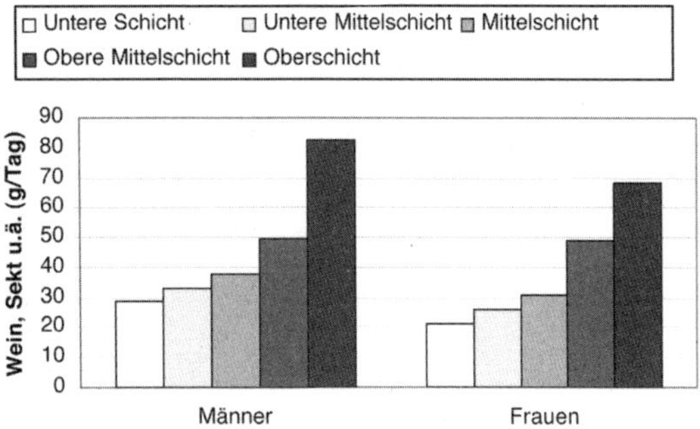


Verzehr von Wein und Sekt (g/Tag) differenziert nach sozialer Schicht für Männer und Frauen. Quelle: NVS II

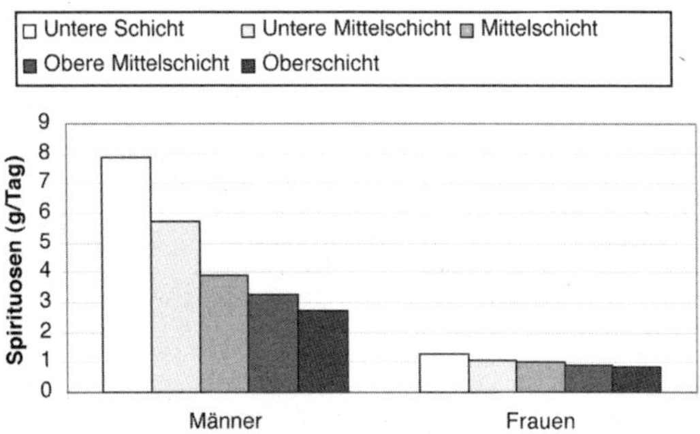


Verzehr von Spirituosen (g/Tag) differenziert nach sozialer Schicht für Männer und Frauen. Quelle: NVS II

größere Differenzen im Konsumverhalten zwischen Mann und Frau aufweist als der seit dem Mittelalter aufgekommene Branntwein. Der Konsum »harter« Spirituosen ist für Männer denn auch ein deutlicher Indikator ihrer Schichtzugehörigkeit: Männer aus der Oberschicht trinken fast dreimal weniger Spirituosen als Männer aus der Unterschicht.

»Ein Philosoph ist einer, der phil sopht.« Der Spruch von Ingo Insterburg ziert ein Tischset der »Vinoteca Marcipane« in Münsing am Ostufer des Starnberger Sees. Marcipane heißt die Mischung aus Restaurant und Weinhandlung nach dem italienischen Schwiegervater Antonio Marcipane aus Jan Weilers amüsanten Romanen *Maria, ihm schmeckt's nicht* und *Antonio im Wunderland.* Die Vinoteca – »a clean and well lighted place«: Wenn Hemingways existenzialistischer Definition je ein Lokal entsprochen hat, dann dieses! Der Trick ist nur, dass die »Vinoteca Marcipane« dabei auch noch so heimelig wie ein Dachsbau ist – betreibt der Schriftsteller gemeinsam mit dem Koch Corbinian Kohn und dessen Vater Christian Kohn.

Die Recherchen für dieses Buch hatten für SIE und IHN bislang zwei Folgen. SIE und ER essen weniger Fleisch. Und SIE und ER trinken mehr Wein – noch mehr Wein als bislang. Anders als Sandra Weiler. Sie trinkt keinen Tropfen. »Na ja, ich bin wegen des Essens hier. Und das kann man ja auch ohne«, erklärt sie ihren Verzicht, der für sie keiner ist. Was nicht bedeutet, dass Sandra Weiler keine Meinung zu bestimmten Weinen hat. »Meine Frau trinkt nicht«, erläutert Jan Weiler, »sie kann aber durch Riechen oder ein Nippen unglaublich viel erkennen – Dinge, die Menschen, die viel Wein trinken, irgendwie verloren haben. Sie kann sehr genau sagen, nach was ein Wein riecht.« Sandra Weiler trinkt keinen Alkohol, »weil es mir nicht schmeckt. Mit vierzehn habe ich mal gekostet und fand es – igitt! Danach habe ich nie wieder was probiert, weil ich dachte, ne, warum, schmeckt doch nicht.«

vinoteca
marcipane

*Filosofia*

Nervt Sie das auch so? Jeder Schraubenladen hat heute eine Philosophie. Wir möchten Sie nicht auch noch mit unserer langweilen, auch wenn sie natürlich sehr interessant wäre. Es ginge bei unserer Philosophie viel um Frische, um Qualität, um sorgfältige Zubereitung von Speisen, um Liebe zum Genuss, um Geschmack und natürlich um den Wunsch, unsere Gäste hervorragend zu bedienen, damit wir alle mehr vom Leben haben. Aber wollen Sie das wirklich lesen? Nein. Wir auch nicht. Ist doch alles selbstverständlich. Wenn Sie dennoch nicht auf eine Philosophie verzichten möchten, kreuzen Sie unten diejenige an, die Ihnen am besten gefällt.

☐ Verachte das Leben, um es zu genießen. *Jean Paul*

☐ Fröhlich sein, Gutes tun und die Spatzen pfeifen lassen. Das ist die beste Philosophie. *Don Bosco*

☐ Es lebe die Freiheit! Es lebe der Wein! *Goethe, Faust I*

☐ Genieße das Leben. In schnellem Lauf flieht es dahin. *Seneca*

☐ Ein Philosoph ist einer, der phil sopht. *Ingo Insterburg*

Tischset der Vinoteca Marcipane

Das ist die natürlichste Reaktion auf Alkohol, die es gibt. SIE und ER haben sich so wie jeder dieses Geschmacksempfinden überaus mühsam abgewöhnen müssen. Durch Konditionierung. Weil SIE und ER auf den Genuss des Weins und das fadenscheinige Glücksversprechen des Rauschs nicht verzichten wollen. Und so geht es keineswegs nur IHR und IHM: Unsere westlichen Gesellschaften halten den kollektiven Vollrausch offenbar für unabdingbar. »Und SIE und ER sind die Ersten, die das erkannt haben«, spöttelt Sandra Weiler ganz zu Recht.

Jan Weiler ist etwas sehr Seltenes – in der deutschen Literatur, vor allem aber im Leben. Jan Weiler ist ein geborener Erzähler. Einer, der so gut erzählen kann, dass man an seinen Lippen hängen bleibt wie Fliegen an der Klebefalle. Im Grunde aber wirkt so ein echter Erzähler im deutschen Kontext immer leicht unglaubwürdig, überlegen SIE und ER. Plausibler fände man einen wie Jan Weiler in einem Pub in Irland, einem Gemeindezentrum in Finnland oder, warum eigentlich nicht, einer Bar irgendwo in Italien. Wer sich die Mühe macht, eine Geschichte von einem so guten

Unterhalter einfach einmal aufzuschreiben, erfährt viel über die Dramaturgie von mündlichem und schriftlichem Erzählen.

### *Weiler unplugged: Jan Weiler erzählt, wie Beuys kochte und aß*

Ich habe eine Anekdote darüber, wie Joseph Beuys gekocht hat. Der hat nämlich sehr viel gekocht und sehr eigenartig. Der hat zum Beispiel, in der Auffahrt des gemeinsamen Hauses in Düsseldorf-Oberkassel, zwischen den Kopfsteinblöcken Kresse gezüchtet. Also in die Fugen von den Dingern war Kresse eingesät. Und da hat er jeden Tag davon was abgeschnitten und das verwendet. Was er noch gemacht hat: Er hat seinem Sohn Wenzel, als der gerade geboren war, jeden Tag ein winziges Spurenelement von irgendwas, Mineralien oder sonst was, in die Muttermilch getan. Also in die Flasche, die Wenzel gekriegt hat, kam jeden Tag eine Messerspitze Sand oder ein Stück Magnesium, alles Mögliche. Der Wenzel sollte halt alles irgendwann erfahren ... Beuys war eben sehr, sehr besonders. Der hat auch für seine Tochter, als die achtzehn wurde, einen unfassbaren Kuchen gebacken. Und zwar war das ein Buttercremekegel, der sah aus wie ein Verkehrsleitkegel, ein Pylon, war aber aus Buttercreme und Biskuit und mit Blattgold ummantelt. Das Rezept hat die Tochter uns weitergegeben. Wir haben das Ding dann nachgebaut für das Cover des *SZ-Magazins*, bei dem ich damals gearbeitet habe. Hat auch ganz gut hingehauen. Sie hatte auch noch so ein Ding zu Hause in der Vitrine, so einen völlig verschimmelten, mit Blattgold umlegten Kegel. Für Beuys bedeutete Essen wahnsinnig viel, weil er im Krieg diesen Absturz erlebt und unglaublichen Hunger gelitten hatte. Seine Frau kam aus einer relativ bürgerlichen Umgebung. Die hatten am Anfang überhaupt kein Geld: gar nichts. Und das führte dazu, dass Beuys immer für sie gemeinsam Essen bestellt hat, zum Beispiel ein Kotelett, und dann hat Eva das Fleisch bekommen und er hat den Knochen gegessen, und zwar komplett. Sie hat erzählt, ihr habe das immer wahnsinnig imponiert. Beuys hat jahrelang am Anfang ihrer Ehe, aus Verantwortungsbewusstsein oder Fürsorglichkeit, also einen kompletten Kotelettknochen weggeknuspert. Oder Hühnchen. Wenn das Ehepaar Beuys in Düsseldorf irgendwo Hühnchen essen gegangen ist, ein halbes Huhn, hat Beuys die Knochen gegessen, sie hat alles andere gegessen, und er hat dann auf dem Teller aus zwei Knöchelchen ein Kreuz gelegt, mit der Begründung, dass es dem Kellner sonst vielleicht unheimlich wäre, wenn alles weg sei.

SIE und ER gehen aus, weil sie hungrig sind. Nicht zuletzt aber treibt sie auch der Hunger auf Geschichten aus dem Haus – Geschichten, wie Jan Weiler sie zu erzählen versteht.

An diesem Abend werden Jan und Sandra Weiler zur Feier der von ihrem siebenjährigen Sohn mit Bravour bestandenen Seepferdchen-Prüfung von der täglich wechselnden Karte der »Vinoteca Marcipane« eine Paprikacremesuppe und den Rücken eines von Corbinian Kohn selbst geschossenen Rehs auf Thymianpolenta mit Johannisbeergelee und Rotweinsoße essen; SIE und ER entscheiden sich vorweg für eine Renke auf Gurken-Risotto mit Senf-Dill-Soße, danach für das Reh und SIE für Crêpes mit karamellisierten Orangenfilets, ER für Käse mit Mandeln und grünen Oliven.

Ein Lokal sollte aus Sicht eines Steuerberaters nicht mehr als 25 Plätze haben, denn sonst muss eine Behindertentoilette her. Und das kommt teuer. Für die deutschen Behörden ist die »Vinoteca Marcipane« in Münsing ein Imbiss mit Ausschank und Sitzgelegenheiten. Für SIE und IHN ist die »Vinoteca Marcipane« mit ihren schwarzen Tischen auf Solnhofener Fliesen, den schwarzen Bänken mit den Filzpolstern, auf denen olivgrüne und brombeerfarbene Kissen liegen, etwas anderes. Ein Ort zum Durchatmen. Ein Refugium. Ein Asyl. Zum Glück gibt's die Terrasse. Da bewirtet Corbinian Kohn mitunter 80 Gäste. Und SIE und ER können sich dort als Teil eines Gemeinwesens fühlen.

## Jan Weiler und Corbinian Kohn: »Wir sind ein geschmacklich verwaistes Land«

*SIE & ER: Können Sie uns im Voraus sagen, was Männer und Frauen bestellen, wenn sie in Ihre Vinoteca kommen?*

Corbinian Kohn: Ich glaube, dass das keine Frage von Mann und Frau ist, sondern eine Typfrage ...

Jan Weiler: Oder eine Altersfrage.

Corbinian Kohn: Es ist schon so – das macht man in jeder Küche, glaube ich –, dass man sich die Leute anschaut, wenn sie zur Tür reinkommen, und sich schon mal drauf vorbereitet, was man jetzt gleich zu tun hat. Da werden durchaus Tipps abgegeben, wer jetzt was bestellt, in welcher Reihenfolge und ob halbe oder ganze Portionen.

Jan Weiler: Du hast öfter diese Frauenrunden da, die dann alle nur Suppe essen ...

Corbinian Kohn: Genau. Oder man weiß vorher, die Frau bestellt nun das Crostino, aber die will das ohne Nüsse haben oder mit irgendwelchen Sonderwünschen, also auf, an, unter, um und so weiter. Und da liegt man oft gar nicht so verkehrt. Mit Sicherheit kann ich sagen, dass Frauen zum größten Teil Fisch essen und Männer zum größten Teil Fleisch bestellen. Das ist bei manchen Menschen fast schon eine Benimmregel. Gerade wenn man so was wie Entrecote auf der Karte stehen hat. Rinderfilet ist dann komischerweise neutral: Das bestellen Mann und Frau.

*Geht's da um die Kalorien?*

Corbinian Kohn: Das glaube ich nicht. Die meisten Frauen fühlen sich unwohl, wenn sie ein Entrecote mit Bratkartoffeln auf dem Teller liegen haben. Essen würden sie es wohl schon gerne, aber sie tun es nicht, weil vielleicht die hübsche Dame am Nebentisch komisch rübergucken könnte.

Jan Weiler: Ein anderer Aspekt: Man kann den Fisch relativ leicht teilen, während man beim Entrecote schon mächtig rumfuhrwerken muss. Es sieht einfach nicht so gut aus, so was zu essen.

Corbinian Kohn: Genau! Ich weiß nicht, ob das wirklich eine Geschmacksfrage ist, also ob die Frauen keine Lust auf Fleisch haben. Ich glaube eher, dass es mit dem Drumherum zu tun hat. Wie sieht das aus, wenn ich das esse? Wie komme ich damit zurecht?

*Überlegen Sie sich beim Zusammenstellen des Menüs, jetzt brauch ich noch was für Frauen?*

Corbinian Kohn: Unterbewusst auf jeden Fall. Wenn ich eine deftige Räucherfischsuppe mit viel Sahne auf die Karte setze, dann mache ich auch einen Salat, irgendwas Leichtes, weil ich weiß, das nehmen dann zum größten Teil die Frauen. Und zu einem kleineren Teil auch jene Männer, denen die Suppe zu viele Kalorien hat.

*Was hat Ihren Geschmack am stärksten geprägt?*

Jan Weiler: Die Küche meiner Mutter. Meine Mutter ist eine richtig gute Köchin. Bei uns stand an jedem Tag während der über zwanzig Jahre, in denen ich bei meinen Eltern gelebt habe, ein warmes Essen auf dem Tisch. Entweder Mittag- oder Abendessen. Meine Eltern hatten oft Gäste, und meine Mutter hat sehr aufwändig gekocht. Bei uns gab es diesen

Fast-Food-Wahnsinn überhaupt nicht. Ich wollte immer, dass wir mal zu McDonald's gehen oder so. Meine Mutter hat das aber nie gemacht. Das war sehr prägend. Weil das bei mir zu Hause so war, deshalb ist mir auch heute wichtig, dass wir alle am Tisch sitzen und gemeinsam essen.
Corbinian Kohn: Bei mir war ganz sicher auch mein Elternhaus entscheidend. Als Baby litt ich schlimm unter Neurodermitis. Meine Eltern haben dann deshalb ihr ganzes Leben umgestellt und einen Selbstversorgerhof gegründet. Mein Vater war vorher Banker, jetzt ist er Schreiner. Meine Mutter war Orgelbauerin. Meine Eltern schafften sich Ziegen an, weil Ziegenmilch verträglicher ist als Kuhmilch. Dann haben sie einen Naturkostladen aufgemacht, um an Biogemüse und Fleisch aus artgerechter Tierhaltung heranzukommen. Und entsprechend wurde gekocht: Das ganze Programm, mit gerade am Anfang wirklich ungenießbaren Dinkelpfannkuchen. Also alternative Ernährung mit allem, was dazugehört. Am Anfang kannten wir es nicht anders, aber dann während der Schulzeit habe ich bei Freundinnen und Freunden überhaupt erst mal anderes Essen kennengelernt. Das war natürlich ein Wahnsinn, mal so konventionelle Cornflakes zu essen oder Milka-Schokolade. Ich habe mein gesamtes Taschengeld bei dem Edeka um die Ecke für unglaublich schreckliche Süßigkeiten ausgegeben.

*Haben Sie kulinarisch gegen Ihre Eltern rebelliert?*
Corbinian Kohn: Nur gegen meine Mutter, weil die nicht gut kochen kann. Mein Vater kocht fantastisch. Da gab es nie einen Grund zu rebellieren, bei ihm hat es immer besser geschmeckt als in den meisten Restaurants, die wir besuchten, oder bei den meisten Eltern von Freunden. Zu Hause hat es eigentlich immer am besten geschmeckt.

*Was löst in Ihnen Ekel aus?*

Corbinian Kohn: McDonald's. Und was mir im Leben nicht einfallen würde: im Supermarkt Fleisch zu kaufen. Ich muss mir die Augen zuhalten, wenn ich an diesen Fleischtheken vorbeigehe. Das ist der größte Ekel bezüglich Lebensmittel, den ich habe. Das will mir nicht in den Kopf, wie man so was machen kann.

Jan Weiler: Es gibt eine Schule des Geschmacks. Genauso, wie es eine Schule des Sehens gibt. Menschen, die aus Gegenden stammen, die im Zweiten Weltkrieg zerbombt wurden, haben einen völlig anderen Zugang zu Architektur und zur Kunst. Wenn man in Ravenna oder in Florenz aufgewachsen ist, wird man sich völlig anders mit einer Stadt, mit Architektur, Kunst, Licht auseinandersetzen können, als wenn man aus Hannover, Pforzheim oder Kassel stammt. Das gilt auch für Mode. Wir sind ja ein geschmacklich verwaistes Land. Wenn man durch Fußgängerzonen geht und sieht Männer in dieser neuen deutschen Volkstracht, mit diesen Dreiviertelhosen und knallbunten Stefan-Effenberg-Turnschuhen mit diesen angeschwitzten Füßlis, dann denkt man sich – wenn Südeuropäer bei uns solche Typen sehen, die lachen sich tot. Und das hängt auch damit zusammen, dass wir ein durch den Krieg geschmacklich verunsichertes Land sind. Da fehlt eine Generation von Künstlern und Designern und Geschmacksbildnern. Bei uns vollzieht sich Tag für Tag ein richtiger Triumph über den guten Geschmack, nämlich der des Gesparthabens ...

*Warum verschließen so viele Menschen die Augen vor der Erkenntnis, dass Hackfleisch für 99 Cent das Pfund ein Verbrechen ist?*

Corbinian Kohn: Weil sie die Alternativen nicht kennen und auch nicht kennen wollen. Weil hier in Deutschland Essen einfach nicht den Stellenwert hat.

*Wo liegt der höher?*

Corbinian Kohn: Frankreich, Italien, England ...

Jan Weiler: Fast überall in Europa wird mehr Geld für Essen ausgegeben als bei uns. Aber die Leute hier bei uns haben ja die Mentalität, wenn sie etwas sparen, schmeckt es ihnen gleich doppelt so gut, als wenn sie etwas ausgeben fürs Essen. Wenn ein Deutscher viel Geld fürs Essen ausgibt, dann fühlt er sich schuldig. Er hätte ja auch »etwas Sinnvolles« damit machen können. Da sind die Franzosen und die Italiener anders als wir.

*Andererseits werden fast nur noch die sogenannten edlen Teile von Tieren gegessen, und das sind ja auch immer die teuren Fleischstücke. Woher kommt die Vorstellung, dass ein Tier bloß aus Filet besteht?*

Corbinian Kohn: Es gibt diese Generation, die Lebensmittel nur noch als eingeschweißte Päckchen im Supermarkt kennt. Man guckt in die großen Auslagen, und da gibt es auch keinen Bezug mehr zum Tier, sondern da ist alles vorgeformt, eingepackt, beschriftet, das sieht einfach nicht mehr nach Leben aus.

Jan Weiler: Dazu muss man wissen, dass Corbinian auch jagt und in unserem Lokal bisweilen zum Beispiel Rehe auf der Karte stehen, die er selbst geschossen hat.

Corbinian Kohn: Heute zum Beispiel ...

*The Man Who Killed Bambi ...*

Jan Weiler: Das ist nicht unwichtig. Ich selbst finde es auch gruselig, dass er diese armen Rehe in der Blüte ihrer Monate von der Wiese mäht. Die kommen raus im Morgengrauen, wollen an einem taubenetzten Grashalm lecken, und dann kommt Corbinian und schießt die tot.

Corbinian Kohn: Es gibt doch keine schönere Form zu sterben.
Jan Weiler: Ist klar. Corbinian hat jedenfalls eine Beziehung zu dem Tier, das später in seiner Pfanne liegt.

*Wie sieht's denn mit dem Geschlechterverhältnis bei den Jägern aus?*
Corbinian Kohn: Lange wurde jede Frau, die einen Jagdschein machen wollte, schief angeguckt. Inzwischen liegt die Frauenquote unter den Jägern wohl bei rund einem Drittel. Und es werden immer mehr.

*Können Sie einem Gericht ansehen, ob es von einem Mann oder einer Frau gekocht wurde?*
Corbinian Kohn: Ich könnte das ganz gut tippen. Wenn ich zehn Teller dastehen hätte, würde ich mir zutrauen, über die Hälfte richtig zuzuordnen. Wenn ich zwei Teller habe, allerdings nicht.

*Was wäre feminin im Unterschied zur männlichen Zubereitung?*
Corbinian Kohn: Weniger Salz und weniger Öl.

Das Lieblingsgetränk von Jan und Sandra Weiler ist übrigens jene herrlich saure italienische Limonade namens Lemon Soda. SIE und ER, Corbinian Kohn und die Weilers kommen an diesem Abend in der »Vinoteca Marcipane« rasch überein, dass man mit dem Import dieser rätselhafterweise in Deutschland so gut wie unbekannten Limonade Millionen verdienen könnte. Aber was ist schon Geld?

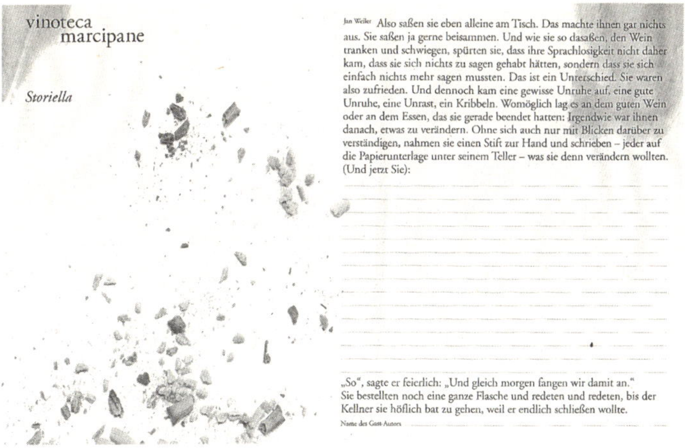


Tischset der Vinoteca Marcipane

Uhlbach ist klein. So klein, dass viele der altansässigen Familien vielfach untereinander verwandt sind. Ob allerdings auch Christel Currle und Martin Kurrle, der Kellermeister und Geschäftsführer der Winzergenossenschaft Collegium Wirtemberg, miteinander verwandt sind, bleibt umstritten. Sie meint ja, er meint nein. Tatsache ist: Christel Currle erinnert sich an einen Opa, der eine Schwester hatte, die eine geborene C-Currle war und als verheiratete K-Kurrle starb. »Es ist wirklich nicht einfach mit der Familie«, so Christel Currle.

Martin Kurrle hat an der Forschungsanstalt Geisenheim Weinbau und Önologie studiert. Entstanden ist das Collegium Wirtemberg 2007 aus der Fusion der Uhlbacher und Rotenberger Winzergenossenschaften. Die knapp unter 100 aktiven der insgesamt über 220 Mitglieder bewirtschaften mehr als 125 Hektar Rebfläche. Nicht nur, wer die notorisch eigenbrötlerischen schwäbischen Winzer einzuschätzen weiß, wird Martin Kurrles heutigen Job als Kellermeister des Collegium Wirtemberg mit dem des Generalsekretärs der Vereinten Nationen vergleichen.

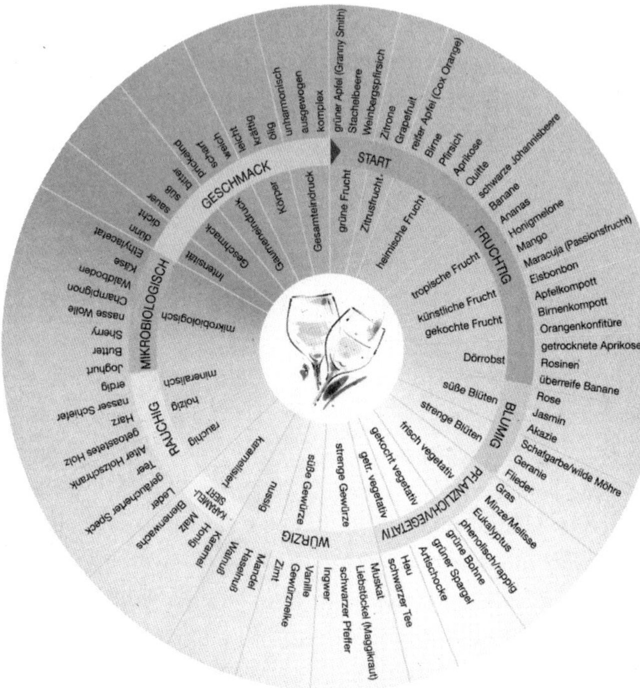


Aromarad deutscher Weißwein

Als Martin Kurrle seine Frau kennenlernte, die aus dem Schwarzwald stammt, trank sie, wenn überhaupt, nur extrem liebliche Weißweine. »Über die letzten zwanzig Jahre haben wir immer wieder gemeinsam Wein probiert«, erzählt Martin Kurrle IHR und IHM. »Meine Frau ist jemand, dem das Weintrinken nicht angeboren ist, der aus einer Gegend kommt, in der Wein keine Rolle spielt. Und trotzdem: Wenn wir mit ihr heute eine Blindverkostung durchführten, wären Sie wahrscheinlich von den Socken, was die Ihnen über die Weine erzählt. Natürlich kann sie keinen Bordeaux Jahrgang 1968 von einem Bordeaux Jahrgang 1984 unterscheiden – ich kann das aber auch nicht. Entscheidend ist etwas anderes: Inzwischen lässt sie auch mal ein Glas stehen und sagt: Qualität schmeckt anders. Sie könnte einem zwar nicht genau önologisch erklären, warum dieser Wein nicht hinhaut, aber auf ihr Urteil ist Verlass. Und so geht mir das ja auch. Ich lass oft auch mal was stehen. Ich trinke auch gern einen ganzen Abend Mineralwasser, gar kein Problem.« Zum Beispiel neulich, als Martin Kurrle dieser Dornfelder vor die Nase kam. »Der war stumpf! Im Abgang eine leichte Säure, das war nicht harmonisch, läpperig, da hat irgendwas am Gaumen gebremst!« Neugierig geworden, wollen SIE und ER es nun wissen: Was genau war falsch an diesem Dornfelder? »Das war einfach dünnes Zeug. Lieblos, keine richtige Rotweinfrucht. Kellerwirtschaftlich gesprochen: zu früh abgestochen von der Hefe, zu früh geschwefelt, wahrscheinlich viel zu viel nachgeschwefelt, daher kommt das Stumpfe. Dornfelder hat ja mittlerweile leider ein Billigimage, genau wie Müller-Thurgau oder Kerner. Aber uns stört das nicht. Man kann diesen Wein trotzdem gut machen. Wenn Sie hier bei uns einen Dornfelder aufmachen, sagen Sie erst mal: Wow – blöd, dass er so heißt!«

## Martin Kurrle: »Das sensorische Gedächtnis«

*SIE & ER: Können Sie erkennen, ob ein Wein von einer Frau gemacht wurde oder von einem Mann?*

Martin Kurrle: Nein. Ich halte das für absolut ausgeschlossen. Niemand kann das. Einem Wein das Geschlecht des Winzers abschmecken zu wollen, erscheint mir so absurd, wie ihm die Konfession des Winzers anzumerken.

*Wie erklären Sie sich dann den Trend, dass immer mehr Winzerinnen ihr Geschlecht zum Verkaufsargument machen?*

Das hat mit Marketing zu tun, nicht mit der Weinproduktion an sich. Diese Winzerinnen packen das Weinmachen vielleicht ein klein wenig anders an – aber es gibt auch Männer, die andere Wege beschreiten.

*Sehen Sie denn Geschmacksunterschiede beim Wein zwischen Mann und Frau?*

Ich bin oft enttäuscht über den primitiven Geschmack mancher Männer. Und nicht selten verblüfft über den fortgeschrittenen Geschmack mancher Frauen. Immer mehr Frauen wissen richtig trockene Weißweine und auch kräftige dunkle Rotweine zu schätzen. Es gibt nicht mehr den typischen Frauenwein, also duftige, milde Weine wie etwa einen Gewürztraminer. In meinem Umfeld mögen inzwischen mehr Frauen feurige, trockene Rieslinge, bis hin zu richtig stahligen Rieslingen, auch tolle Cabernets oder so was. Bei den Männern überrascht mich hingegen, dass halbtrockene und liebliche Rotweine, von denen man schnell viel trinken kann, immer noch gern gekauft werden. Das hängt auch mit dem unterschiedlichen Trinkverhalten von Mann und Frau zusammen.

*Das sind Weine für Wirkungstrinker?*

Wenn Sie es so ausdrücken wollen.

*Gibt es in Ihren Augen einen natürlichen Geschmack für Wein? Oder ist Weingeschmack die Folge einer Prägung?*

Sicher kommt niemand einfach so mit einem tollen Rotweingeschmack auf die Welt. Geschmackserziehung spielt eine große Rolle, auch die Lebensweise. Menschen, die von Kindesbeinen an gelernt haben, über Gerüche die Natur zu erkunden, in deren Familien regelmäßig gekocht wird, sind meiner Erfahrung nach klar im Vorteil, gute Weine zu goutieren. Nicht unterschätzen sollte man die Geschmacksunterschiede zwischen Menschen aus südlichen und nördlichen Ländern. Aber auch wer im Norden geboren wurde und daher eher eine Affinität zum Süßlicheren hat, kann an trockene Weine herangeführt werden.

*Was ist für Sie der größte Feind in der Ausbildung eines vernünftigen Weingeschmacks heute?*

Unsere Schnelllebigkeit. Fast Food. Dass sich so wenige Menschen Zeit nehmen, richtig zu kochen, miteinander zu essen, an einem Tisch zu sitzen und zu trinken. Die sogenannten naturidentischen Leitaromen, die heute überall in industriell verarbeiteten Lebensmitteln drinstecken, führen dazu, dass Menschen sagen: Das schmeckt doch alles ähnlich. Welches Kind weiß heute schon noch, wie eine Schwarzwurzel schmeckt? Wie gute Stachelbeeren? Oder Erdbeeren, die nicht aus dem Supermarkt, sondern Ende Mai frisch aus dem Garten stammen? Man sollte auch wissen, wie nasses Gras riecht, feuchte Erde oder Stroh in der Sonne. Nur so bildet sich ein sogenanntes sensorisches Gedächtnis aus. Und wer da mit zu wenigen Anregungen aufwächst, ist mit einem eindimensionalen sensorischen Gedächtnis geschlagen. Wie aber soll man ohne Kategorien zum Vergleichen etwas schmecken? Das geht gar nicht.

*Intelligenz ist die Fähigkeit zur Verknüpfung – auch beim Wein?*

Das Schöne beim Wein ist ja immer das Stiften eines Zusammenhangs. Man riecht an einem Wein und kann etwas damit verbinden: einen anderen Geruch oder Geschmack, einen Gedanken oder eine Erinnerung, Genau da beginnt ja die Lust am Wein: so etwas zusammenzubringen.

> *Achtes Geschmacksexperiment: Das Auge trinkt mit!*
>
> Besorgen Sie sich im Weinfachhandel ein Set schwarzer Probiergläser und führen Sie eine Blindverkostung zwischen gleich temperierten Weißweinen und Rotweinen durch. Wiederholen Sie das Experiment bei 12° C, 18° C und 24° C.
>
> Sie werden überrascht sein, wie schwer es fällt, den Unterschied zwischen Weiß und Rot zu schmecken - insbesondere, wenn Sie würzige Weißweine wie europäische Grauburgunder oder Rieslinge gegen leichte Rotweine wie Spätburgunder oder italienische Merlots antreten lassen.

Aromenbibliotheken anlegen! Welch schöner Vorsatz – zur Erziehung von Kindern, erst recht aber, finden SIE und ER, zur Eigenerziehung. Der Fachhandel hält dafür diverse Aromasets zum Training des Geruchs- und Geschmackssinns parat. Eine wichtige Ergänzung, sicher aber kein Ersatz für die eigene sinnliche Naturerfahrung. Keine geringe Hilfe liefert auch das sogenannte Aromarad, das in den 1970er Jahren von der Önologin Ann C. Noble von der University of California in Davis erfunden wurde und seither schon Generationen von Weinenthusiasten bei der Schärfung ihrer Sinne und ihres Vokabulars zur Beschreibung ihrer Wahrnehmungen geholfen hat. Längst haben auch andere Branchen Nobles Idee begeistert aufgegriffen und Aromaräder für Produkte wie Brot, Schokolade und Tee kreiert. Auch das Deutsche Weininstitut, die Marketingorganisation der deutschen Weinwirtschaft, hat Aromaräder speziell für deutsche Weiß- und Rotweine entwickelt.

Der deutsche Schriftsteller Hanns-Josef Ortheil, ein leidenschaftlicher Gourmet und auch literarisch immer wieder auf gastrosophischen Pfaden unterwegs, hat bereits als Kind Tagebuch geführt. Seine Aufzeichnungen von einer Moselreise, auf die der damals Elfjährige 1963 seinen Vater begleitet, sind eine kleine

Aromarad deutscher Rotwein

Schule der Wahrnehmung. Ortheils Schilderung einer Weinprobe nimmt dem Verkosten oder »Zelebrieren«, wie sein Vater es nennt, alles Elitäre und Snobistische – ein SIE und IHN faszinierendes Beispiel praktischer Geschmackserziehung und ein schöner Beleg dafür, wie Wein, richtig genossen, weniger zur Betäubung als zur Schärfung unserer Sinne beitragen kann.

Während unseres Abendessens und während der Weinprobe hat Papa mir dann auch gezeigt, wie das ›Zelebrieren‹ so geht. Das ›Zelebrieren‹ ist nämlich, wie Papa gesagt hat, kein einfaches Trinken oder Probieren des Weins, sondern ein feierliches, festliches Trinken des Weins mit allen Sinnen. Es geht so, dass man den Wein zuerst mit den Augen und dann mit der Nase erkundet. Man schaut sich also an, wie der Wein aussieht und beschreibt seine Farbe. Dann riecht man den Wein und beschreibt, wie er riecht oder duftet. Und erst dann nimmt man den ersten Schluck, und einen sehr kleinen. Den sehr kleinen Schluck lässt man auf der Zunge liegen, ›schweben‹, wie Papa gesagt hat, und erst nach einer Weile lässt man ihn durch die Gurgel gleiten und abstürzen. Dann erlebt man den Nachgeschmack und nimmt rasch einen zweiten Schluck, um den Geschmack des Weins noch genauer herauszubekommen.

Papa hat mir das ›Zelebrieren‹ mehrmals vorgeführt, und dann immer genau beschrieben, wie der Wein aussieht, wie er duftet und wie er schmeckt. Und dann haben wir auch für mich eine Probe Traubensaft bestellt, und ich habe mir den Traubensaft angeschaut, beschnüffelt und probiert. Und dann habe ich auf meinen Notizzetteln notiert, was ich über den Traubensaft herausbekommen hatte: Er sieht ›hellgelb‹ aus, er riecht ›zart‹ und er schmeckt ›lieblich‹.

Wie der Wein ausschaut

Wässerig
Blass
Hellgelb
Goldgelb
Fuchsig

Wie der Wein riecht

Flüchtig
Duftig
Fruchtig
Blumig
Würzig

Wie der Wein schmeckt
Fein
Süffig
Glatt
Markig
Groß

Aus: Hanns-Josef Ortheil, *Die Moselreise*

Wie erziehen Winzer und Köche ihre Kinder? »Gar nicht – wann denn auch!?«, haben SIE und ER nicht selten auf diese Frage von den vielbeschäftigten Eltern gehört. Christel Currle berichtet von einem Schlüsselerlebnis für die Geschmacksbildung ihrer damals dreijährigen Tochter Anna-Sophie, die ihre Eltern und deren Gäste, jeder mit zwei Gläsern in der Hand, einmal beim Probieren von Bordeaux ertappte. Natürlich wollte das Kind wissen, was die Erwachsenen da trieben, und sofort auch am Wein riechen.

»Damals war Anna-Sophies Geruchssinn super. Also sagte sie: ›Dieser hier riecht gar nicht gut, aber der andere Wein riecht toll.‹ Und das war auch die Meinung der Erwachsenen: Den Bordeaux Jahrgang 1980 haben wir nachher zum Kochen genommen. Aber der 86er Bordeaux war eine Wucht!« Ihr Mann, erzählt Christel Currle, habe ihrer Tochter daraufhin versprochen, einen eigenen Wein in ihrem eigenen kleinen Fässchen machen zu dürfen. »Und da zeigte sie auf den 86er Bordeaux und sagte zu ihm: Papa, so muss er schmecken! Das Problem war nur, es war ein 86er Chateaux Lafite-Rothschild. Wir haben dann gesagt: Anna-Sophie, die Latte liegt ganz schön hoch!«

Weinmachen mit einem noch nicht vierjährigen Kind? SIE und ER sind skeptisch. Wie geht das? »Als wir 2005 die Grundweine hatten, habe ich zu meinem Mann gesagt: Das habt ihr miteinander ausgemacht, ich halte mich da ganz raus«, berichtet Christel

*Unbeaufsichtigte Kinder erhalten einen doppelten Espresso und ein Haustier nach Wahl.*

*www.holtmanns.com*

Serviette eines Kölner Caterers

Currle. Anna-Sophie habe zunächst alles nur über den Geruch entschieden. Sobald fünf Gläser abgerochen waren, legten Vater und Tochter eine Pause ein. Manchmal wollte Anna-Sophie auch einen Wein probieren. »Allerdings hieß Probieren für sie, den Finger ins Glas stecken und einmal mit der Zunge abschlecken«, so Christel Currle. Auf diese Weise habe Anna-Sophie Schritt für Schritt ihre eigene Cuvée kreiert. »Bis wir bei den letzten drei Gläsern standen. Da hat sie dann irgendwann die Lust verloren, wollte nicht mehr weiterriechen und hat nur noch gesagt: Ich finde, der hier ist der beste. Das Ergebnis hat mich dann wirklich überrascht.«

Christel Currle ist viel zu bodenständig und realistisch, um ein rosarotes Bild von der Geschmackserziehung ihrer Kinder zu malen. »Das ist im Moment völlig weg. Anna-Sophie interessiert sich heute überhaupt nicht für Wein, sondern für Fußball. Und wenn sie sich was wünschen darf, will sie zu McDonald's. Früher hat meine Tochter alles gegessen, das geht im Moment überhaupt nicht: keine Soße, keine Kräuter, kein gekochtes Gemüse außer Karotten! Zum Glück isst mein vierjähriger Sohn noch alles – aber das war bei meiner Tochter in dem Alter auch so.«

SIE und ER kennen noch ein Kind, das alles isst: Aimée. Froschschenkel? Kalbsbries? Andouillette? Kein Problem, meint die aufgeweckte Vierjährige mit den engelsblonden Krüsselhaaren, immer her damit. Irgendetwas von ihrem Speiseplan auszuschließen, käme Aimée zurzeit genauso wenig in den Sinn wie Macchiato, dem Jack-Russel-Rüden, mit dem sie durch die Küche ihres Großvaters flitzt. Aber dass Aimée dort wirklich alles schmeckt, mag an diesem jugendlichen Opa liegen: Jean-Claude Bourgueil. Seit 1977 ist Bourgueil in Kaiserswerth, am Rande Düsseldorfs, mit seinem Restaurant »Im Schiffchen« vor Anker gegangen. Bourgueil, 1947 in der Touraine geboren, ist einer der intellektuell neugierigsten Menschen, die SIE und ER kennen. Dank ihm zählt das »Schiffchen« seit Jahrzehnten zu den besten Restaurants in Deutschland und wird vom *Guide Michelin* mal mit zwei, mal mit drei Sternen bewertet. Genauso leidenschaftlich, wie er über das Für und Wider von Glutamat in der Sterneküche, über Sous-vide-Gartechniken und Nachhaltigkeit spricht, ficht und streitet Jean-Claude Bourgueil über Jonathan Littells *Die Wohlgesinnten*, über Heinrich Heine oder Marie NDiayes *Drei starke Frauen*. »Gut essen heißt erst mal, sich Zeit zu nehmen«, erläutert Bourgueil IHR und IHM bei ihrem Besuch in Düsseldorf. »Genau so, wie man sich Zeit nehmen muss, um ein gutes Buch zu lesen oder sich ein Bild im Museum anzuschauen.« Bourgueils Küche, die er im ebenfalls mit einem Stern ausgezeichneten Bistro »Jean-Claude's« unten im »Schiffchen« in einer legeren, auch spontaneren, aber keineswegs abgespeckten Version anbietet, ist einerseits klassisch französisch geprägt. Nirgendwo lassen sich köstlichere Gänseleber-Variationen finden, perfekter über Kamillendampf gegarte bretonische Hummer, vollendeter zubereitete Schnepfen. Andererseits entwickelt Bourgueil überzeugende Neuinterpretationen von deutschen Klassikern wie Sauerbraten, Kartoffelpuffer oder Arme Ritter. Bourgueil ist ein Motor der kulinarischen Innovation, steht allem bloß Modischem in der Küche dennoch sehr skeptisch gegenüber: »Als ich in den 70er Jahren nach Deutschland kam, hat man Ananasstückchen ins Sauerkraut gegeben und Mandarinenstückchen in den Reis. Das galt als modern, das war in!« SIE und ER haben Jean-Claude Bourgueil vor Jahren im Gedränge einer Buchmesse kennengelernt, wo er unberührt von all dem Trubel am Stand des Verlags seines Kochbuchs *Typisch Deutsch* eine Schwarzwälder

Kirschtorte verteilte. So entmufft, so sublim dekonstruiert war Bourgueils aufgefächerte Interpretation dieser gefürchteten Feldhaubitze deutscher Patissierkunst, so federleicht und filigran das Aromenspiel seiner Komposition, dass SIE und ER spontan die erste von vielen folgenden Pilgerfahrten nach Düsseldorf antraten.

Seine Enkelin Aimée lebt seit einiger Zeit bei Jean-Claude Bourgueil und dessen Frau Raquel Plum, die für den Service verantwortlich ist. »Spielen, ausprobieren, experimentieren steht am Anfang jeder Geschmacksbildung«, so der Patron des Restaurants »Im Schiffchen«. »Das Nachdenken kommt später. Irgendetwas auszuschließen ist töricht. Natürlich essen wir mit Aimée auch mal Pommes frites bei McDonald's.« SIE und ER haben den Eindruck, Aimée erlebt eine glückliche kulinarische Kindheit.

## Jean-Claude Bourgueil: »Ich würde lieber trockenes Brot essen«

*SIE & ER: Warum geben die Deutschen ihr Geld gern für Autos, Reisen und Möbel aus, nicht aber für Nahrungsmittel?*

Jean-Claude Bourgueil: Das bereitet mir auch Kopfzerbrechen. Warum essen wohlhabende Leute das Billigste überhaupt? Warum schleichen sich Reiche mit fremden Tüten in die billigsten Einkaufsmärkte, kaufen dort ein und füllen das Zeug dann in prestigeträchtigere Tüten um? Woran liegt das? Das hat mit Psychologie und Philosophie zu tun, letztlich mit dem Nationalcharakter.

*Ist das typisch deutsch?*

Es hat in Deutschland angefangen. Im Moment ist Deutschland das Land, wo man am wenigsten für Nahrungsmittel ausgibt. Aber Lidl, Aldi und wie sie alle heißen finden Sie in Frankreich genauso wie in Deutschland. Angeblich sind diese Discounter preiswert. Die Leute fressen regelrecht alles – Hauptsache, es kostet nichts.

*Woher rührt unser Geiz?*

Man muss zwischen Geiz und Sparsamkeit unterscheiden. Es gibt Leute, die besuchen unser Restaurant, und zu Hause ernähren sie sich sehr preiswert. Ich war aber auch schon mal bei äußerst wohlhabenden Leuten engagiert, und als wir in die Küche kamen, hörten wir als Erstes: Sie dürfen hier alles, aber machen Sie bloß nicht den Kühlschrank auf. Doch Sie wissen ja, wir Köche sind ein bisschen schlitzohrig und haben natürlich dennoch in den Kühlschrank geschaut. Da stand alles voll mit Aldi-Produkten. Ich frage mich schon, was denken sich diese Reichen, wenn sie zu Hause am Tisch sitzen und so ein Zeug essen? Was geht ihnen dabei durch den Kopf? Ich würde lieber trockenes Brot essen.

*Gibt es Ihrer Meinung nach denn gar nichts, was man bei Aldi & Co. kaufen kann?*

Wieso sollte sich jemand, der es sich leisten kann, damit aufhalten, mühsam herauszufinden, was dort gut und weniger gut ist? Ich würde lieber ein Clochard-Essen aus Frankreich zu mir nehmen: einen ordentlichen Rotwein, ein gutes Baguette und einen guten Camembert – das reicht doch auch.

*Wie haben Sie die Veränderungen in unserem Einkaufsverhalten erlebt?*

Ich bin auf dem Land aufgewachsen, da gibt es die besten Produkte. Wenn meine Großmutter eine Suppe kochen wollte, ging sie in ihren Garten und sammelte alles, was sie dazu benötigte, einfach in ihrer Schürze: Lauch, Möhren, Kräuter und so weiter. Das gibt es heute kaum noch. Es wird immer schwieriger, an gute Grundprodukte heranzukommen. Das ist natürlich auch eine Geldfrage. Schweine, die frei herumlaufen und mit allen möglichen Essensabfällen ernährt werden, findet man auch in Frankreich kaum noch. In Walbeck am Niederrhein, wo wir früher Spargel für das Restaurant bezogen haben, hielt unser Spargelbauer auch Schweine. Mir fiel auf, dass er in einer Scheune nebenan vier, fünf Schweine separat hielt. Also erkundigte ich mich danach und erhielt zur Antwort, das seien die Schweine für den Bauern, die mit Kartoffeln, Brot und solchen Sachen ernährt würden und nicht mit dem Industriefutter. Als ich den Bauer fragte, warum er das nicht mit allen seinen Schweinen so macht, antwortete er: Das würde niemand bezahlen!

*Was mögen Sie an der deutschen Küche gar nicht?*

Currywurst. Dieser Quatsch ist nach dem Krieg entstanden und hat wenig mit echten deutschen Spezialitäten wie dem großartigen Pumpernickel oder dem Riesling zu tun. Die beste Küche ist wie der beste Wein: Man braucht ein tolles Produkt, einen guten Boden, ein gutes Mikroklima – und dann kommt der Faktor Mensch ins Spiel, der vollendet, was die Natur begonnen hat.

Zum Glück der Kindheit von IHR und IHM in den 1960er und 70er Jahren zählt Louis de Funès. Zumindest in der Küche seines Restaurants erinnert auch Jean-Claude Bourgueil SIE und IHN an das kobolzschlagende, autoritäre Energiebündel de Funès – vor allem in seiner Paraderolle als unter Geschmacksverlust leidender Gourmetpapst in *Brust oder Keule*. Louis de Funès spielt darin Charles Duchemin, der den einflussreichsten Gastronomieführer Frankreichs herausgibt. Der Betreiber eines von diesem Führer gnadenlos verrissenen Restaurants, des »Les Relais Des Cigale«, zwingt Duchemin/de Funès mit vorgehaltener Schrotflinte, ein Convenience-Food-Menü ganz eigener Qualität hinunterzuwürgen. Am Anfang steht ein welker grüner Salat, gefolgt von Schnecken, Austern, Cassoulet, Sauerkrautplatte, Hühnchen im Topf, alles aus der Dose, aus der Packung oder aus der Aluschale. Als krönender Abschluss dann ein grüner Wabbelschleim, den der Geschäftsführer als »Gullyglibber« bezeichnet. Interessant ist diese Szene weniger wegen der Rachefantasien gedemütigter Köche als aufgrund der Hellsicht, mit denen die Drehbuchautoren von *Brust oder Keule* 1976 das kulinarische Schicksal der westlichen Welt beschrieben:

### *Man gewöhnt sich auch nicht dran*

Monsieur Geschäftsführer: Les Relais Des Cigale! Sagt Ihnen der Name etwa gar nichts? Italienische Meeresspezialitäten. Jeden Tag war der Laden rappelvoll. Dann haben Sie mir die Sterne weggenommen! Erinnern Sie sich jetzt, M. Duchemin?
Duchemin: Ah, der italienische Dreckstall ...
Geschäftsführer: Sie allein haben mich ruiniert!
Duchemin: Passiert jedem mal.
Geschäftsführer: Los, friss das Zeug.
Duchemin: Schmeckt nicht gerade sehr gut ... Hart an der Kotzgrenze.

Geschäftsführer: Tja, heute bin ich nur noch Geschäftsführer. Seit Sie mich kaputt gemacht haben! Und servier den ganzen Tag lang diese Scheiße.

Duchemin: Aber schmeckt genauso wie in Ihrem Restaurant damals.

Geschäftsführer: Das mag schon sein. Aber da hab ich wenigstens den Mist gekocht. Heute ist das nicht so.

Duchemin: Was? Für den Fraß haben Sie noch einen Koch?

Geschäftsführer: Ach wo. Das wird morgens geschickt. Aus der sterilen Plastikfabrik des großen Chefs. Hätten Sie nicht erwartet, was?

Duchemin: Aus! Fertig! Ich kann den Dreck nicht mehr sehen.

Geschäftsführer: Ah, das kann ich mir vorstellen. Wann Schluss ist, bestimme ich. Hinsetzen, jetzt wird weitergefressen. Und zwar Schnecken. Gina. Her mit dem Dreck – die sind für Monsieur. Los, fressen. Auf die Luke und rein mit dem Dreck! ... Na, haben Sie bisher schon mal so viel widerliches Zeug gefressen?

Duchemin: Nein, man gewöhnt sich auch nicht dran.

Geschäftsführer: Man wird sich dran gewöhnen. Man wird müssen. Denn bald gibt es nichts anderes mehr.

Der Wirt des früheren »Les Relais Des Cigale« hat fast recht behalten. Convenience Food ist weltweit auf dem Vormarsch. Und immer öfter werden auch da, wo noch Menschen in der Küche stehen, lediglich Folien von Blenderkoch-Behältern abgerissen, Tiefkühlware in die Mikrowelle geschoben oder mehr oder minder küchen-, aufbereit- oder verzehrfertige – und das heißt in der Regel auf irgendeine Weise haltbar gemachte – Produkte verarbeitet. SIE und ER sind im Verlauf der Recherchen zu diesem Buch hart im Nehmen geworden. Ein Gericht aber übersteigt selbst noch die schlimmsten Fantasien von IHR und IHM: das unter dem Mar-

Rührei heute: »Neue Perspektiven für das Ei?«

kennamen Wiesenhof angebotene »2-Minuten-Rührei« der Firma EIPRO.

Dr. Andrea Burdack-Freitag vom Fraunhofer-Institut in Holzkirchen ist, was Convenience Food angeht, sehr kritisch. Jedenfalls wenn es um ihren zweijährigen Sohn geht. »Er darf alle Speisen probieren. Aber bei Convenience Food ziehe ich eine Grenze. Ich will ja eben gerade nicht, dass er in seinem Kopf eine Aromakarte entwickelt, auf der dann dieses intensive Erdbeeraroma zum Beispiel, das man künstlichem Joghurt zusetzt, für ihn im Bereich des

EIPRO

WIESENHOF

Wiesenhof 2 Minuten Rührei für die Mikrowelle

## Ein Produkt – köstlich vielseitige Variationen.

*Einfach und schnell: 2 Minuten Rührei für das klassische, genussvolle Frühstück.*

*Deftig und schnell: 2 Minuten Rührei mit Speck für das herzhafte, genussvolle Frühstück.*

**Appetit bekommen?**
Viele weitere Erfolgsrezepte und Produktideen gibt's unter www.eipro.de!

### Regenerierungsart

| Regenerierungsart | Menge | Temperatur/Leistung | Zeit |
|---|---|---|---|
| Mikrowelle | 1 Beutel à 125 g | 1000 Watt | 1:45 Minuten |

**Den Beutel tiefgekühlt und ungeöffnet in die Mikrowelle legen.**

Die Angaben gelten für 2 Minuten Rührei für die Mikrowelle, das direkt vor der Zubereitung aus der Tiefkühlung mit einer Temperatur von -18 °C entnommen wurde. Die Regenerierungszeit ist abhängig von der Leistungsstärke der Mikrowelle, der Produkttemperatur und dem jeweiligen Gerätetyp.

### Nährwerte

**100 g 2 Minuten Rührei enthält durchschnittlich:**

| Fett | Eiweiß | Kohlenhydrate | kcal | kJ |
|---|---|---|---|---|
| 11,1 g | 11,2 g | 3,1 g | 157 | 654 |

### Technische Daten

| Artikelbezeichnung | Artikel-Nr. | Verkaufseinheit | EAN Beutel | EAN Umkarton | Kartons/ Lage | Kartons/ Palette | MHD |
|---|---|---|---|---|---|---|---|
| ❄ 2 Minuten Rührei | 5620 | 12 x 125 g Beutel im Karton | 40 12229 00679 0 | 40 12229 00710 0 | 16 | 256 | 12 Monate |

*Tiefgekühlte Produkte: Ständige Lagerung von mind. -18 °C. Nach dem Auftauen nicht wieder einfrieren und sofort verwenden.*
*Weitere Artikel auf Anfrage.*

**Eipro-Vermarktung GmbH & Co. KG**
Gewerbering 20 · 49393 Lohne · Postfach 1404 · 49381 Lohne · Deutschland · Tel. +49 (0)44 42/9 45-1 · Fax +49 (0)44 42/9 45-4 10 · info@eipro.de · www.eipro.de

Satirisch schwer zu überbieten: Werbematerial der Firma EIPRO

Normalen liegt. Er soll die Speisen so kennenlernen, wie sie eigentlich sind. Man muss da wirklich sehr vorsichtig sein, Kindern solche Gerüche und Geschmäcker vorzusetzen. Denn Kinder können sehr schnell eine falsche Verknüpfung herstellen.«

Ihren Anteil an der kulinarischen Unsterblichkeit hat Dr. Andrea Burdack-Freitag als Aromachemikerin errungen. In einer spektakulären Testreihe hat sie 2009 eines der kuriosesten Rätsel der Gourmandise überhaupt gelöst: Warum Menschen im Flugzeug so gern Tomatensaft trinken, am Boden hingegen eher nicht. Für ihre Versuchsanordnung stand der in der Sensorik-Gruppe des Fraunhofer-Instituts für Bauphysik arbeitenden Forscherin ein in einer Niederdruck-Hülle steckender Rumpf eines halben Airbus A310 zur Verfügung. »Wir haben diesen Versuch mit dem Tomatensaft zweimal durchgeführt. Und zwar einmal bei Normaldruck wie am Boden und einmal unter Bedingungen wie in der Luft, also bei Niederdruck. Alle anderen Parameter waren gleich: dieselbe Zeit, dieselbe Luftfeuchtigkeit, dieselbe Beleuchtung und so weiter.« Burdack-Freitag ging es bei ihrem Tomatentest nicht um den Lifestyle-Faktor, also das Understatement, im Flugzeug auf Alkohol zu verzichten, oder den oft beobachtbaren Ansteckungseffekt: Sie untersuchte ausschließlich die physiologischen Aspekte des Tomatensaft-Verzehrs. »Unsere Versuchspersonen waren von dem Tomatensaft am Boden eher wenig begeistert. Der Geschmack wurde als muffig und erdig eingestuft. Bei Niederdruck haben sich hingegen deutlich andere Qualitäten herausgebildet, fruchtigere, süßere Noten traten in den Vordergrund, und der Saft hinterließ ein angenehm kühles Gefühl auf der Zunge. Am Boden wurde die Intensität des Tomatensafts als aufdringlicher beschrieben, in der Luft war dieser Geschmack weniger störend.

Burdack-Freitags Versuch hat hoffentlich weitreichende Konsequenzen. Dass viele Passagiere Airline-Essen als besonders fade wahrnehmen, liegt an den unter Niederdruckbedingungen besonders hohen Wahrnehmungsschwellen für Geruch und Geschmack. »Im Flugzeug riecht und schmeckt man wie mit einem leichten Schnupfen«, so Burdack-Freitag. Wenn Extrembergsteigern und Astronauten ihr Essen nicht schmeckt, liegt dies hauptsächlich daran, dass aufgrund der veränderten Luftdruckverhältnisse ab 2500 Metern oder eben auch im Orbit die Geschmacks- und die Geruchsrezeptoren andere Reizschwellen aufweisen. Bei den Geschmacksrezeptoren erklärt man sich das so, dass die sogenannte Hypoxie, eine verminderte Sauerstoffsättigung im Blut, die Leistungsfähigkeit der Geschmacksrezeptoren herabsetzt. Bei den Geruchsrezeptoren verhält es sich anders: Neben den Folgen der Hypoxie spielt hier eine Rolle, dass die Aromastoffe, um an die Geruchsrezeptoren gelangen zu können, in die Nasenschleimhaut erst eingelöst und dann zu den Rezeptoren transportiert werden müssen. Bei Unterdruck läuft dieser Prozess verzögert ab. Aromastoffe unterliegen wie generell alle flüchtigen Stoffe dem sogenannten Dampfdruck. Der Dampfdruck entscheidet, wie gut oder schlecht sie sich in Flüssigkeiten oder in Gase einlösen. Bei normalem Dampfdruck lösen sich Aromastoffe besser in die Nasenschleimhaut ein, bei vermindertem Dampfdruck bleiben mehr Aromastoffe im gasförmigen Zustand, gelangen also erst gar nicht zu den Rezeptoren in der Nasenschleimhaut. Bedeutet dies also, dass man ein Restaurant eher am Meer als in den Bergen eröffnen sollte? Kommt ganz drauf an, was man dort kochen möchte. »Ich kann mir gut vorstellen, dass die deftigen Speisen in den Bergen – Schweinebraten, Kaiserschmarrn und so was – auch wegen ihrer stärkeren Würzung und den Röstaromen dort besser und intensiver schmecken, während am Meer leichtere Speisen besser wahrgenommen werden«, so Burdack-Freitag.

Auch wenn Andrea Burdack-Freitag aus eigener Erfahrung Frauen für ein wenig sensitiver als Männer hält, unterstellt sie ihnen kein generell besseres Geruchs- und Geschmacksempfinden. Die Versuchsgruppe ihrer Studie setzte sich folglich aus 15 Männern und 15 Frauen zusammen. »Wir trainieren unseren Geruchssinn einfach nicht genug«, so Burdack-Freitag. »Ich kann mich da selbst als Beispiel nehmen: Bevor ich mit der Aroma-Analytik angefangen habe, war ich ein ganz normaler Riecher. Klar, es gab Speisen, die ich bevorzugt habe, aber ich habe mich nie für das Unterscheiden von Parfums begeistert oder so was. Ich habe dann angefangen, meinen Geruchssinn selbst zu trainieren. Ganz methodisch, das Training dauerte etwa ein Jahr, währenddessen ich gelernt habe, diese und jene Geruchsqualität mit dieser und jener Substanz zu verknüpfen. In meinem Kopf habe ich mir auf diese Weise eine richtige Landkarte der Gerüche angelegt. Gerade während der Anfangsphase bin ich viel bewusster durch die Natur gegangen und habe auf Gerüche geachtet: Da roch's nach Pilzen und dort blumig und hier unangenehm nach Erde oder modrig-kellerartig. Ich denke, wir riechen nicht schlecht, wir haben nur einfach verlernt, diesen Sinn auszubilden.«

Eine solche Landkarte mit Gerüchen und Geschmäckern entsteht durch synaptische Verknüpfungen mit der Erinnerung während unserer ersten Lebensjahre. Diese frühkindliche Prägung erklärt auch, warum von Region zu Region, von Kulturkreis zu Kulturkreis unterschiedliche Geschmäcker bevorzugt werden: In Asien wird der Geruch mancher Fischsoßen als sehr angenehm empfunden, die im europäischen Raum einen Menschenauflauf auseinandertrieben. Der Geruch dieser Soßen ist auch für Asiaten der gleiche, nur ist die emotionale Verknüpfung dieses Geruchs in ihren Gehirnen anders geprägt als bei Europäern.

Geruch und Geschmack von IHR und IHM sind dynamische Systeme. Die Leistungsfähigkeit unseres Geschmacks- und Geruchssinns nimmt im Lauf des Tages ab. Wer frisch ausgeruht ist, hat eine wesentlich bessere Geruchswahrnehmung als derjenige, der schon geraume Zeit arbeitet. Wer dagegen schon viele Speisen verzehrt hat, kommt auch mit seinem Geschmacks- und Geruchssinn in ein Tief.

SIE und ER sind heute sehr viel weniger auf die Warnfunktion ihres Geruchssinns angewiesen. Doch warum schmecken eigentlich den meisten Kindern Oliven, Spargel oder Rosenkohl erst ab einem bestimmten Alter und manchen Menschen nie? »Das hat mit der Dominanz der darin enthaltenen Schwefelverbindungen zu tun«, erklärt die Geschmacksforscherin Burdack-Freitag. »Dass man als Kind in erster Linie süße Sachen bevorzugt, ist noch Teil unseres Instinktverhaltens: Der Schwefelgeschmack von Kohl und Spargel signalisiert Gefahr und wird deshalb abgelehnt. Im Grunde muss man den Geschmack daran genauso trainieren wie für intensive phenolysche Rotweine etwa. Die trinkt man meist auch erst in späteren Jahren gern.«

### *Neuntes Geschmacksexperiment*

Klettern Sie auf einen Achttausender. Genießen Sie ein Dutzend Austern. Wiederholen Sie das Experiment irgendwo auf Meereshöhe. Sollten Ihnen die Austern auch dort fad erscheinen, ist die Wahrscheinlichkeit hoch, dass Sie keine Austern mögen.

Frühkindliche Prägungen formen nicht nur physiologisch unseren Geschmacks- oder Geruchssinn. SIE und ER nehmen durchaus auch Prägungen anderer Art an sich wahr. Wann immer SIE oder ER ein Restaurant betreten oder sonst wo eine Mahlzeit zu sich nehmen, ist es sofort wieder da: das internalisierte Erziehungs-, das eingebläute Dressur-Programm. Der Quellcode des Betriebssystems »Essengehen«. Der ganze Ballast der Ge- und Verbote, die ausgeleierte Platte mit dem Evergreen Gerade-sitzen-Öhrchen-spitzen-Händchen-falten-Mündchen-halten. Die Angst vor dem

Griff nach dem falschen Glas, dem falschen Besteck, dem falschen Teller. Man muss kein Psychoanalytiker sein, um zu ahnen, dass man nie so ganz als Souverän bei Tisch sitzt. Neulich ist es IHM in einem Restaurant wieder so ergangen. Zwei Vorspeisen wollte ER essen, mehr nicht: Es war Mittagszeit. Aber als die Kellnerin eher dekretierte als fragte, sie dürfe die zweite Vorspeise dann doch sicher in Größe eines Hauptgerichts bringen?, nickte ER nur und sagte lämmchenzahm: »Gern.« So tief steckt das alberne »'s-gehört-sich-doch-so«-Gebot des Hauptgerichts in IHM drin.

Und nicht nur in IHM. Waren SIE und ER nicht unlängst mit dem deutschen Bestsellerautor Frank Schätzing zum Essen verabredet? Der 1957 geborene Kölner ist ein Multitalent. Nicht nur schreibt Frank Schätzing die spannendsten deutschen Thriller der Gegenwart, er komponiert auch, spielt Gitarre und singt in einer eigenen Rockband, und zudem kann er zeichnen wie Carl Barks selig. Frank Schätzing ist darüber hinaus einer der ambitioniertesten und zum Glück auch talentiertesten Hobbyköche, die SIE und ER kennen. Wer je Schätzings Dreierlei vom Thunfisch, von ihm zart gegarte Ochsenbäckchen oder sein selbstgemachtes Beereneis kosten durfte, wird die zahlreichen kulinarischen Passagen in seinen Romanen noch aufmerksamer lesen. Und einem so reich begabten Mann, vielfachem Auflagenmillionär obendrein, sollte es an Durchsetzungsvermögen fehlen, in einem Restaurant zu dem Wein zu kommen, den er trinken möchte?

ER als Ente, gezeichnet von Frank Schätzing.

Frank Schätzings Achillesferse ist der Riesling. »Ich habe mit Riesling wegen der Säure schlicht ein Magenproblem, und darüber habe ich eine Aversion gegen den Geschmack und den Geruch entwickelt. Weißer Burgunder hingegen …«, erzählt Schätzing IHR und IHM in einem Kölner Restaurant und regt an, sich von der Sommelière beraten zu lassen. Die eilt auch sogleich an ihren Tisch und schlägt prompt »einen schönen Riesling« vor. Es entspinnt sich ein kleiner Wortwechsel, in dessen Verlauf die Sommelière Frank Schätzing von seiner Riesling-Aversion zu kurieren versucht durch den Hinweis, Riesling sei die Königin unter den Weißweinen. »Gewiss«, räumt Schätzing ein, »aber Königinnen waren nicht umsonst in der Geschichte eigentlich immer verhasst. Ich vertrage die Säure nicht!« Dies stachelt erst recht den Ehrgeiz der Sommelière an, den vom einzig wahren Glauben Abgefallenen zur Rieslingreligion zu bekehren. Raffiniert wendet sie dabei die Taktik vermeintlicher Empathie an: »Ich kenn das – es gibt ja so Moselaner, da kratzt bei mir auch alles. Aber dann«, fährt sie listenreich fort, »gibt es ja auch so charmante Rieslinge aus Rheinhessen, die nicht so diese Schiefer haben, sondern mehr Untergrund, also Löss und Lehm, und zu Ihren Jakobsmuscheln und den Langostinos in der Vorspeise hervorragend passen. Dazu ist der Riesling einfach unschlagbar …« Frank Schätzing wirft einen Blick gen Himmel, kapituliert schließlich und bestellt den Riesling. Doch die Sommelière hat nun Freude an dem grausamen Spiel gefunden und will ihren Triumph offenbar noch etwas länger auskosten. »Ich habe ja noch genug anderes«, lockt sie. »Aber …« Frank Schätzing wiegelt ab: »Nein, gebongt, wir nehmen den Riesling … Hier geht keiner ohne Riesling raus.« Muss erwähnt werden, dass auch der Rheinhessen-Riesling für Schätzing einem Säureattentat gleichkam? Er hat für SIE und IHN sogar einen »Reim« darauf gemacht: Der Riesling brennt mir im Gedärm, weshalb ich mehr für and'res schwärm. Der Abend fand dann noch einen harmonischen Verlauf – nach dem Riesling. Mit einem Spätburgunder von Adeneuer.

*SIE & ER: Wo haben Sie Kochen gelernt?*

Frank Schätzing: 1983, als mir selbst das Kaffeewasser noch anbrannte, habe ich mich in eine Frau verliebt, die ein paar Jahre älter war als ich. Diese Frau konnte alles besser als ich – unter anderem auch Kochen. Sie verdiente, anders als ich damals, ihr eigenes Geld, hatte eine eigene Wohnung und beherrschte tausend Sachen, von denen ich keine Ahnung hatte. Also dachte ich mir, Mensch Frank, du musst auf Augenhöhe bleiben, das willst du doch auch können! Zu diesem Zeitpunkt war es für mich ein an Magie grenzender Vorgang, wie man aus einem Stück Fleisch, Fond, Sahne und einigen anderen Ingredienzen ein zartes Ragout hinbekommt. Das grenzte für mich an Hexerei – für mich war das so unglaublich wie das, was Harry Potter mit seinem Zauberstab macht. Ich habe dann bei dieser Frau wirklich Kochunterricht genommen. Ich werde nie vergessen, dass ich damals Spiegeleier zubereitete, die oben noch ungenießbar glibberig waren und unten kohlrabenschwarz verbrannt. Das bekäme ich heute noch nicht mal hin, wenn ich's versuchte.

*Also haben Sie der Frauen wegen Kochen gelernt?*

Na ja – mir dämmerte jedenfalls: Mindestens so wichtig wie das »Man müsste Klavierspielen können« ist das »Man müsste kochen können«. Wer kocht, hat Glück bei den Frauen. Und das hat sich in meinem Leben auch als wahr erwiesen.

*Dabei heißt es doch immer, Kochen sei der Sex der Mittelalten?*

Sagt man. Aber gute Karten im Bett hat auch, wer jung ist, gut kochen kann und sich mit Wein auskennt. Die Ziele ändern sich: Wenn man jung ist, kocht man, um gut zu vögeln. Wenn man alt ist, kocht man, um gut zu essen.

*In Ihrem jüngsten Roman* Limit *lassen Sie Johannes King vom Söl'ring Hof auf Sylt in einer Raumstation Sterneküche für Milliardäre zelebrieren ...*

Ich habe versucht, allen großen Köchen, die ich kenne, in meinen Büchern ein Eckchen freizuräumen. Johannes King hat da bislang noch gefehlt, und weil ich Teile von *Limit* im Söl'ring Hof geschrieben habe, musste er da unbedingt vorkommen – schließlich hat er dazu beigetragen, dass einige Szenen zumindest kulinarisch gelungen sind.

*In der echten Raumfahrt müssen die Astronauten immer noch eher mit Kantinenfraß vorliebnehmen.*

Es gab ja schon Sterneköche, die Menüs für Astronauten entwickelt haben. Insbesondere Soßen stellen eine echte Herausforderung dar: Einerseits dürfen Sie nicht zum Gelee werden, andererseits sollen sie jedoch eine Konsistenz aufweisen, die sie am Festkörper hält. In der Schwerelosigkeit perlen Flüssigkeiten aber nun einmal aus und trudeln irgendwo rum. Alles was flüssig ist, verselbständigt sich im All.

*Welchen kulinarischen Ratschlag haben Sie sonst noch für Astronauten?*

Ganz wichtig ist: Langsam essen im Weltall! Ansonsten sind den Genüssen dort eigentlich keine Grenzen gesetzt.

*Aber kulinarisch ist der Mond doch eine Pleite ...*

Das ist allerdings richtig. Auch auf dem Mond kann ein Koch nur mit dem arbeiten, was er zur Verfügung hat. Andererseits müssten lauwarme Schokoladentörtchen unter Bedingungen der nur ein Sechstel der irdischen Schwerkraft betragenden Mondgravitation besonders gut gelingen.

*Hilft Ihnen Essen beim Schreiben?*
Ja. Schokolade.

*Vollmilch oder Zartbitter?*
Kinderschokolade. Ich liebe Kinderschokolade, vor allem, wenn sie aus dem Eisschrank kommt. Erst kühl und etwas fest im Mund, erfrischt also im ersten Moment, wird dann leicht angeschmolzen, ein Widerstreben, das allmählich zu Hingabe wird, bis man durch die Vollmilchschokolade an den weißen Kern kommt: lecker!

*Kommt uns eher wie eine Ausgeburt der Hölle vor, etwas, was sich die Nazis und die IG Farben ausgedacht haben ... Eines der artifiziellsten Produkte, das wir uns vorstellen können.*
Aber man hat doch auch seine perversen Gelüste ... Als Kind mochte ich zum Beispiel auch Lachsersatz. Kennen Sie das noch? Dieses öltriefende, orange eingefärbte Zeug, im Grunde versalzenes Weichplastik. Niemand käme auf die Idee, dass das je gelebt hat. Oder »Milchmädchen« aus der Tube. Entweder man hasst oder man liebt es. Ich finde wenig Genuss bei immens teurer Zartbitterschokolade mit Chili, rosa Pfefferkörnchen oder getrockneten Seeigeln, erfunden von sehr intelligenten Menschen für andere sehr intelligente Menschen. Ganz großartig – aber bitte ohne mich.

*Apropos Kinderschokolade: Kochen wir uns in unsere Kindheit zurück?*
Freudianisch geantwortet: unbedingt. Kochen ist ein Weg in unsere anale Phase. Wir mögen Fett, weil sie uns an die Mut-

termilch erinnert. Daher stammen die Archetypen unseres Genusses. Die Geschichte unseres Geschmacks ist eine Geschichte unserer Konditionierung. Wir folgen zunächst nicht wirklich unserem eigenen Geschmack – sonst würden wir ganz viele Lebensmittel nur einmal probieren und auf ewig ablehnen –, sondern wir durchlaufen eine Erziehung zum Genuss.

*Nehmen Sie Zucker in den Tee oder Kaffee?*

Inzwischen nicht mehr. Die fünfzig sind ja eine magische Grenze, spätestens dann entwickeln Männer so seltsame Rettungsringe. Und im Zuge dieser Verbirnung meiner Figur, die vor einigen Jahren einsetzte, weil ich gerne aß und trank und viel sitzende Tätigkeiten verrichtete, habe ich mir überlegt, dass ich das nicht will.

*Was tun Sie dagegen?*

Ich habe angefangen, Sport zu treiben, und den Zucker erst beim Kaffee und nun auch beim Tee weggelassen. Wäre für mich früher undenkbar gewesen. Heute genieße ich es.

*Leben Sie Diät?*

Ich habe im Januar eine Mayr-Kur gemacht, mit alten Brötchen, 320-mal kauen, Gemüsesuppen, dem ganzen Pipapo. Drei Wochen lang.

*Warum quälen Sie sich so?*

Weil ich eitel bin. Und weil ich glaube, dass man nicht gefühlte dreißig Jahre vor seinem Ableben aussehen sollte, als wäre man schon so weit. Ich habe durch die Mayr-Kur die vier Kilo verloren, die ich quitt haben wollte, und bin alle meine Allergien losgeworden. Und dann habe ich mir gesagt:

Es gibt ein vor der Diät, aber es gibt kein nach der Diät. Ich bleibe da kontinuierlich am Ball. Ich mache seither viel Sport. Und jetzt ist meine Figur wieder so, wie ich sie haben will: oben breiter, unten schmaler.

*Also eine Art Pakt mit dem Tod: Wenn ich mich fit halte, dann holt er mich nicht?*
Schön wär's! Ich trage nun mal gern figurbetonte Klamotten. Bei mir setzt sich aber alles, was ich zunehme, im Bauchbereich ab. Also muss ich da etwas tun, sonst sieht das doof aus. Daher mache ich Sport, ich laufe ja gern, und trinke nur an zwei Tagen in der Woche Alkohol.

*Wird man je Erbsen im Weltall essen?*
Unter Mühen zwar, aber ich glaube, ja. Es gibt ein schönes englisches Gedicht darüber: »I eat my peas with honey, / I've done it all my life. / To you it might sound funny / but it keeps them on the knife.«

Im Juni 2009 veranstaltete das Astor Wine and Food Center in New York eine Podiumsdiskussion zum Thema »Gender Confusion: Unraveling the Myths of Gender in the Restaurant Kitchen«. Vorausgegangen war eine Untersuchung der Universität Portland unter Leitung von Beletshachew Shiferaw über das Ernährungsverhalten von 14 000 Amerikanern. Die Ergebnisse bestätigten für die USA im Wesentlichen die Befunde der Nationalen Verzehrsstudie II. Während US-amerikanische Männer einen ausgeprägt höheren Appetit auf Fleisch und Geflügel aufweisen, konsumieren US-Frauen signifikant mehr Gemüse und Obst, Eier und Joghurt. Doch Shiferaws Studie beschränkt sich auf empirisch messbare Unterschiede im Konsumverhalten von Individuen. Den Teilneh-

*"Peas and carrots, peas and carrots, always together . . . but are they really happy?"*

mern der Diskussion in Manhattan – *Food & Wine*-Redakteurin Dana Cowin, Kochbuchautorin Gwen Hyman, Grant Achatz, ein Drei-Sterne-Koch aus Chicago, sowie Ed Levine, der lange für die *New York Times* über kulinarische Themen schrieb und nun auf www.seriouseats.com bloggt – ging es um einen viel schwerer erfassbaren Bereich: die Klischees, Zuschreibungen und Annahmen über Männer, Frauen und Küche. In einer Blindverkostung mehrerer von Köchinnen und Köchen zubereiteter Gerichte sollten die Experten unter Beweis stellen, wie gut sie im Geschlechterraten waren. Sehr bald erwies sich aber, dass die angetretenen Köche natürlich schon bei der Wahl ihrer Zutaten, Rezepte, Zubereitungs- und Anrichtweisen die Geschlechterzuschreibungen der Tester antizipierten und souverän unterliefen. Mit anderen Worten: Sie vollführten eine Art Travestiekochen.

Entsprechend oft irrten die Diskutanten denn auch. Ed Levine listet in seinem Blog einige der gängigsten stillschweigenden Annahmen in der Branche über das Verhalten von Männern und Frauen am Herd auf. Frauen würzten subtiler als Männer; Männer benutzten beim Kochen möglichst viele technische Gimmicks; Köchinnen gehe es darum, Körper und Geist zu nähren, Köche wollten dagegen miteinander in Wettbewerb treten und die Gäste beeindrucken; Frauen fühlten sich eher zur Großmutter-Küche hingezogen, Männer zur technikaffinen Blenderküche; Frauen kochten genauer und hielten sich enger an Rezeptvorgaben; Frauenküche sei komplexer und raffinierter, Männerküche aromatischer und testosterongetriebener; Frauen kochten mit Herz und Seele, Männer mit Hirn und ihren Geschlechtsorganen.

So lachhaft diese Geschlechterklischees in der Aufzählung wirken – SIE und ER haben sie während der Arbeit an diesem Buch dutzendfach gehört. Ed Levine kommt in seinem Blog zu dem Ergebnis, der Kochstil eines Menschen sei das Ergebnis von Erfahrung, Persönlichkeit und Geschlecht. SIE und ER widersprechen da nicht, würden aber als vierten Faktor unbedingt die Umwelt ergänzen, als fünften die Kultur, als sechsten die Geschichte.

Was können wir wissen?

Geschlecht ist Konstrukt – auch in der Küche. Der Tisch ist ein verweltlichter Altar. Fleisch ist Herrschaft.

Der Ertrag dieser Expedition in die Geschmacks- und Geruchswelten von Mann und Frau erscheint IHR und IHM mal armselig, mal augenöffnend. Immerhin, SIE und ER haben eine Ahnung davon erhalten, dass wir nicht unbedingt als männliche und weibliche Esser und Trinker geboren, sondern durch die Rollenzuschreibungen unserer Umwelt dazu gemacht werden – so wie wir uns durch verinnerlichte Rollenbilder auch selbst dazu machen.

SIE und ER haben einige Entdeckungen während der Arbeit an diesem Buch gemacht. Mal schockierende Erkenntnisse wie die des zwischen Mann und Frau so dramatisch unterschiedlichen

Fleisch- und Alkoholkonsums, mal eher triviale oder amüsante wie die, dass die Weltproduktion an Erdbeeren nicht ausreicht, um fünf Prozent des Joghurtbedarfs der USA zu aromatisieren. Viele Erkenntnisse haben SIE und ER aus der Statistik gezogen, darunter als Wichtigste, dass Statistik als Korrektiv zur Nabelschau taugt, nicht aber als einziges Modell der Wirklichkeit.

SIE und ER sind auf viel Kurioses in Küche und Keller gestoßen. Den Willen zur Tellererektion zum Beispiel: Die Wahrscheinlichkeit, dass ein Mann kocht, steigt mit jedem Millimeter, den das Gericht auf dem Teller in die Vertikale strebt. SIE und ER postulieren, dass die absolute Frauengrenze in der Küche im Moment bei neun Zentimetern über Normalnull des Tellerniveaus liegt. Nicht zu vergessen die GRITZMANN-SCHECK-Konstante, derzufolge die Lautstärke der Musik in einem Restaurant und die Qualität der dort feilgebotenen Speisen in einem umgekehrt proportionalen Verhältnis stehen.

SIE und ER haben ihre Liebe zu, ihren Stolz auf und ihren Respekt vor jenen Menschen entdeckt, die um halb fünf Uhr morgens auf der Suche nach der aromatischeren Tomate, dem frischeren wilden Steinbutt, dem besseren Mozzarella unterwegs sind. Die bereit sind, einen Euro mehr auszugeben, einen Tag länger zu warten, einen Umweg zu gehen.

SIE und ER haben den Hass auf die Supermärkte entdeckt. Die Wut auf den Dreck der Industriepampe namens Convenience Food. Den Zorn auf das billige Quälfleisch aus Massentierhaltung. Oft haben SIE und ER sich gefragt: Warum lassen wir uns das eigentlich gefallen? Warum essen wir Analogkäse? Formschinken? Zu Chicken Nuggets gepresstes Putenfleisch? Oder »Spaghettini con scampi surimi e spada«, wie neulich in einem italienischen Restaurant in Wolfsburg gesehen – also unter Wärme in Form von Scampi gepresste aromatisierte und mit Lebensmittelfarbe lackierte Fischabfälle?

Skandal ist immer und alles in Deutschland. Tatsächlich ein Skandal ist aber, wie im Jahr 2011 in deutschen Kindergärten, deutschen Krankenhäusern und deutschen Gefängnissen Menschen verpflegt werden. Warum stecken wir unsere Kinder in Kindergärten, wo sie von Großfirmen wie der täglich 1,3 Millionen Mahlzeiten verkaufenden Apetito AG mit demselben Mampf abgefüttert werden, der sie auch in Firmenkantinen, Krankenhäusern und Altenheimen erwartet? In der Hoffnung, die lieben Kleinen mögen sich möglichst rasch an den Fraß gewöhnen? Wem es in der Apetito-Kantine mal wieder herzhaft geschmeckt hat, kann übrigens aus den Tiefkühltruhen der Supermärkte gleich weiterfuttern: Dort vertreibt Apetito seine Produkte auch unter den Markennamen COSTA und Mövenpick.

Was glauben wir denn, was man in Schulen lernt, wo so gekocht wird wie etwa in der Cafeteria des Schiller-Gymnasiums in Heidenheim an der Brenz? Warum findet, wie Jamie Oliver fordert, an deutschen Schulen keine Geschmackserziehung statt, die den Namen verdient?

**Speiseplan 25.10. - 29. 10. 2010:**

| | **Essen 1** | **Vegetarisches Essen** |
|---|---|---|
| Montag, 25. 10. | Currywurst<br>Pommes Frites und Eisbergsalat | Frühlingsrolle<br>Reis und Salat |
| Dienstag,26.10. | Paniertes Puten/Schweineschnitzel<br>Spätzle und Salat | Chili sin Carne<br>Wecken und Salat |
| Mittwoch, 27. 10. | Bohneneintopf mit Wursteinlage<br>Wecken | Drellinudeln<br>Waldpilsoße und Salat |
| Donnerstag, 28. 10. | Rindergulasch<br>Semmelknödel und Rotkraut | Ungarisches Paprikaragout<br>Reis und Salat |
| Freitag, 29.10. | Das Schulcafé schließt um 12.00 Uhr | |

So kann man auch dafür sorgen, dass es nicht zu viele Vegetarier gibt.
Schulcafé des Schiller-Gymnasiums in Heidenheim an der Brenz

Haben SIE und ER sonst keine Sorgen? Doch, jede Menge sogar. Aber irgendwo muss man ja mal anfangen mit dem Ausgang aus der kulinarischen Unmündigkeit.

SIE und ER haben während des Nachdenkens über den kleinen Unterschied beim Essen und Trinken vor allem eines gelernt: sich nicht so wichtig zu nehmen. Oder sagen wir besser so: nicht wichtiger als ihre Loriot'schen Vorbilder und deren unsterblichen Streit über weibliche und männliche Techniken der Zubereitung eines weichen Eis:

SIE: Aber eben hast du doch gesagt, es ist dir egal!
ER: Ich hätte nur gern ein weiches Ei ...
SIE: Gott, was sind Männer primitiv!
ER: (*düster vor sich hin*) Ich bringe sie um ... morgen bringe ich sie um ...

*

SIE: Vinoteca Marcipane
Bachstr. 1a
82541 Münsing
Tel. 08177 929 687
www.vinoteca-marcipane.de

ER: Im Schiffchen
Jean-Claude Bourgueil
Kaiserswerther Markt 9
40489 Düsseldorf
Tel. 0211 401050
www.im-schiffchen.com

SIE: Jean-Claude Bourgueil, Thomas Ruhl: *Typisch Deutsch*, Fackelträger Verlag.
ER: Gregor Weber: *Kochen ist Krieg*, Piper Verlag.

SIE: Jonathan Nossiter (Regie): *Mondovino*
ER: Claude Zidi (Regie): *Brust oder Keule*

# Quellen- und Bildnachweis

*Textauszüge und Gedichte*

S. 5 Wilhelm Busch: »Bis auf weiteres«. Aus: *Gesammelte Werke*, Diogenes 2007.

S. 17 ff. Aus: Günter Grass: *Der Butt* © Steidl Verlag, Göttingen 1993. Erstausgabe: August 1977.

S. 33 Aus: Marcel Bénabou: »An Gottes Kochtopf – entschlüsselt und dem Publikum dargeboten von Marcel Bénabou«. Aus: Jürgen Ritte (Hrsg.): *Bis auf die Knochen. Das Kochbuch, das jeder braucht* © 2009 by Arche Literatur Verlag AG, Zürich-Hamburg.

S. 69 ff. Textauszug aus: Marcel Proust: *Auf der Suche nach der verlorenen Zeit*, Band 1: Unterwegs zu Swann, S. 63 f. © Suhrkamp Verlag Frankfurt am Main 1981. Deutsch von Eva Rechel-Mertens und Luzius Keller.

S. 74 Robert Gernhardt: »Nachdem er durch Metzingen gegangen war«. Aus: ders., *Gesammelte Gedichte 1954–2006* © S. Fischer Verlag GmbH, Frankfurt am Main 2008.

S. 77 ff. Robert Gernhardt: »Diät-Lied (mit Ohrfeigenbegleitung)«. Aus: ders., *Gesammelte Gedichte 1954–2006* © S.Fischer Verlag GmbH, Frankfurt am Main 2008.

S. 122 ff. Leung Ping-Kwan: »Sylvestereintopf«. Deutsch von Wolfgang Kubin. Aus: *Von Jade und Holz. Gedichte*, © Drava Verlag 2009.

S. 147 f. Aus: Zheng Yi: *Scarlet Memorials. Tales of Cannibalism in Modern China*, Westview Press/HarperCollins 1996. Übersetzung der Autoren.

S. 149 f. Aus: Herta Müller: *Atemschaukel* © Carl Hanser Verlag München 2009.

S. 161 f. Jacob und Wilhelm Grimm: »Der süße Brei«. Aus: *Grimms Märchen*, Heinz Rölleke (Hrsg.), Deutscher Klassiker Verlag 2007.

S. 162 f. Aus: Jeffrey Eugenides: *Middlesex*. Deutsche Übersetzung von Eike Schönfeld. Copyright © 2002 by Rowohlt Verlag GmbH, Reinbek bei Hamburg.

S. 181 f. »12 entscheidene Gerichte des elBulli«. Aus: *Food for Thought, Thought for Food*, Richard Hamilton und Vicente Todolí (Hrsg.), Actar Verlag 2009.

S. 202 Aus: Ovid: *Metamorphosen*, Deutsch von Gerhard Fink, Artemis und Winkler 1999.

S. 203 Christian Morgenstern: »Rolf und Lulu«. Aus: *Gesammelte Werke in einem Band*, Piper 1965.

S. 211 ff. Aus: Douglas Adams: *Das Restaurant am Ende des Universums* © 1981 bei Rogner & Bernhard Verlags GmbH & Co. Verlags KG Berlin. Übersetzer: Benjamin Schwarz.

S. 255 f. Aus: Hanns-Josef Ortheil: *Die Moselreise. Roman eines Kindes* © 2010 Luchterhand Literaturverlag, München, in der Verlagsgruppe Random House GmbH.

S. 282 Aus: Loriot: *Gesammelte Prosa*. Copyright © 2006 Diogenes Verlag AG Zürich.

*Abbildungen und Tabellen*

S. 11 Foto: *Food in Space Gallery* © NASA.

S. 28 Aus: René Goscinny und Albert Uderzo: *Asterix und Kleopatra*. www.asterix.com © 2010 LES ÉDITIONS ALBERT RENÉ / GOSCINNY-UDERZO. Deutsch von Gudrun Penndorf.

S. 30 Hugo van der Goes: *Sündenfall*. Quelle: Kunsthistorisches Museum, Wien.

S. 46 »Evidence for stone-tool-assisted consumption of animal tissues before 3.39 million years ago at Dikika, Ethiopia«. *Nature* (446) 2010. Foto: Curtis Marean © Dikika Research Project.

S. 48 Aus: *The New Yorker* © Tim Twohy / The New Yorker Collection / www.cartoonbank.com

S. 53 Aus: René Goscinny und Albert Uderzo: *Tour de France*. www.asterix.com © 2010 LES ÉDITIONS ALBERT RENÉ / GOSCINNY-UDERZO. Deutsch von Gudrun Penndorf.

S. 89 »Verzehr von Fleisch, Wurstwaren und Fleischerzeugnissen sowie daraus hergestellter Gerichte in Gramm pro Tag«. *Nationale Verzehrsstudie II*, hrsg. vom Max Rubner-Institut 2008.

S. 93 *Statistisches Jahrbuch über Ernährung, Landwirtschaft und Forsten*, verschiedener Jahrgänge.

S. 95 »Fleischverzehr von Männern und Frauen nach Altersgruppe«. *Nationale Verzehrsstudie II*, hrsg. vom Max Rubner Institut 2008.

S. 98 ff. Aus: *Pretty Baby* von Ralf König, © Ralf König/Rowohlt Verlag

S. 105 Quelle: Zentralverband des deutschen Bäckerhandwerks.

S. 106 »Backwarenverzehr in der EU 2009«, Quelle: GIRA.

S. 107 »Durchschnittsverzehr von Brot, Backwaren und Getreide«, *Nationale Verzehrsstudie II*, hrsg. vom Max Rubner-Institut 2008.

S. 108 »Süßwarenkonsum in Gramm pro Tag«. *Nationale Verzehrsstudie II*, hrsg. vom Max Rubner-Institut 2008.

S. 125 Quelle: www.wpclipart.com/religion_mythology/chinese/Zao_Jun__Kitchen_God.png

S. 131 »Durchschnittlicher Verzehr von Soßen und würzenden Zutaten«, *Nationale Verzehrsstudie II*, hrsg. vom Max Rubner-Institut 2008.

S. 135 Aus: David P. Hänig, »Zur Psychophysik des Geschmackssinnes«. *Philosophische Studien* 17 (1901). Quelle: http://vlp.mpiwg-berlin.mpg.de/library/data/lit4562

S. 136 »Boring Figure« (Originaltitel: »My Wife and my Mother-in-Law«), W. E. Hill, Cartoon von 1915. Quelle: http://en.wikipedia.org/wiki/File:My_Wife_and_My_Mother-In-Law_%28Hill%29.svg

S. 137 »Orte der Zunge mit hoher Geschmacksempfindlichkeit«, © 2010 Deutsche Gesellschaft für Hals-Nasen-Ohrenheilkunde, Kopf- und Hals-Chirurgie, e.V., Bonn.

S. 155 Foto: © H. Darr Beiser, USA TODAY

S. 167 Foto: © Bettina Heim, www.miraclefrooties.de

S. 172 Buchcover, *Food for Thought, Thought for Food: The creative universe of elBulli's. Ferran Adrià. A reflection on the worlds of avant-garde cooking and art.* Richard Hamilton und Vicente Todolí (Hrsg.). Actar 2009. Abbildung mit freundlicher Genehmigung des Verlags.

S. 193 »Jagdstatistik 2007–2009«, *DVJ-Handbuch 2010.*

S. 210 Foto: © Meyers Keller/Joachim Kaiser Nördlingen.

S. 236 »Verzehr alkoholischer Getränke«, *Nationale Verzehrsstudie II*, hrsg. vom Max Rubner-Institut 2008.

S. 238 »Verzehr von Bier«, »Verzehr von Wein und Sekt«, Verzehr von Spirituosen«, *Nationale Verzehrsstudie II*, hrsg. vom Max Rubner-Institut 2008.

S. 240 u. 249 Tischsets abgedruckt mit freundlicher Genehmigung von Jan Weiler.

S. 250 u. 255 »Aromaräder«, Quelle: Deutsches Weininstitut.

S. 260 Buchcover, Jean-Claude Bourgueil: *Typisch Deutsch*. Der kostenlose Abdruck erfolgte mit freundlicher Genehmigung des Verlags Edition Fackelträger © 2007 Edition Fackelträger Köln.

S. 271 »ER als Ente« © Frank Schätzing.

S. 278 Aus: *The New Yorker* © Victoria Roberts / The New Yorker Collection / www.cartoonbank.com

Sonstige Abbildungen und Fotografien wurden dem Verlag von den Autoren zur Verfügung gestellt. Der Verlag dankt allen Rechteinhabern für die freundliche Genehmigung des Abdrucks. Trotz intensiver Recherche war in wenigen Fällen die Rechteklärung nicht möglich, Rechteinhaber wenden sich bitte an den Verlag.